Böhlau

Anneliese Fuchs

MEIN CHARAKTER IST NICHT MEIN SCHICKSAL

Grundmuster des Lebens für sich nützen

BÖHLAU VERLAG WIEN · KÖLN · WEIMAR

Bibliografische Information der Deutschen Nationalbibliothek:
Die Deutsche Nationalbibliothek verzeichnet diese Publikation in der Deutschen Nationalbiblio-
grafie; detaillierte bibliografische Daten sind im Internet über http://dnb.d-nb.de abrufbar.

ISBN 978-3-205-77674-1

© 2007 by Böhlau Verlag Ges. m. b. H und Co. KG, Wien · Köln · Weimar
http://www.boehlau.at
http://www.boehlau.de

Gedruckt auf umweltfreundlichem, chlor- und säurefreiem Papier

Druck: dimograf

Printed in Poland

INHALTSVERZEICHNIS

Mein Charakter ist nicht mein Schicksal

EINLEITUNG

Meine Intention ist es, dem Leser zu zeigen, dass es in der Psychologie nicht nur um Krankes geht, sondern um heilsame Selbsterkenntnis, um Stärkung des Ich, um Veränderung der Einstellung zu sich selbst und dem anderen. Dadurch ist es möglich, viele Konflikte leichter zu lösen, da wir die Welt aus einem anderen Blickwinkel als bisher sehen. Wir wechseln sozusagen unseren Standpunkt, was zu vielen neuen Erkenntnissen und Informationen führt.

Es ist Zeit, dass wir in der Psychologie und Psychotherapie uns viel mehr mit dem Gesunden und den Ressourcen des Menschen beschäftigen, sonst machen wir den gleichen Fehler wie die Medizin, dass wir uns nur mehr um Krankheit und deren Symptome bemühen. Aus diesem Grund ist mir dieser neue Aspekt in der Charakterologie so wichtig. Wir Psychologen sollen dem Menschen zu besserer Lebensbewältigung und dadurch zu mehr Lebensfreude verhelfen. Dazu ist aber Selbsterkenntnis nötig, die uns bereits in der Schulbildung nahe gebracht werden sollte. Die Schule ist ja nicht nur für die Wissensvermittlung verantwortlich, sondern sollte uns auch entsprechende Mittel zur besseren Lebensbewältigung zur Verfügung stellen.

Es geht mir nicht darum, Krankes zu bekämpfen, sondern Gesundes zu fördern. Daher beschäftige ich mich auch seit Jahrzehnten mit der Prävention in der Psychologie. Diese Charakterstudie hat für mich mit Lebensschule, mit Hilfe zur Horizonterweiterung zu tun und nicht mit Krankheitsvermeidung. Wenn wir anstreben, gesünder zu leben und uns nicht scheuen, in unsere Person zu investieren, werden wir automatisch weniger krank sein. Krankheit hat etwas mit Einengung, Blockaden, Fixierung und Einseitigkeit zu tun. Ob es sich um einen ungesunden Lebensstil handelt, um destruktive Beziehungsmuster, immer ist es die Enge im Verhalten, in der Sicht der Welt und in der Einschätzung der eigenen Kräfte und Fähigkeiten, die dahinter steht. Mir geht es also nicht um Bekämpfung von Ungewolltem, sondern um die Förderung des Andersartigen in uns, um zu neuen Balancen zu kommen, die unser Leben lebenswerter machen, die unsere Möglichkeiten des Handelns und Denkens erweitern. Auch der ehemalige EU-Gesundheitskommissar David Byrne hat für seine Arbeit in Europa ein einziges Thema, die psychische Prävention („Promotion of Mental Health" and „Prevention of Mental Disorder"). An erster Stelle steht also die Förderung der geistigen Gesundheit, nicht die Vermeidung von geistigen Krankheiten.

Es ist daher leicht verständlich, dass es für mich nicht möglich war, nach dem Schema Riemanns in der Wirtschaft Schulungen zu halten. Riemann geht ja in seiner Betrachtung der Charaktertypen vom Kranken aus und benennt sie auch so. Ich ging daher schon Mitte der 1980er-Jahre daran, diese Typen umzubenennen und ihre gesunden Ausformungen zu definieren. Bei der Beschäftigung mit diesem Thema ist mir einiges aufgefallen, was sich sehr gut im Leben und im Alltag umsetzen lässt. Es ist mir bewusst geworden, dass es sich hier nicht nur um charakterliche Komponenten handelt, sondern dass bei Betrachtung der systemischen Funktionen jedes System damit beschrieben werden kann, ganz gleich, ob es sich dabei um eine Zelle, ein Wolfsrudel, einen Betrieb, eine Rede oder um einen Menschen handelt.

Wenn ich in eine Firma komme und die Menschen hören, ich sei Psychologin und Psychotherapeutin, kommt stets ein Haupteinwand: Die Seminarteilnehmer meinen, sie seinen ja nicht geisteskrank und ich könne gleich wieder gehen. Erst im Laufe eines Trainings merken sie, dass die Angebote, die unser Berufsstand macht, durchaus hilfreich sind. Noch immer können Laien zwischen Psychiatrie und Psychologie beziehungsweise Psychotherapie nicht unterscheiden. Ich mache das unserem Berufsstand zum Vorwurf, der sich zu wenig um Öffentlichkeits- und Aufklärungsarbeit kümmert.

Mir ist es auch wichtig, bei allen meinen Gruppen und Trainings den Humor nicht zu vernachlässigen, denn Humor schafft Distanz zu oftmals schmerzenden Erkenntnissen. Wenn man über sich lachen kann, schafft das eine Distanz zu sich selbst, die sehr entlastend ist.

I. TYPOLOGIEN

1. Allgemeine Typologien

Die Sehnsucht, über sein eigenes Wesen Bescheid zu wissen, ist uralt. Wir stehen oftmals unseren eigenen Reaktionen und denen anderer Menschen unverständig und hilflos gegenüber. Warum verhält sich ein Freund plötzlich aggressiv, warum weicht er zurück, wenn ich ihm eine bestimmte Frage stelle? Was bewegt ihn, ganz anders zu reagieren, als ich es tun würde? Das sind Fragen, die sich Menschen wohl schon immer gestellt haben. Vermutlich sind diese Überlegungen so alt wie die Menschheit selbst. Wir haben aber aus grauer Urzeit keine Belege dafür, dass die Menschen Charaktersysteme schufen. Vielleicht taten sie es, doch es gab noch keine Schrift und daher ist uns nichts überliefert. Auch haben die Schamanen, von denen wir wissen, dass sie die Menschen schon seit mindestens 20.000, vielleicht sogar 40.000 Jahren begleiten, beobachten und heilen, keine schriftlichen Dokumente hinterlassen. Von ihnen sind uns nur Rituale auf der ganzen Welt überliefert, die sich in allen Teilen der Erde gleichen: in Alaska, in Südamerika, in Afrika und in Indien.

Die erste mir bekannte Systematik der Charakterstrukturen des Menschen ist jene der Griechen. Bereits Hippokrates hat 300 v. Chr. vier Temperamente unterschieden. Die uns auch jetzt bekannte und vertraute Vierer-Einteilung der Charakterformen taucht bereits so früh auf. Da die Griechen einen ganzheitlichen Zugang zum Menschen hatten, sind diese Typen körperlich *und* seelisch definiert. Die Griechen machten die Erfahrung, dass Menschen mit bestimmten körperlichen Ausprägungen auch gleichzeitig ein bestimmtes Verhalten und Wesen sowie eine spezifische Gestimmtheit zeigten. Ihnen ging es dabei ausschließlich um gesunde Menschen, sie orientierten sich nicht am Kranken. Sie waren der Ansicht, dass zum Beispiel der Tempel ein Gesundheitszentrum war, wo

Krankheiten zwar behandelt wurden, doch im Blickfeld der behandelnden Priester die Gesundheit des Menschen stand.

Vier Temperamente, Charakterstrukturen oder Persönlichkeitsausprägungen nennt Hippokrates: **Sanguiniker, Choleriker, Melancholiker** und **Phlegmatiker.** Dabei geht es dem griechischen Arzt vor allem um die Gestimmtheit des Menschen, wie schon der Ausdruck „Temperamente" zeigt. Sanguiniker, eine Bezeichnung, die wir alle kennen, ist der Heitere, niemals Traurige, Sprunghafte. Der Choleriker ist der Aggressive, der zu Zorn und Jähzorn neigt. Der Melancholiker ist der Traurige, der leicht depressiv wird – wie wir heute sagen würden – und der Phlegmatiker der Ungerührte, den nichts aus der Fassung bringen kann, der aber auch ein wenig dumpf ist.

Diese Vierteilung hat sich bis in die Neuzeit gehalten. Der Psychiater und Arzt Ernst Kretschmer hat Mitte des 20. Jahrhunderts die Menschen vor allem nach ihrer körperlichen Ausprägung in vier unterschiedliche Typen eingeteilt, die dann auch charakteristische Wesenzüge aufweisen. Sie erinnern uns stark an die griechische Einteilung, wenn sie auch nicht deckungsgleich sind und so etwas wie ein bewährtes Grundmuster menschlichen Wesens durchschimmert.

Kretschmer nennt seine Typen, nach der körperlichen Ausprägung, den Leptosomen, den athletischen Typus, den Pykniker und den Dysplastiker. Er bezieht sich dabei auf den Körperbau und koppelt diesen dann mit den bei ihnen auftretenden Geisteskrankheiten. Dies ist meines Wissens nach das erste Mal, dass Krankheit und Persönlichkeit – beziehungsweise Charakter, wie Hubert Rohracher es nennt – gemeinsam gesehen werden, der Krankheitsbegriff mit der Form die Welt zu sehen, mit den Eigenschaften und Fähigkeiten des Menschen in Verbindung gebracht wird. Hier kommt eine Grundtendenz unserer Medizin zum Ausdruck. Auch die moderne Medizin orientiert sich noch immer vorwiegend am Kranken, kümmert sich zu wenig um das Gesunde, wobei wir in jüngster Vergangenheit verstärkt eine Tendenz zur Prävention hin bemerken können, also eine Einstellungsänderung. Das Gesunde rückt deshalb mehr in unser Bewusstsein, weil unser Gesundheitssystem so kostspielig wird, dass wir es uns bald nicht mehr leisten können. Die vorwiegende Orientierung an Krankheit, deren

Symptomen und deren Beseitigung nimmt einen zu großen Raum ein. Wir müssen uns in nächster Zeit in Richtung Prävention bewegen, wenn wir nicht mit unserem Gesundheitssystem Schiffbruch erleiden wollen. In der westlichen Welt ist der Arzt der Hüter der Krankheit und nicht wie in China der Hüter der Gesundheit. Wir zahlen den Arzt, wenn wir krank sind, nicht wie in China dann, wenn man gesund ist.

Typologie nach Kretschmer

Der **Leptosome** ist bei ihm ein Mensch, der vom Habitus her schmal und lang ist. Eine Beobachtung, die schon die Inder und Hippokrates gemacht haben. Die Leptosomen haben einen flachen Brustkorb, magere Arme und zarte feingliedrige Hände: „Ihre Muskeln sind dünn, an der Brust treten die Rippen zählbar hervor, die Beine sind lang und schlank. Das Dickenwachstum ist gegenüber dem Längenwachstum vermindert. Neben mageren Gestalten, die manchmal den schwächlichen und angegriffenen Eindruck von Schwindsüchtigen machen, finden sich unter den Leptosomen auch große sehnige Männer, die für körperliche, vor allem sportliche Leistungen besondere Eignung besitzen." (aus Rohracher, Hubert, „Kleine Charakterkunde", S. 18). Kretschmer bringt diesen Typus mit Gefühlskälte in Verbindung „...der Schizothyme hingegen ist ein verhaltener, gemütsarmer Mensch, der in sich hineinlebt" (s.o. S. 33). Es fallen Ausdrücke wie schneidende Kälte, mangelnder Kontakt mit der Umwelt, mimosenhafte Empfindlichkeit sich gegenüber, beißender Zynismus anderen gegenüber und unaufhörliches Spotten über alles in der Umwelt.

Der **Pykniker** hingegen ist gedrungen, neigt zur Fülle und stellt so etwas wie einen Gegentypus zum Leptosomen dar: „... unterscheiden sich die Pykniker vor allem durch starke Umfangsentwicklung und Fettbildung bei mehr schwächlicher Ausbildung des Knochenbaues: Die auffallendsten Merkmale sind: mittelgroße, gedrungene Gestalt, tiefer, weitgewölbter Brustkorb mit mächtigem Fettbauch. Die kurzen Gliedmaßen und Hände sind weich und rundlich, die Gelenke oft ausgesprochen zart. Das Gesicht zeigt eine Tendenz in das Breite, enthält ebenfalls reichlich Fett und macht dadurch das Profil unscharf und die Augen klein. Der Schädel ist meist groß und schön gerundet, der Haarwuchs oft spärlich und lässt gegen die Vierzigerjahre vielfach stark nach, sodass glatte spiegelnde Glatzen entstehen" (s.o. S. 19). Diese Beschreibung erinnert an den „Bruder Kellermeister" in vielen Witzen. Kretschmer beschreibt ihn als aufgeschlossenen, gemütvollen Menschen, der aus sich heraus lebt.

Der **athletische Typus** hat einen schönen und kraftvollen Körper, ist seelisch stabil, aber auch unempfindlich, ihn kann so schnell nichts umwerfen. „Wir finden hier große Männer mit breiten, mächtigen Schultern, festem Brustkorb und starker, hervortretender Muskulatur bei wenig Fett. Der Knochenbau ist grob angelegt, was besonders bei den oft ins Riesenhafte gehenden Dimensionen der Hände und Füße deutlich wird. Das Gesicht ist ebenfalls muskulös und plastisch, die Haut fest und dick" (s. S. 18). Es ist dann noch von kräftigen Nasen und stark entwickeltem Unterkiefer die Rede. Man denkt an Boxer und Ringkämpfer. Bei athletischen Frauen fehlt das Zarte.

Als **Dysplastiker** bezeichnet Kretschmer Menschen mit ganz anderen Körperformen. Er meint es gebe Menschen, die einzelne Körperregionen über- oder unterentwickelt haben, bei sonst normaler Entwicklung zum Beispiel Frauen mit männlichen Zügen, Männer mit weiblichen Zügen, Fettwuchs, Zwerg- und Kümmerformen. Er führt diese Entwicklungsstörung auf eine Unter- oder Überfunktion der endokrinen Drüsen zurück. „Hinweise auf Dysplasien findet man oft schon im Bau des Gesichtes: dicke, pastöse Haut, Mangel an Plastik, kurze geraffte Oberlippe; Fehlen der Nasenflügel - falten oder exzessive Behaarung bei Frauen sind solche Anzeichen, die aber als Einzelmerkmale noch nicht das Urteil ‚abnorm' rechfertigen ..." (s.o. S. 19). Auch hier können wir wieder bereits bei der Einteilung der Charaktere den Zug zur Krankheit erkennen.

Eine solche Systematisierung kann uns eine Orientierungshilfe sein, wenn es darum geht, andere Menschen besser einzuschätzen und uns auf ihre Sicht- und Verhaltensweisen einzustellen. Eine solche Typologisierung kann auch zur Selbstreflexion anregen, Anstoß für die Weiterentwicklung unserer persönlichen Eigenschaften sein und zur Integration ganz neuer Anteile unseres Wesens führen. Auf der anderen Seite muss man die Schwäche und Gefahr einer solchen Einteilung im Auge behalten. Eine Typologisierung stellt immer eine Vereinfachung dar und kann zu einem Schablonen- und Schubladendenken verleiten, das der Komplexität menschlichen Seins nicht gerecht wird. Ist man sich aber bewusst, dass jedes Individuum einmalig ist, so kann man jede Systematik nutzen, um sich mit dem Phänomen „Mensch" intensiv auseinander zu setzen und eine Art Richtschnur für dieses Wagnis zu haben.

Typologie nach Riemann

Eine andere Möglichkeit, die menschlichen Erlebens- und Verhaltensweisen systematisch zu betrachten, stellt in der modernen Welt die Einteilung der vier Charakterstrukturen nach Fritz Riemann dar.

Alle bisher beschriebenen Typen wurden am gesunden Menschen beobachtet, haben sich an diesem orientiert. Die Systematisierung und Kategorisierung nach Riemann arbeitet mit den Beobachtungen aus der Psychiatrie, wie bestimmte Menschen zu bestimmten Geisteskrankheiten neigen. Auf diese Weise werden die Typen definiert und ihr Verhalten sehr sorgfältig beschrieben. Dass diese Einteilung auch gesunden Menschen ein Wegweiser sein kann, zeigt die differenzierte Beschreibung von Verhalten und Situationen, die uns nur allzu bekannt sind. Riemann verwendet jedoch für seine Charaktertypen die Namen von Krankheiten wie: schizoid, depressiv, zwanghaft und hysterisch. Ich werde mich in meinen Ausführungen immer wieder an die Typologie von Riemann anlehnen, diese aber um den Aspekt der Lebensgrunddimensionen erweitern.

Bei den vier Charaktertypen nach Riemann handelt es sich, wie schon gezeigt, um pathologische Bezeichnungen, die vom Durchschnittsmenschen als Kategorisierung abgelehnt werden. Im nachstehenden Diagramm ist die Umbenennung der Typen abzulesen. Ich gehe aber noch weiter, um eine Objektivierung zu erreichen und nicht schon durch die Benennung eine Wertung zu forcieren. Ich nenne daher den Kühlen Denker, der von Riemann der **Schizoide** genannt wird, *Typ Eins*. Er ist der Sachbezogene, der vor allen am Funktionalen interessiert ist.

Abb. Nr. 1: Die vier Charakterstrukturen nach Riemann und Fuchs

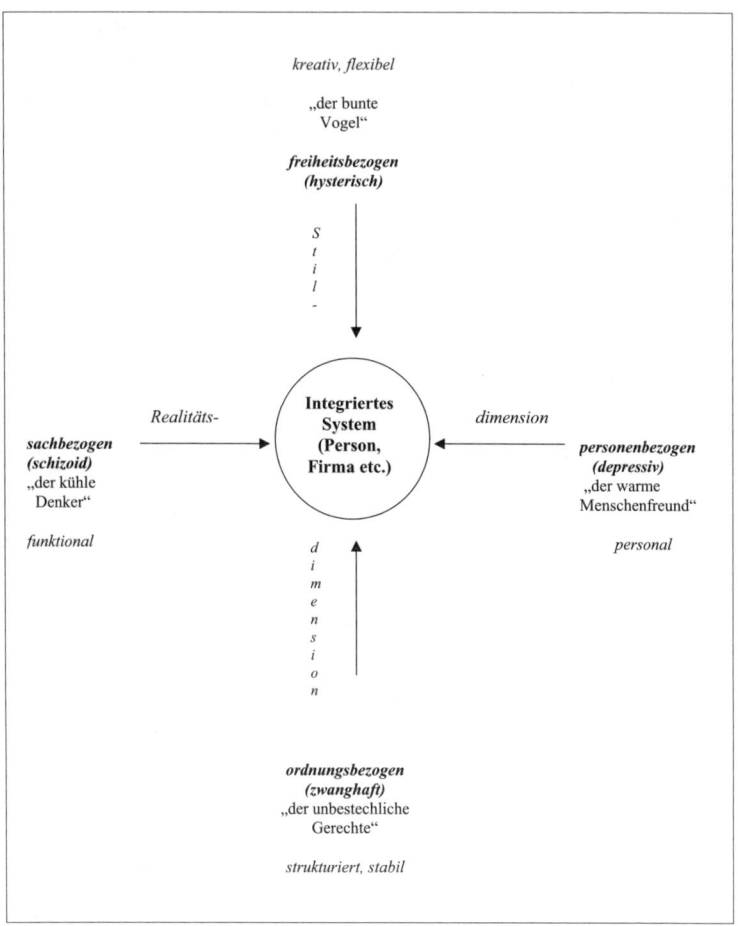

Der Gegentypus des warmen Menschenfreundes, der bei Riemann der **Depressive** heißt, wird von mir als *Typ Zwei* bezeichnet. Er ist der mensch-bezogene Typus, der vor allem an Beziehungen und der personalen Seite des Menschen interessiert ist.

Der *dritte Typus* ist nun der Ordnungszentrierte oder unbestechlich Ge-rechte. Riemann nennt ihn den **Zwangscharakter**, weil er bei Stress vor allem zwanghafte Handlungen ausführt. Er ist ordnungsliebend, regelbewusst, strukturiert, leistungsfähig und stabil.

Der *vierte Typ* ist der bunte Vogel, nach Riemann der **Hysteriker.** Er ist freiheitsliebend, bunt, kreativ und flexibel, ein Luftikus, der nicht greifbar ist und dazu neigt, chaotisch zu sein.

Die Zahlen, die ich für die Typologie einsetze, haben den Vorteil, dass sie wertfrei sind. Wir werten ja oft auch Bezeichnungen wie Sachorientierung und Personenzentrierung unbewusst als gut oder schlecht. Ich merke das bei meinen Seminaren, wo oftmals die Einschätzung der eigenen oder der anderen Personen von unserer unbewussten Wertung beeinflusst wird. Wir schätzen im allgemeinen die Sachorientierung höher ein als die Personenzentrierung und das zeigt sich dann auch in vielen Kleinigkeiten. Daher ist es für mich sinnvoll, für die vier Charaktertypen einfach die fortlaufenden Zahlen einzusetzen. Das bewährt sich in den Schulungen, denn der Lerneffekt ist groß und die Terminologie Typ Eins, Typ Zwei usw. wird von den Trainingsteilnehmern sofort übernommen. Man hört oft in den Pausengesprächen: „Der neigt aber eher zum Einser, Zweieranteile hat er nicht viel. Zumindest habe ich bei ihm noch fast keine bemerkt."

2. Lebensgrunddimensionen

Bei firmeninternen Trainings wird mir immer wieder folgende Frage gestellt: „Was sind die Ursachen für zwischenmenschliche Spannungen im Betrieb und wie können wir diese bereinigen beziehungsweise vermeiden?"

Grundsätzlich muss man sagen, dass Spannungen ein Teil jeglicher Form des Zusammenlebens von Menschen sind. Sie gehören zum Leben und müssen einerseits von uns ausgehalten werden, andererseits ist es aber auch wichtig, zu erkennen, wodurch sie entstehen. Jeder von uns hat seine subjektive Weltsicht, die sich von der Sicht aller anderen Menschen unterscheidet. Nur Personen des gleichen Typs ähneln sich in den Anschauungen und Verhalten. Sie verstehen einander am besten. Jeder Charaktertypus hat seine eigene Sicht der Welt, schneidet sozusagen von der ganzen Realität nur einen Teil herunter und beurteilt nach diesem Teil das Ganze. Dasselbe reale Ereignis kann von verschiedenen Menschen völlig unterschiedlich erlebt werden. Wenn man ihre Erzählung hört, meint man, sie reden von ganz unterschiedlichen Ereignissen. Es geht zum Beispiel ein Ehepaar auf eine Tanzveranstaltung. Es handelt sich um einen regionalen Ball, wo die Menschen einander kennen, wo viele Honoratioren auftauchen. Als die Frau nach Hause kommt, schwärmt sie vom Kleid der Frau X, dessen Farbe und Form. Der Mann weiß nicht einmal welche Farbe dieses Kleid hatte, kennt aber den genauen Rang und Titel des Mannes, mit dem er sich intensiv unterhalten hat.

Dieser unterschiedliche Zugang zur Welt kann positiv erlebt werden, als Bereicherung unseres Lebens durch Vielfalt, kann uns aber auch belasten, weil wir uns nicht verstanden fühlen, ja manchmal das Gefühl haben, eine anderen Sprache zu sprechen und in einer anderen Welt als unser Partner zu leben (siehe A. Fuchs, „Männersprache, Frauensprache"). Es kann durch diese andere Weltsicht zu Missverständnissen, ja zu gegenseitigen Anklagen, Schuldzuweisungen und massiven Konflikten kommen.

Auf der Suche nach einer Erklärung für die unterschiedliche und oft widersprüchliche Sicht der Wirklichkeit gelangt man zu den individuellen Erfahrungen, die jeder Mensch auf seinem Lebensweg macht und die bestimmen, wie wir die Realität wahrnehmen. In der Tiefenpsychologie gehen wir davon aus, dass insbesondere die Erlebnisse, die ein Mensch in seinen ersten Lebensjahren macht, maßgeblichen Einfluss auf seine subjektive „Brille" haben. In diesen Jahren formen sich bestimmte Wahrnehmungs-, Interpretations- und Verhaltensmuster, die sich mit der Zeit verfestigen und zur Persönlichkeitsstruktur „gerinnen". Je mehr ich mich mit dieser Materie beschäftige, desto mehr bin ich der Ansicht, dass unser Wesen, unsere Charakterstruktur sowohl ein Ergebnis unserer Anlage, also unseres genetischen Codes ist, den wir mitbekommen haben, als auch der subjektiven Erfahrungen, die wir machen, aber auch der gesellschaftlich determinierten Rollenvorstellungen und Wertevorgaben. Gerade bei den Rollen von Mann und Frau fällt auf, dass wir genaue Vorschriften hatten, welche Anteile in unserem Wesen wir ausleben durften und welche wir zu unterdrücken hatten. Es sind aber auch die Systeme, in denen wir leben, die gewisse Aspekte unseres Wesens fördern, andere wieder unterdrücken. In einer Bank wird vor allem die ordnungszentrierte Seite des Mitarbeiters gefördert, die kreative, chaotische Seite kommt zu kurz, auch wenn man Anlagen in diese Richtung hat.

Je stärker eine Anlage ist, je weniger wir sie ausleben dürfen, desto unglücklicher und unzufriedener werden wir mit unserem Leben sein. Es ist also auch wichtig, dass wir uns bewusst werden, inwieweit unsere Umgebung uns fördert oder behindert. Dann gilt es zu entscheiden, was wir noch aushalten und was wir bereits als unerträglich erleben. Bleiben wir bei nicht zumutbaren Verhältnissen in einer Situation verhaftet, ist die Gefahr von Krankheit sehr groß. Wir erleben ja immer stärker, dass eine drückende, berufliche Situation viel an emotionalem Stress und somit ein Krankheitspotenzial in sich trägt.

In diesem vielschichtigen Muster, das aus so vielen Komponenten besteht, ist verständlich, dass kein Lebensweg dem anderen gleicht und daher auch keine Weltsicht einer anderen. Jeder Mensch lebt sozusagen auf einem eigenen Stern. Mir erscheint es wichtig, auch andere Sternensysteme anzusehen, von ihnen zu lernen, die Andersartigkeit anderer Menschen nicht einfach abzulehnen, sondern sie auf sich wirken zu lassen, die Hintergründe ihres Denkens und Handelns zu verstehen und damit besser umgehen zu können. Ich habe immer wieder in meinen Seminaren erleben können, dass das Verständnis füreinander nach einer solchen Schulung sich gebessert hat und viele Konflikte, die vorher unüberwindbar schienen, geschrumpft sind.

Tabelle 1: Charakterstrukturen im Vergleich:

Hippokrates	Phlegmatiker	Melancholiker	Choleriker	Sanguiniker
Kretschmer	Leptosome	Pykniker	Athletische Typus	Dysplastiker
Riemann	Schizoide	Depressive	Zwängige	Hysteriker
Fuchs	Typ 1 Der Sachzentrierte	Typ 2 Der Personenzentrierte	Typ 3 Der Ordnungszentrierte	Typ 4 Der Kreative

Bei auch nur oberflächlicher Betrachtung dieser Tabelle wird ersichtlich, dass die Typologien der Autoren nicht deckungsgleich sind. Es fehlt zum Beispiel bei Kretschmer völlig der leichte, lockere Typus, der bei Hippokrates Sanguiniker genannt wird, bei Riemann Hysteriker und den ich als Kreativen bezeichne. Auch stimmt der Phlegmatiker von Hippokrates nicht mit dem Leptosomen und Schizoiden überein, der in meiner Systematik der sachzentrierte Typus ist. Auffallend ist aber immer die Viererenteilung, die mich auch ein wenig an Zahlenmystik erinnert.

Lebensgrunddimensionen

Diese vier Aspekte des menschlichen Charakters, so wie ich sie definiere, sind aber auch in anderen Bereichen wiederzufinden, wenn man die Benennung möglichst neutral hält und die krankhaften Ausformungen außer Acht lässt. Es sind aus meiner Sicht nicht vier verschiedene Grundstrukturen, sondern bloß zwei unterschiedliche Arten der Weltsicht beziehungsweise der Auswahlkriterien zur Informationsbeschaffung, die gegensätzlich sind: die funktionalen, sachlichen Informationen einerseits und die personalen oder sozialen Informationen andererseits beziehungsweise der Stil, mit Informationen und Situationen umzugehen.

Inhalt der Realität (Inhaltsdimension)

Menschen – aber auch Zellen, Firmen oder ein „Wolfsrudel" – benötigen zum Überleben zwei Arten von Informationen über die Realität: Informationen über die Sachinhalte unserer Umwelt und Informationen über die Beziehungsdimension, also darüber, wie Wesen miteinander in Beziehung treten.

Abb. Nr. 2: Inhaltdimension der Realität

Funktional	Personal
Typ 1 Der sachbezogene Typus	Typ 2 Der personenbezogene Typus

Diese beiden Inhaltskategorien ergeben erst eine einigermaßen reale Informationsbasis über ein System, die unser Überleben sichert. Welche Sachinformationen erhalte ich von einem System und wie ist es sozial organisiert? Wenn ich nur eine Kategorie in meiner Weltsicht zulasse, dann geraten meine Informationen zu kurz, ich kann nur schlecht realitätsbezogene Entscheidungen fällen, weder als Zelle, noch als Tier, nicht als Mensch und auch nicht als Firma. Ich muss als Zelle einerseits wissen, wer ich bin, welche Zelle ich bin – eine Augenzelle, eine Hautzelle, eine Muskelzelle etc. – und muss andererseits meine Funktion im Zusammenhang mit dem Ganzen kennen und alle anderen Informationen, die mir ja auch zur Verfügung stehen, unterdrücken. Jede Zelle unseres Körpers besitzt ja die gesamte Information aller Zellen. Daher kann man aus jeder beliebigen Zelle ein gesamtes Wesen klonen. Bei einem der ersten Klonversuche wurde ja aus der Oberschenkelzelle eines Frosches wieder ein ganzer Frosch geklont. Wenn eine Zelle ihre Differenzierung nicht akzeptiert, nicht Augen- oder Muskelzelle sein will, die Spezialisierung auf ein Gebiet sozusagen „ablehnt", wächst sie undifferenziert und schadet dem Gesamtsystem des Körpers. Die Zelle wird sozusagen ihrer Aufgabe nicht gerecht und „wuchert", sie wird eine Krebszelle.

Außerdem ist es wichtig, dass die Zelle alle Informationen, die von anderen Zellen kommen, verarbeitet und richtig beantwortet. Tut sie das nicht mehr, fällt sie aus dem gesamten Zellverband heraus, gleicht sich dem Gesamtsystem nicht mehr an und schadet wieder dem Körper. Dies ist ebenfalls bei der Krebszelle der Fall, die ihre eigene Identität als Teil des Ganzen nicht mehr kennt, kennen will, die aber auch die Informationen, die von anderen Zellen kommen, nicht verarbeitet und nicht adäquat beantwortet. Die Krebszelle benimmt sich im Körper wie eine Embryonalzelle, die noch nicht ausdifferenziert ist. Man könnte sagen, sie will alles sein und hat nicht die Demut, sich den Funktionen des Körpers zu unterwerfen und nur Teil des Ganzen zu sein. Jeder Teil eines Systems muss also auch imstande sein, zu kommunizieren, also die personale Seite zu leben, den sozialen Aspekt zu akzeptieren. Ähnliches beobachten wir auch bei Mitarbeitern in einem Betrieb. Sie müssen ihre Funktion kennen, diese auch ausfüllen können und eine gute Kommunikation pflegen. Nur der Mitarbeiter, der rechtzeitig und klar notwendige Informationen, die er erhält, verarbeitet und weitergibt, ist auch ein wertvoller Mitarbeiter. Genauso ist es bei der Zelle, bei jeder Gruppe von zusammenarbeitenden Einzelwesen.

Wir halten fest, dass jeder Mensch, jedes Tier, das in einer Gruppe lebt, jedes Wesen, das in eine Gemeinschaft eingefügt ist, sowohl den funktionalen wie auch den personalen Aspekt des Lebens ausgebildet haben muss. In meinen epidemiologischen Gesundheitsstudien ist mir schon vor Jahren aufgefallen, wie wichtig gute Kommunikation – der personale Anteil in jedem System – ist (Fuchs/Gaspari/Millendorfer, 1979, Hauptfaktoren der Gesundheitsentwicklung in Europa).

Der funktionale Teil des Menschen steht im Gegensatz zum emotionalen Teil. Daher sind auch die beiden Charakterstrukturen gegensätzlich. Menschen, die zu einer oder der anderen Struktur neigen, zeigen gegensätzliche Verhaltensweisen und gegensätzliche Zugänge zur Realität. Wenn sie sehr einseitig auf einen Typ fixiert sind, ist es daher schwer, dass diese beiden einander verstehen. Es kommt in der Realität viel häufiger vor als wir glauben, dass Menschen mit einer stark ausgeprägten Sachzentrierung sich zwar vom Gefühlshaften angezogen fühlen, jedoch dieses nur schwer – wenn überhaupt – verstehen beziehungsweise akzeptieren.

UMGANG MIT DER REALITÄT (STILDIMENSION)

Man kann mit den Informationen, die man über die Umwelt erhält, unterschiedlich umgehen, kann sein Leben nach ganz unterschiedlichen Kriterien einrichten beziehungsweise sein Verhalten danach ausrichten. Auch hier finden wir wieder zwei Gegensatzpaare, wie die Abb. Nr. 3 zeigt.

Abb. Nr. 3: Stildimension der Realität

Ordnung/Struktur	Dynamik
Stabilität	Kreativität
Typ 3 Der ordnungszentrierte Typus	Typ 4 Der kreative Typus

So wie wir die Welt unterschiedlich wahrnehmen, können wir auch ganz unterschiedliche Präferenzen setzen. Es können uns Ordnung, Regeln, Leistung oder Verlässlichkeit wichtig sein. Dann werden wir als Menschen verlässlich und belastbar. Wir werden allerdings wenig genussfähig sein, weil wir unsere Kraft anderweitig einsetzen. Wenn wir vorrangig nur diesen Teil unseres Wesens ausgeprägt haben, werden wir mit dem Gegenpol unseres Wesens Schwierigkeiten bekommen. Wir können dann den chaotisch-kreativen Teil in uns selbst nicht bejahen und auch den chaotischen Typ, der uns begegnet, nicht akzeptieren. Wir werden alles, was er verlangt, bekämpfen und versuchen, seine Aktionen zu unterdrücken, weil sie unseren Intentionen entgegengesetzt sind. Ebenso wird der Kreative, der die Expansion, die Veränderung und das Abenteuer liebt, den Ordnungszentrierten als eng und uninteressant verachtet. Er wird ausschließlich seine großartigen Pläne und Ziele schätzen. Er wird versuchen, das System, in dem er sich befindet, zu erweitern, immer Neues anzufangen und somit in vollem Gegensatz zum Ordnungszentrierten stehen.

Diese beiden Kräfte sind in uns selbst und in jedem System vorhanden. Dabei ist die ordnungszentrierte Komponente jene, die ein System stabilisiert, da sie durch Regeln, Struktur und Gesetze und deren Kontrolle die Ordnung aufrechterhält. Es ist die *zentripetale Kraft* eines Systems, die sich nicht nur im Menschen, sondern in allen Systemen auswirkt. Ohne Ordnung und genaue Abläufe kann ein System nicht funktionieren. Wenn wir in unserem Körper nicht genaue Funktionen der Organe, der Zellen haben, die exakt aufeinander abgestimmt sind, können wir nicht gesund sein. Ordnung ist für jedes System eine Notwendigkeit, um die Stabilität zu gewährleisten.

Die kreative Komponente in einem System ist dynamisch und expansiv. Es ist die flexible Kraft in uns selbst und in allen Lebewesen, die Kraft, die uns auf Veränderung reagieren lässt, die unsere Kreativität fördert, die die Anpassungsfähigkeit an Neues gewährleistet. Dies ist die *zentrifugale Kraft* in einem System.

Wir können in der Evolution des Lebendigen mitverfolgen, dass rigide Lebewesen, die auf neue, veränderte Lebenssituationen nicht entsprechend reagieren können, aussterben. Wenn sich die Nahrungssituation für ein Wolfsrudel ändert, indem die Tiere, von denen es lebt, durch eine Seuche aussterben, muss die Gruppe rasch reagieren, um zu überleben. Dabei wird sichtbar, dass alle vier Komponenten, die wir bisher besprochen haben, zum Einsatz kommen. Es muss rasch sichergestellt werden, wo es Tiere gibt, die als Nahrungsquelle in Frage kommen und welche Konkurrenten in diesem Feld die Situation beherrschen. Der erste Schritt ist also die Sammlung von funktionaler Information. Der zweite Schritt besteht darin, abzuklären, wie man den Konkurrenten überwinden kann. Dazu benötigt das Wolfsrudel einen guten Zusammenhalt, gute soziale Interaktionen. Jeder muss imstande sein, seinen Platz im Ganzen einzunehmen, seine Funktion für das Gesamte zu leisten. Im Kampf gibt es dann für jeden Wolf bestimmte Aufgaben, die er um der Gruppe willen zu erfüllen hat und Kommunikation ist der notwendige Schlüssel dazu. Dies ist der personale Anteil im System, der nur dann gut funktioniert, wenn die einzelnen Mitglieder ihrer Verantwortung und Funktion gerecht werden. Der kämpferische Teil hat aber auch mit Strategie und Ordnung zu tun. Schließlich kommt noch die kreative Seite, der Einfallsreichtum der Gruppe, zum Tragen. Es wird jener Wolf, der die höchste Intelligenz hat, aber auch die kreativsten Lösungen bringt, zum Führer gewählt, nicht der Stärkste.

Wir sehen also, dass bei lebensbedrohlichen Situationen alle vier Aspekte – der funktionale, personale, ordnungszentrierte und kreative – notwendig sind. Fehlt einer, dann wird die Problembewältigung in extremen Situationen schwierig. Systeme, die nur Ordnung und Struktur aufrechterhalten und nicht imstande sind, auf Neues zu reagieren, sich Veränderungen anzupassen, sterben. Systeme, die nur kreativ funktionieren, werden sich kaum auf konkrete Ziele konzentrieren können. Es ist für jeden Menschen wichtig, dass er sich bewusst wird, dass wir alle vier Aspekte in uns akzeptieren, fördern und je nach Anlage entfalten. Vernachlässigen wir einen, dann wird unser Leben beschwerlich. Es ist notwendig, um möglichst breit gefächerte Verhalten zur Verfügung zu haben, die vier Aspekte in uns selbst zu akzeptieren und zu üben.

Balancen schaffen

Sicherlich haben wir durch Veranlagung und Erziehung Schwergewichte, die wir gar nicht bemerken. Doch Einseitigkeiten in den Charaktereigenschaften wirken sich einerseits dadurch aus, dass wir extreme Leistungen erbringen können, wie wir das aus den Naturwissenschaften kennen. Es kann sein, dass wir zwar durch die Einseitigkeiten Großartiges vollbringen, doch fühlen wir uns immer unvollständig beziehungsweise belasten andere Menschen mit unseren einseitig ausgeprägten Einstellungen und unserem Verhalten. Die Yogis meinten, es wäre das Prinzip des Lebens, unvereinbare Gegensätze in sich harmonisch zu vereinen. Diesen Grundsatz könnte man sich bei der Entwicklung der eigenen charakterlichen Fähigkeiten zum Leitspruch nehmen und danach handeln. Es geht um Balance, es geht darum, möglichst viele Verhalten verfügbar zu haben und einen weiten Horizont zu bekommen. Enge und Einseitigkeit bedeuten zwar Bündelung der Kraft, aber auch Beschränkung.

Ich habe bei der Jahrestagung der Controller in Wien einen Vortrag über die vier Charakterstrukturen gehalten. Meine Vorredner aus Deutschland haben das gleiche Charakter-System, nur mit anderen Benennungen und Hintergründen, vorgebracht. Sie meinten nun, dass man sich nur um die Steigerung der ohnehin bevorzugten Charakterzüge kümmern sollte. Dinge, die schwach ausgeprägt sind, sollte man vergessen, nicht in sie investieren. Zu meiner großen Freude haben die Controller dem widersprochen, da sie meinten, sie bräuchten für ihre differenzierte Tätigkeit alle vier Aspekte ihrer Persönlichkeit: den funktionalen, aber auch den personalen, ebenso den ordnungszentrierten und den kreativen. Sonst brächten sie ihre Botschaft nicht hinüber. Sie bestätigten mir mit ihrem an der Realität orientierten Aussagen meine eigenen Erfahrungen.

II. CHARAKTERSTRUKTUREN

Wenden wir uns nun den vier Charakterstrukturen zu. Wie bereits oben beschrieben, habe ich diese Grundmuster von den Riemann'schen Typen abgeleitet. Ich verwende aber auch die Kretschmer'schen Körperschemata, weil sie sich meiner Beobachtung nach gut ins Gesamtsystem einfügen und für uns Hinweis und Wegweiser bei der Begegnung mit anderen Menschen sein können.

3. Typ Eins: Der sachbezogene Typus

Ich nenne diesen auch den **Kühlen Denker.** Wenn ich ein Symbol für diesen Grundtypus in uns finden müsste, würde ich dafür einen **Bergkristall** wählen. Damit ist mehr gesagt als mit vielen Worten. Damit wird die Härte, Kühle und Klarheit deutlich gemacht, die Verhalten und Ausstrahlung eines Menschen mit einer besonderen Sachorientierung begleitet. Dieser Typus wird nach Riemann der **Schizoide** genannt, weil er bei überstarker seelischer Belastung zur Schizophrenie neigt.

ERSCHEINUNGSBILD

Menschen, die eine besondere Ausprägung in dieser Dimension aufweisen, sind wahrscheinlich bereits genetisch dafür determiniert, was in ihrem Körperbau sichtbar wird. Diese Menschen sind oft groß und hager, haben eine trockene Haut, die zur Faltenbildung neigt und schlecht durchblutet ist. Es sind jene Personen, die essen können, soviel sie wollen, und hager bleiben. Sie nehmen die Reize der Umwelt nur sehr gedämpft auf und verarbeiten sie schlecht, ganz gleich, ob es sich um Nahrung, um Zuwendung, um Schönheit oder Harmonie handelt. Sie sind in sich verschlossene Eigenbrötler, die sich vorwiegend mit Sachthemen beschäftigen, denen Beziehungen nicht wichtig sind. Andere Menschen werden ihnen schnell lästig. Sie strahlen kühle Distanz aus und wirken unpersönlich.

Riemann beschreibt in seinem Buch „Grundformen der Angst" diesen Typ folgendermaßen: „Auf die Umwelt wirken solche Menschen fern, kühl, distanziert, schwer ansprechbar, unpersönlich bis kalt, oft scheinen sie seltsam, absonderlich, in ihren Reaktionen unverständlich oder befremdend."

Man meint oft, dass es solche Menschen nicht geben kann, doch ich bin während meines Studiums einem fast reinen Einser-Typus begegnet, meinem Professor für Allgemeine Psychologie Dr. Hubert Rohracher. Er war hager, verschlossen, seine Vorlesungen waren sachlich trocken. Er hat nie einen Witz gemacht, war immer nüchtern, streng und korrekt. Einmal bin ich im Aufzug mit ihm gefahren und wollte wegen einer eventuellen Dissertation bei ihm eine Auskunft. Ich war damals eine Frau von 33 Jahren und nicht unhübsch. Ich hatte während unserer Aufzugsfahrt den Eindruck, er drücke sich in eine Ecke, um keinerlei Kontakt mit mir zu haben. Er konnte mich nicht ansehen und wirkte linkisch und verkrampft. In den Vorlesungen und den Übungen hingegen wirkte er souverän und sehr kritisch. Man durfte in seinen Seminaren einen Fachausdruck nie oberflächlich gebrauchen, alles musste stimmen, exakt und präzise sein, sonst wurde er böse und machte einem vor allen anderen nieder.

EIGENSCHAFTEN

Die wesentlichste Grundeigenschaft dieses Typus ist seine Sachbezogenheit. Für ihn existieren nur die sachlichen Informationen, alles andere wird von ihm verachtet, als Humbug abgetan. Daher ist er auch ein brillanter Analytiker, der unbestechlich und klar den Grundstrukturen auf den Grund geht und sich nicht von Nebensächlichkeiten ablenken lässt. Wir finden diesen einseitigen Typus sehr häufig im Bereich der Naturwissenschaften, wo er Großes leistet. Typ-Eins-Menschen sind kühle Beobachter und Rechner, die sich nie von emotionalen Regungen in ihrer sachlichen Urteilfähigkeit beeinflussen lassen. Gefühle sehen sie als Schwäche an und lehnen sie bei sich und anderen ab. Der Einser braucht den Kontakt mit anderen Menschen nicht unbedingt, er kann und will viel allein sein, ohne sich einsam zu fühlen.

Sachzentrierte legen großen Wert auf Eigenständigkeit und Unabhängigkeit. Was für die Umgebung wie Isolation wirkt, erleben diese Menschen als selbst gewählte Zurückgezogenheit. In dieser können sie ihren Gedanken ungestört nachhängen und ihre Theorien formulieren. Die Gedankenarbeit ist ihnen wichtiger als reales Erleben.

Personen mit einer einseitigen sachzentrierten Ausprägung haben Scheu vor zwischenmenschlichem Kontakt. Wenn sich jemand ihnen zu spontan nähert, ohne dass sie sich darauf einstellen können, werden sie zynisch, beleidigend und versuchen auf diese Weise, ihren Freiraum zu schützen.

Positive oder helle Seite des sachbezogenen Typs

Diese Menschen sind sehr exakt und präzise in ihren Aussagen. Sie können hervorragend definieren und sind im Denken unbestechlich. Denn *Denken* ist ihre absolute Stärke, das Fühlen ihre Schwäche. Sie bestechen auch durch ihre differenzierte, sachliche Kritikfähigkeit. Diese Kritik wird nie durch irgendwelche persönliche Motive getrübt, ist klar und distanziert. Sie können sich sehr gut gegen andere Menschen abgrenzen; sie sind nicht zu überzeugen, wenn sie sich eine eigene Meinung gebildet haben. Nur wirklich stichhaltige Argumente können sie umstimmen. Um einer guten Stimmung willen würden sie nie von ihrer Einstellung oder Überzeugung lassen. In diesen Stärken verbergen sich auch gleich ihre Schwächen.

Negative oder dunkle Seite des sachbezogenen Typs

Da sie das Gefühl verachten, ist ihre Ausstrahlung kalt, unpersönlich, distanziert. Sie wirken unlebendig und sind zu Gefühlsäußerungen nicht fähig. So trocken wie ihre Haut ist auch ihr Herz. Zuwendung, Zärtlichkeit, positive Gefühle können sie – wenn überhaupt – nur indirekt zeigen. Riemann drückt dies so aus: „So ist es für diese Menschen charakteristisch, dass sie, bei oft überdurchschnittlicher Intelligenzentwicklung im Emotionalen zurückgebildet wirken; das Gefühlshafte bleibt bei ihnen oft unterentwickelt, ja zuweilen verkümmert" (Grundformen der Angst, S. 26). Daher tun sie sich mit Freundschaften schwer und bleiben oft ihr ganzes Leben allein, lehnen gesellige Zusammenkünfte ab. Wenn sie als Mitarbeiter gezwungen sind, zu einer Betriebsfeier zu gehen, sind sie die ersten, die sich davonstehlen. Meist erfinden sie eine Ausrede, um die Geselligkeit zu meiden oder aber sie sitzen mit einem Kollegen in einer Ecke und fachsimpeln. Small Talk ist nicht ihre Sache. Der Grund für die Ablehnung von Gefühlen ist die *Angst vor Nähe*.

Abb. Nr. 4: Erwünschte Distanz des Sachbezogenen

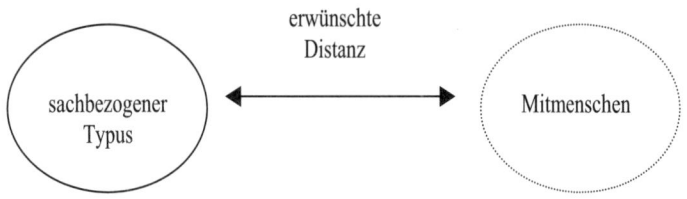

Diese Personen können menschliche Nähe nicht ertragen, geraten in Angst, ja in Panik, wenn ihr Gegenüber die emotionale Distanz verringert. Sie haben sich grausame, aber höchst wirksame Strategien zurechtgelegt, um die von ihnen gewünschte Distanz wieder herzustellen.

Meine Schwiegermutter entsprach ganz genau diesem Typus. Sie hatte eine hagere Gestalt, war eher klein und ihre Haut war trocken und neigte zur Faltenbildung. Sie war zwar nicht gebildet, doch sehr intelligent und ich hatte sie sehr gern, spürte auch ihre Zuneigung. Mit der Zeit entwickelte sich zwischen uns ein zartes und sehr enges Band. Und trotzdem passierte es immer wieder, dass meine Schwiegermutter sich von Zeit zu Zeit von uns zurückzog mit der Ausrede, sie wäre krank. Sie hielt zu lange Phasen der Nähe nicht aus, vermied den Kontakt zu mir und den Enkelkindern, um dann nach einiger Zeit ohne Vorwarnung wieder aufzutauchen. Sie hatte auch flüchtige Bekannte in Niederösterreich, die ihr sehr zugetan waren und sie einmal überraschend in Wien, in ihrer Wohnung besuchten. Mit diesen Leuten brach sie sofort jeglichen Kontakt ab, so als ob dieses Eindringen in ihre Privatsphäre für sie ein Schock gewesen wäre. Ich verstand damals noch nicht, wieso sie dies alles tat. Es war mir völlig unverständlich, da ich von Psychologie und auch diesen beschriebenen Zusammenhängen noch keine Ahnung hatte. Die kalte Wand, die immer bei ihr da war, löste sich erst am Tag vor ihrem Tod auf, da hatte ich den Eindruck, dass sie sich nicht mehr schützen musste, sondern spontan auf mich zukommen konnte.

Riemann beschreibt diese Angst vor Nähe folgendermaßen: „Zärtlichkeit artet leicht in ‚dem Partner wehtun' aus, im harten Zugriff oder sonstigem Zufügen von Schmerzen. Nicht selten zerstört der schizoide Partner auch alle zärtlichen Regungen bei sich und dem Partner durch *Zynismus*, um sich von ihnen nicht erfassen zu lassen. In einem Augenblick besonders inniger Zuwendung des Partners trifft er diesen an seiner verletzlichsten Stelle, indem er seine Haltung, seinen Gesichtsausdruck oder seine Worte ironisierend ins Lächerliche zieht" (s.o. S. 30).

Da der Sachbezogene die Verwundbarkeit des anderen nicht bewusst wahrnimmt, schlägt er völlig ungerührt ins Zentrum der Verletzbarkeit seines Gegners. Ich nenne ihn daher auch den **kalten Killer**, der keiner Konfrontation ausweicht, immer ins Herz trifft, doch dabei keine Schuldgefühle hat, weil er gar nicht merkt, was er beim anderen anstellt. Seine Kämpfe sind charakterisiert durch Kälte, rücksichtslose Aggression. Er denkt keinen Moment daran, den Gegner zu schonen. Da er überaus differenziert und intelligent ist, sticht er raffiniert mit dem „Florett" zu, nicht mit dem Bihänder wie der Ordnungszentrierte. Er führt die feine, kalte Klinge ohne Mitleid. Und Gegner kann man einfach dadurch werden, dass man ihm zu nahe kommt. Damit begegnet er der Gefahr einer eventuellen Annäherung. Riemann drückt dies so aus: „Hierzu kommt, dass schizoide Menschen aus ihrer mitmenschlichen Unbezogenheit heraus keine Vorstellung von der Aggression auf andere haben – sie haben sich ja ,nur' abreagiert; der andere ist ihnen dabei gar nicht so wichtig gewesen" (s.o. S. 35).

Verringerung der Distanz wird dem kühlen Denker zur Bedrohung, seine Distanz zu halten zur Überlebensbedingung. Wenn jemand die von ihm gewünschte Distanz durchbricht, kommt es zur kalten Aggression, die ungehemmt ausgelebt wird, durch Zynismus, Sarkasmus, Demütigung, wobei sich der Sachzentrierte nicht im Klaren ist, was er dem anderen damit antut beziehungsweise was er im anderen zerstört.

Abb. Nr. 5: Auslöser für die Angst des Sachbezogenen

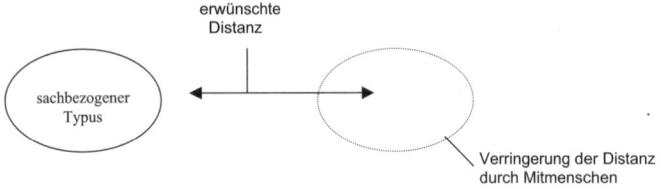

erwünschte
Distanz

sachbezogener
Typus

Verringerung der Distanz
durch Mitmenschen

In meiner psychotherapeutischen Ausbildung (KIB) wies unser Ausbilder darauf hin, wie man mit schizoiden Menschen umgehen solle. Er meinte, dass der Therapeut wie ein „Kachelofen" sein sollte: stehen bleiben und lauwarm sein. Auch solle man unbedingt vermeiden, ihn zu berühren. Was für die anderen Menschen Zuwendung und Beruhigung bedeute, werde durch ihn ganz anders ausgelegt.

Im Zuge meiner Wirtschaftsschulung bin ich zwar selten Menschen mit einem sachzentrierten Überhang begegnet, doch wenn es der Fall war, habe ich mich an diese Verhaltensvorschriften erinnert. Als ich einmal bei einer Baufirma während einer Schulung einem Topmanager meine Hand auf den Arm legte, sprang dieser ganz unvermutet zur Seite, so, als ob ihn eine Tarantel gestochen hätte. Da er äußerlich nicht dem Sachzentrierten Typus entsprach – er hatte eine große Körperfülle – war ich über diese Reaktion überrascht. Dieser wuchtige Mann hatte Angst vor Berührung und Nähe.

DER ENTWICKLUNGSBEDINGTE HINTERGRUND

Die Tiefenpsychologie geht davon aus, dass bestimmte Eigenschaften, aber auch Eigenheiten, Verhaltensweisen und Einstellungen sich in der frühen Kindheit bilden und dann ein Leben lang aufrechterhalten werden – außer man programmiert sie innerhalb eines therapeutischen Prozesses um. Freud selbst hat in der Zeit der frühen Kindheit bestimmte Phasen beschrieben, die wir durchlaufen müssen, um reife Menschen zu werden (die orale, die anale, die ödipale Phase) und dabei ist natürlich die Antwort der Umwelt auf das Verhalten des Babys beziehungsweise Kleinkindes wichtig und prägend. Jeder Mensch will ganz bestimmte Dinge wie Zuwendung, Akzeptanz, Geborgenheit aber auch Grenzen erleben. Er will um seiner selbst willen geliebt werden und nicht wegen irgendeiner Leistung.

Betrachtet man nun den Sachbezogenen aus der entwicklungspsychologischen Perspektive, so sind starke Umwelteinflüsse im ersten halben Lebensjahr entscheidend. Es ist die Zeit, wo wir als Menschen unserer Umgebung noch ganz ausgeliefert sind, uns nicht einmal selbstständig aufsetzen können. Dabei ist vor allem das Verhalten der Mutter von entscheidender Bedeutung. Schon René Spitz – Psychiater aus dem vorigen Jahrhundert – hat die Beobachtung gemacht, dass delinquente Mütter zu wenig Aufmerksamkeit auf den Stillvorgang und ihr Kind haben können. Er hat diese jungen Frauen im Gefängnis gefilmt und entdeckt, dass dem Kind beim Stillvorgang durch die Unachtsamkeit der Mutter immer wieder die Brustwarze aus dem Mund rutscht. Das führt zu Unsicherheit des Kindes und vor allem fühlt ein Baby, ob man es innerlich annimmt oder „nicht vorhanden ist". Gerade bei der Nahrungsaufnahme werden Störungen als lebensbedrohend erlebt. Das Kind bekommt Angst, panische

Angst und entwickelt Gegenmaßnahmen. Der Mangel an Liebe und Zuwendung in den ersten Lebensmonaten kann ein Auslöser dafür sein, dass ein Mensch schon sehr früh alle Gefühle und Erwartungen in sich unterdrückt und sich möglichst früh von der Umgebung unabhängig macht. Riemann schildert das so: „Besonders leicht kommt es zu solchen frühen schizoidisierenden Schädigungen auch bei von Anfang an ungeliebten oder unerwünschten Kindern; weiters bei solchen, die frühen Trennungen etwa durch längeren Klinikaufenthalt wegen Erkrankungen oder dem Verlust der Mutter ausgesetzt waren" (s.o. S. 40).

Etwa bis zum sechsten Lebensmonat kann der Säugling noch nicht klar zwischen sich selbst und seiner Umwelt unterscheiden. Er verfügt noch nicht über eine Ich-Du-Differenzierung. In seiner Weltsicht existiert nur er selbst. Alles was ihm begegnet – Menschen oder Gegenstände – wird als Teil seiner selbst interpretiert. Der personale Aspekt, das Du, ist für das Baby noch nicht wahrnehmbar. Auch die Mutter ist Teil der undifferenzierten Gesamtwelt des Säuglings, die ausschließlich der Befriedigung seiner Bedürfnisse zu dienen hat.

Bei Menschen mit extrem ausgeprägter sachbezogener Seite finden sich diese frühkindlichen Erlebnis- und Verhaltensmuster wieder. Sie sind in ihrer Wahrnehmung stark auf die eigene Person und ihre Bedürfnisse reduziert. Die Menschen um sie herum scheinen sie nicht als eigenständige Personen wahrnehmen zu können. Die extrem Sachbezogenen bedienen sich ihrer Partner, aber auch ihrer Mitarbeiter im Betrieb nach deren Brauchbarkeit. „Nur was mir nützt, ist gut" könnte der Wahlspruch des Sachbezogenen sein.

Die betriebliche Wirklichkeit des sachbezogenen Typs

Die Stärken eines „kühlen Denkers" können sich zweifellos in einer sachbezogenen Tätigkeit am besten entfalten. Er ist besonders gut dort einzusetzen, wo *Analysen* notwendig sind: in Forschungsabteilungen, im Controlling, in der Finanzabteilung etc. Personenbezogene Tätigkeiten hingegen sollte man ihm nicht übertragen. Im Kundenkontakt wirkt er kompetent, kühl und distanziert. Sachbezogene Kunden werden sein großes Fachwissen und seine Exaktheit schätzen. Wir finden beim Verkauf von Computergroßanlagen immer wieder sachbezogene Verkäufer, weil hier das Hauptgewicht auf Fachkompetenz und nicht auf persönlichen Umgang gelegt wird. Kunden mit anderen Persönlichkeitsschwerpunkten können sich aber zu wenig als Mensch wahrgenommen fühlen. Sie haben beim Sachbezogenen den Eindruck, dass er weder auf ihre Wünsche noch ihre Bedürfnisse eingeht. Ein Beispiel als der Schulungspraxis. Bei einem Seminar an der Uni Krems, bei dem vor allem Manager geschult wurden, die schon lange in der Praxis stehen, teilte mir ein Teilnehmer mit, dass sein Chef ein „fast reiner Einser" sei. Er weise alle Kriterien auf, die ich anführte. Er war in einer Forschungsabteilung tätig und hatte auch die Aufgabe für und mit Kunden problemgerechte Lösungen zu finden. Dies sah dann so aus, dass er das Problem analysierte, die Lösung mitteilte und auf kein einziges Argument des Kunden einging; denn seine Lösung wäre ohnehin die beste, der Kunde verstünde davon nichts: Dies ließ er den Kunden auch spüren und war gegenüber Argumenten seiner Mitarbeiter nicht ansprechbar.

Der sachbezogene Mensch als Mitarbeiter

Der sachbezogene Mitarbeiter wird geschätzt, weil er exakt ist, man sich auf seine Ergebnisse verlassen kann und er seine Aufgaben korrekt und termingerecht erledigt. Lässt man ihn in Ruhe, zwingt man ihn nicht zu sozialen Kontakten und Aktionen, ist er ein verlässlicher, ruhiger und angenehmer Kollege. Schwierig wird die Zusammenarbeit, wenn man ihm zu nahe rückt oder sich Verständnis und Zuwendung erwartet. Dann wird er verletzend, ohne es zu merken. Mit zynischen Bemerkungen und scharfen Angriffen wird er sich der Abstand verschaffen, den er so dringend braucht. Er wird zwar geachtet, doch nicht beliebt sein. Er wird im ganzen Betrieb – wenn überhaupt – nur einen Vertrauten haben, mit dem ihn Sachkompetenz verbindet. Diesen akzeptiert er, zu diesem kann sich mit der Zeit sogar ein freundschaftliches Verhältnis entwickeln. Doch sonst lässt er niemanden an sich heran. Auch im Privatleben hat er ganz wenige, wirklich ausgesuchte Freunde, die auf ihn zählen können.

Der sachbezogene Mensch als Chef

Ein Chef mit vorwiegend sachbezogenen Eigenschaften und Interessen wirkt kühl und distanziert. Man kommt nicht an ihn heran. Er würde einen emotionalen Übergriff als Angriff auf seine Person und seine Autorität werten und harte Maßnahmen dagegen ergreifen. Er besitzt ein scharfes Auge und eine ausgeprägte sachliche Kritikfähigkeit, die nicht durch „sentimentale Rücksichtnahme" getrübt wird. Er zeigt im Durchsetzen von Maßnahmen Härte und ist Argumenten, die eher den sozialen Aspekt ansprechen, überhaupt nicht zugängig. Diese Dimension besteht für ihn nicht. Er zieht eine Maßnahme „um der Sache willen" durch, ohne auf die menschliche Seite der Mitarbeiter zu achten. Auf diese Weise kann er zum Energievernichter im Betrieb werden, weil er die Motivation der Mitarbeiter reduziert, ja sogar killt. Wenn man nicht mit stichhaltigen, logischen Argumenten zu ihm kommt, erreicht man nichts. Die Mitarbeiterin, die versucht, ihn mit Tränen zu rühren und mit seinem Mitleid rechnet, wird hart enttäuscht werden.

Der sachbezogene Mensch als Kunde

Dieser Kunde mag keinen Dampfplauderer als Berater oder Verkäufer. Er will Distanz, gute Sachauskünfte und die neueste, sachlich gebotene Information. Meist ist er als Kunde mehr informiert als der Berater oder Verkäufer, der sich eher um die eigenen Produkte, aber nicht um den Weltmarkt oder um die Produkte der Konkurrenz kümmert. Das ist in den Augen des Sachzentrierten ein Fehler, den er nicht verzeiht. Mit einem solchen Fachmann will er nichts mehr zu tun haben. Joviale Reden und augenzwinkernde Verkaufsrhetorik sind ihm ein Gräuel. Da kann es passieren, dass er mitten im Verkaufsgespräch aufsteht und geht. Er legt weniger Wert auf die äußere Erscheinung des Gegenüber, auch nicht auf Hochglanzunterlagen, sondern auf fachliche Kompetenz, die er bei der ersten Begegnung sofort überprüft. Nur wenn sein Berater oder Verkäufer seinem kritischen Blick standhält, akzeptiert er diesen und wird ein treuer Kunde. Man kommt daher beim Sachbezogenen nur mit nüchterner Sachlichkeit und Kompetenz zum Ziel. Alle anderen Strategien sind kontraproduktiv.

Tabelle Nr. 2: Positive und negative Eigenschaften des Sachzentrierten

Positive Eigenschaften	Negative Eigenschaften:
Klarheit	Kälte
Schärfe des Verstandes	Grausamkeit
Analysefähigkeit	Angst vor Nähe
Unbestechlichkeit	Eigenbrötelei
Präzision	kein Gefühl für Menschen
Kritikfähigkeit	sozial uninteressiert
Abgrenzungsfähigkeit	Rücksichtslosigkeit
effektiv im Kampf	Härte
Interesse an Sachinhalten	gefühlskalt

4. Typ Zwei: Der personenbezogene Typus

Dieser Menschentyp stellt den Gegenpol zum Sachbezogenen dar. Er wird in der tiefenpsychologischen Fachliteratur als *depressiver Typus* bezeichnet, da Menschen mit dieser Grundstruktur in ihrem Leben zu depressiven Verstimmungen neigen. Ich bezeichne ihn als den *warmen Menschenfreund*. Als Symbol würde ich den **Karneol** wählen, einen Stein, der immer warm ist, der Wärme sozusagen speichert und ausstrahlt.

Erscheinungsbild

Die Körperform entspricht dem Pykniker von Kretschmer. Er ist eher füllig, seine Haut ist gut durchblutet, rosig, er wirkt in jeglicher Weise sinnlich, lebensfroh. Alles, was ihm begegnet, nimmt er begierig in sich auf, sei es Essen, sinnliche Eindrücke, Gespräche, Unterhaltung. Er speichert und verarbeitet alles gut, er nimmt sich aber auch alles sehr zu Herzen. Er ist gegenüber seiner Umwelt offen und annehmend. Seine Ausstrahlung ist warm und herzlich, man fühlt sich in seiner Nähe wohl, angenommen, akzeptiert. Vor allem im Alter wird er rund und rosig, ganz anders als der Sachorientierte, der eintrocknet. Es gibt natürlich auch personenorientierte Menschen, die ein ganz anderes Erscheinungsbild haben. In meiner langjährigen psychotherapeutischen Praxis bin ich immer wieder depressiven Menschen begegnet, die nicht in dieses Körperschema passten. Ich nehme an, das sind diejenigen, deren Einstellung und Verhaltensmuster nicht so sehr von der Anlage (genetischer Hintergrund) sondern von der Entwicklungsgeschichte her geprägt wurden.

Eigenschaften

Seine Haupteigenschaft ist seine Menschbezogenheit. Er strebt vor allem Harmonie und Liebe an. Das hat für ihn oberste Priorität; Sachbezug ist nicht so wichtig. Ihm geht es darum, möglichst von allen geliebt zu werden, die Wärme anderer zu spüren und Wärme und Verständnis zu geben. Er ist einfühlsam, *opferbereit* und setzt sich für andere ein, oft ohne Rücksicht auf seine eigenen Bedürfnisse. Riemann charakterisiert ihn folgendermaßen: „Für die erstrebte Harmonie und ungetrübte Nähe muss der Depressive nun seinerseits ‚gut' sein und befleißigt sich daher aller altruistischen Tugenden: Bescheidenheit, Verzichtbereitschaft, Friedfertigkeit, Selbstlosigkeit, Mitgefühl und Mitleid, um nur die wichtigsten zu nennen".

Die Stärke des Personenbezogenen ist das *Gefühl*. Diesen Menschen entgeht keine noch so kleine Gefühlsregung des anderen und er ist – anders als der Sachbezogene – auch imstande, entsprechend darauf zu reagieren. Man findet daher Menschen mit einem starken personenbezogenen Anteil bei den Sozialberufen: den Psychotherapeuten, Krankenschwestern und Betreuern jeglicher Art. In der Arbeitsgemeinschaft für Präventivpsychologie waren die Sekretärinnen, die das Telefon zu bedienen hatten, immer Frauen mit einem stark personenbezogenen Anteil. Sie konnten bereits an der Art des Sprechens des Anrufers, an seiner Ausdrucksweise erfühlen, was ihm fehlte. Sie waren grandios im Aufspüren der echten Motivation, warum eine Person anrief. Man konnte diese Frauen auch in den Teambesprechungen nicht täuschen, wenn man über ein Spannungsgefühl in der Gruppe hinweggehen wollte. Sie zeigten Stimmungen immer präzise auf.

Da wir – in der westlichen Welt – in einer sachbezogenen Gesellschaft leben, in der das Gefühl gering bewertet wird, werden die Fähigkeiten des Personenbezogenen gering geschätzt. Außerdem ist er selbst auch eher bescheiden und stellt sein Licht unter den Scheffel und kann seine Qualitäten zu wenig in den Vordergrund schieben. So wird er oftmals unterschätzt. Vor allem der Sachbezogene kann ihn leicht an die Wand spielen, wenn er die Verletzlichkeit des Personenbezogenen ins Kalkül zieht und danach handelt. Erst wenn dem „warmen Menschenfreund" bewusst wird, welchen Wert seine Sensibilität für seine eigenen Gefühle und die der anderen hat, wird er zu sich stehen und selbstbewusst werden. Er muss sich klar werden, dass Emotionen auch Informationen sind und diese den gleichen Stellenwert wie Sachinformationen haben. Dann ist er für jede Institution ein Gewinn. Er wird im Betrieb die Vermittlerrolle spielen und wichtige emotionale Informationen bezüglich Kunden, Mitarbeitern und Kooperationspartnern einbringen können.

Hinter der Menschbezogenheit des Personenbezogenen steht das *Bedürfnis nach Nähe*. Er kann Distanz schlecht aushalten, gerät in Panik, wenn zum Beispiel sein Partner Abstand hält. Er möchte am liebsten mit allen Menschen verschmelzen, sie nicht nur in seiner Nähe haben, sondern sie verschlingen und in sich tragen, damit sie ihm nicht mehr entwischen können. Jedes Abrücken von diesem Prinzip bedeutet für ihn Verrat an der Beziehung. Daher ist es für ihn auch so schwierig, seinem Partner Freiraum zu geben, ihm einen eigenen Bereich zuzugestehen. Der Personenbezogene möchte überallhin mitgehen, immer beim anderen sein, die gleichen Gefühle, Gedanken und Erlebnisse haben wie sein Partner, was diesem mit der Zeit schrecklich auf die Nerven geht. Er möchte alles mit ihm teilen, kann nicht verstehen, warum sein Partner das nicht auch will.

In meiner psychotherapeutischen Arbeit ist mir aufgefallen, dass ein sachorientierter Typ häufig von einem Personenbezogenen magisch angezogen wird. Was anfangs faszinierend war, wird jedoch dann für beide zur fast unüberwindlichen Hürde. Der Sachbezogene hält den Druck seines Partners nach ständiger Nähe nicht mehr aus und versucht, sich mit seinen bewährten Strategien Luft und Raum zu verschaffen. Das wird vom „warmen Menschenfreund" als Verletzung und Ablehnung seiner Person erlebt. Da er aber jeglicher Konfrontation aus dem Weg geht, leidet er oft jahrelang still vor sich hin.

Man stelle sich nun diese gegenpoligen Bedürfnisse bei einem Paar vor. Der eine hat das Bedürfnis nach Distanz, gerät in Panik, wenn die Beziehung zu eng wird und der andere möchte am liebsten immer mit dem Partner verschmelzen. Natürlich kommt es zu massiven Konflikten, die das Paar selbst oft nicht mehr lösen kann. Die Lösung liegt sicherlich darin, dass beide voneinander lernen: der Personenbezogenen dem anderen Freiraum lässt, auch wenn ihm das anfangs schwer fällt, und dadurch der Sachbezogene viel eher die Nähe zum anderen ertragen kann, auch wenn diese nur kurzfristig ist.

Abb. Nr. 6: Gegenpolige Bedürfnisse des Sachbezogenen und Personenbezogenen

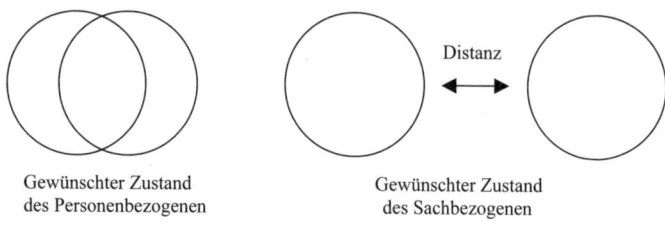

Gewünschter Zustand
des Personenbezogenen

Distanz

Gewünschter Zustand
des Sachbezogenen

POSITIVE ODER HELLE SEITE DES PERSONENBEZOGENEN TYPS

Dieser Menschentypus ist warm und einfühlsam, kann Zuwendung zeigen. Er kann mild und gütig sein und ist daher ein sehr angenehmer Kooperationspartner, vor dem man nie Angst hat. Er opfert sich für andere auf und man fühlt sich bei ihm immer aufgehoben, verstanden, akzeptiert. Er kann gut zuhören und man sagt ihm oft mehr als man ursprünglich wollte. Riemann beschreibt das so: „Liebe, Liebenwollen und Geliebt- werden-wollen ist dem depressiven Menschen das Wichtigste im Leben. Hier kann er seine besten Seiten entwickeln, hier liegen zugleich seine größten Gefährdungen" (s. S. 111). Es sind dies liebenswerte Menschen, die keinen Widerstand leisten, sich nicht abgrenzen können, die einem jeden Wunsch von den Augen ablesen, die sich selbst vergessen. Eigentlich könnte man sagen, diese Typen entsprechen dem christlichen Menschenbild, zumindest wie christliche Kirchen dieses vor allem für Frauen auslegen: Immer für andere da sein, sich selbst vergessen, alles für andere tun. Der Haken dabei ist, dass der Egoismus, den jeder Mensch in sich hat, in einer verdeckten Form trotzdem zutage tritt und von vielen Menschen nicht als solcher erkannt wird. Darin verbirgt sich dann die negative Seite dieses Typus.

Bei einer Priesterschulung zu diesem Thema, als die Gruppenangehörigen sich gegenseitig einschätzten und Feedback gaben, meinte ein junger sehr liebenswerter Priester, er trachte danach, möglichst niemanden zu verletzen; bevor er einen anderen verletze, lasse er sich lieber selbst verletzen. Ich fragte ihn, ob er meine, dass dies eine christliche Haltung sei, was er bejahte. Ich machte ihm deutlich, dass das eigentlich eine einseitig pathologische Haltung sei, die so in der Bibel nie vorkomme, da Jesus selbst alles andere als naiv gewesen sei. Er habe sehr wohl abgrenzen können, ja sogar sehr hart konfrontiert.

Die negative oder dunkle Seite des personenbezogenen Typs

Da dieser Typus Zurückweisung und Ablehnung nur schwer aushält, kann er fast *nicht Nein sagen.* Er kann sich anderen gegenüber nur sehr schlecht abgrenzen. Das bringt ihn im Alltag oft in Schwierigkeiten, da er oft mehr verspricht, als er halten kann. Er lässt sich aus diesem Grund leicht ausnützen. Wenn der „warme Menschenfreund" gezwungen ist, Nein zu sagen, hat er Angst, die Zuneigung des anderen zu verlieren, was für ihn eine Katastrophe ist. Sein ganzes Streben ist ja darauf gerichtet, von anderen geliebt zu werden. Daher kann der Personenbezogene auch keine sachliche Kritik äußern, er neigt dazu, die Fehler seiner Mitmenschen jahrelang zu verdecken und zu entschuldigen. Er fürchtet, den anderen durch Verletzung zu verlieren. So wird er unkritisch und unsachlich, man kann sich auf sein Urteil nicht verlassen, was in einem Betrieb zu Schwierigkeiten führt (ganz im Gegensatz zum Sachorientierten). Riemann meint : „Dadurch entwickelt er zu wenig Phantasie für das Böse im Menschen – im anderen und in sich selbst; denn um so restlos vertrauen und uneingeschränkt lieben zu können, muss er Zweifel und Kritik unterdrücken, lässt er sie gar nicht bewusst werden" (s. S. 110). Der personale Grundtypus hat eine prinzipiell positive Einstellung zu sich und der Welt, doch diese ist unrealistisch. Er macht die Augen vor dem Bösen, Brutalen zu, um sein heiles Weltbild nicht zu zerstören. Dadurch kann er sich selbst nicht schützen, weil er ja die böse Absicht des anderen ihm gegenüber leugnet. Um diese Methode aufrechtzuerhalten, muss er die Aggression in sich unterdrücken, alles Negative in sich einfach ignorieren. Unterdrückte Aggression ist eine der Wurzeln der Depression.

Er tut alles für andere und erwartet unbewusst, dass sie ebenso ihm gegenüber handeln. Daher ist er sehr enttäuscht, wenn das nicht der Fall ist, wenn die anderen zwar seine aufgedrängten Dienste annehmen, sich aber dann nicht revanchieren. Daher wird er oftmals im Alter nicht nur depressiv, sondern kippt ins Negative. Seine Erwartungen sind so oft enttäuscht worden, dass er verbittert wird.

Wie schon gesagt, wir finden diesen Typus bei allen helfenden Berufen, wobei die Gefahr des Helfersyndroms offensichtlich ist. Da er schwer abgrenzen, sich nicht kritisch äußern kann, rutscht er oftmals in die Haltung eines ewig Gewährenden. Es sind dies die Therapeuten, die jahrelang mit jemandem arbeiten und ihn nur streicheln, sie decken nicht auf und getrauen sich nicht zu konfrontieren. Damit sind sie für den Klienten zwar angenehm aber relativ wirkungslos.

Der Personenzentrierte ist der Gefühlssüchtige, für ein gutes Gefühl macht er alles. Er ist auch bereit, zu Substanzen zu greifen (Alkohol und anderen Drogen), um sich das gute Gefühl zu verschaffen, wenn ihn seine eigenen Aggressionen schon zu sehr quälen oder er durch seine Taktik die anderen gegen sich aufbringt. Er ist der ewige Wegschauer, der sich lieber in der Sucht, eventuell auch der Drogensucht verkriecht, bevor er klar und hart an sich arbeitet. Es ist ersichtlich, dass er mit dieser einseitigen Methode nicht durchkommt und sich in die Einserdimension entwickeln muss, um die innere Balance und damit die Chance auf wirklich erfülltes Leben zu haben.

Aus dem bisher Gesagten ist zu verstehen, dass dieser Menschentyp den Kampf ablehnt, daher auch nicht mit den üblichen Methoden kämpfen kann. Er ist *kampfscheu*, weicht jeder Konfrontation aus, hasst Spannungen, harmonisiert und löst daher auch keine Probleme. Für den personenbezogenen Menschen häufen sich Probleme oft jahrelang, er frisst alles in sich hinein und weigert sich, das Problem überhaupt zu sehen. Es ist für einen Therapeuten daher anfangs schwer, mit Depressiven zu arbeiten, weil sie es nur auf die gute Beziehung zum Therapeuten abgesehen haben, aber jede Konfrontation scheuen. Sie sind die so genannten braven Patienten, die alles tun, was man ihnen sagt, nur können sie keine Aggression ausleben, nicht im Leben, nicht gegenüber ihrem Partner, ihren Freunden, ihren Arbeitskollegen und auch nicht gegenüber ihrem Therapeuten. Die Innenspannung wird dadurch immer stärker und die Selbstmordgefahr, die Gefahr der Selbstvernichtung nimmt zu. Die Aggression wendet sich sozusagen gegen ihn selbst. Das gilt nicht so sehr für den durchschnittlich personal zentrierten Menschen, sondern schon für jene Personen, die in jahrelangem Selbstzweifel und Selbstaggression ein Krankheitsbild entwickelt haben. Der Personenzentrierte ist von der Kampftechnik her der ewige *Ausweicher*. Man kann ihn in der Konfrontation nicht fassen, er leugnet alle negativen Gefühle bei sich selbst und bei den anderen. Er lässt sich kränken, ohne sich zu wehren, nur um den anderen nicht zu verlieren.

Seine Kampftechnik ist indirekt, er ist sozusagen ein unfairer Kämpfer, der sich nie stellt und den anderen mit sanfter Erpressung und Schuldgefühlen unterdrückt. In der betrieblichen Wirklichkeit erscheint er oft als Intrigant, weil er jedem das sagt, was dieser hören will. Er möchte schmeicheln und färbt die Wahrheit, indem er sie für den Gesprächspartner unbewusst zurechtfrisiert, damit dieser sich wohl fühlt. Er wird niemanden etwas Hartes ins Gesicht sagen, sondern eher hintenherum andeuten. Seine Kampfmethode ist daher oft der *Untergriff* und die indirekte Taktik.

Da er Konfrontationen ausweicht, sich als Patient leidend darstellt und damit das Signal gibt, man möge ihn schonen, ihm nicht wehtun, ihn lieben und akzeptieren, wird er bei Therapeuten mit einem Helfersyndrom jahrelang in liebevoller Betreuung sein und die beiden werden seine Depression pflegen. Ich hatte einmal eine Patientin, die sich bei mir angemeldet hat, mit dem Bemerken, dass sie bereits mit fünf Jahren eine Depression gehabt habe, sie hätte auch schon einen Selbstmordversuch hinter sich und die Experten meinten, sie wäre nicht therapierbar. Wir arbeiteten ein Jahr zusammen, ich bot ihr immer wieder andere psychologische Techniken außer des Gespräches an, die sie zwar probierte, jedoch ablehnte, auch wenn die Technik günstig für sie war, sie wirklich weiterbrachte. Ich spürte hinter ihrer Ablehnung die enorme Kraft, die in dieser Frau steckte. Nach einem Jahr machte ich Bilanz mit ihr, was denn unsere Zusammenarbeit gebracht hätte. Sie meinte, sie wäre sehr froh, dass sie zu mir kommen könne, denn deshalb habe sie sich nicht umgebracht. Ich erwiderte ihr, dass das eigentlich kein Therapieerfolg sei, dass es schade um ihr Geld und meine Zeit sei und gab ihr noch drei Stunden, um unsere Zusammenarbeit abzuschließen. Es war erstaunlich, welche Wirkung diese harte Konfrontation hatte. Sie fing an, aktiv in den Therapiestunden zu arbeiten, legte ihre weinerliche, selbstbemitleidende Haltung langsam ab und nach vier Jahren gemeinsamer Arbeit war sie nicht nur depressionsfrei, sondern hatte auch ein neue Ausbildung angefangen und nahm ihr Leben selbst in die Hand.

Depressive, die ja nicht kämpfen können, alles ertragen und erleiden, arbeiten einerseits mit der *maskierten Aggression*, was sich in ihrem weinerlichen Ton zeigt, in der Verzögerung ihrer Handlungen, andererseits setzen sie unbewusst ihre psychosomatischen Symptome als Druckmittel gegen ihre Umwelt ein. Da sie negative Gefühle nicht ausdrücken können, führt das zu einem Einfrieren dieser Gefühle im Körper. Sie bekommen häufig psychosomatische Magen-Darmleiden. Dieses Leiden wird dann geschickt so eingesetzt, dass sie Mitleid erregen und dadurch indirekt zu ihrem Ziel kommen. Erst wenn sie in der Therapie erkennen, dass der Preis – ein kranker Körper – eigentlich zu hoch ist, lernen sie alle Gefühle, auch die negativen, auszudrücken und sich abzugrenzen.

Nach dem ersten halben Lebensjahr, in dem noch keine Ich-Du-Differenzierung im Kind eingesetzt hat, wird das Du erstmals wahrgenommen. Das ist vor allem das Du der Mutter. Wenn das Kind sich mit ungefähr viereinhalb Monaten aufsetzt, merkt es, dass sein eigener Körper von dem der Mutter unterschieden ist, dass sein eigener Wille seinen eigenen Körper bewegt, dass es die Mutter aber nur dann bewegen kann, wenn es zu bestimmten Techniken greift (Weinen, Schreien).

Es nimmt daher in einem sehr schwierigen Differenzierungsprozess das *Du* wahr. Dieses Du – in den meisten Fällen die Mutter – ist die Quelle aller Befriedigung und das wird dem Baby in den Tiefen seiner Seele bewusst. Dieses Du ist die Quelle der Nahrung und somit des Überlebens, aber auch die Quelle des Wohlbefindens, wenn die Windeln nass sind, wenn es herumgetragen wird, wenn sie ihm etwas vorsingt, mit ihm spricht etc. Das macht in dieser Zeit sein ganzes Leben aus, es bedeutet Überleben. Die Mutter und später jeder Mitmensch ist Quelle der Befriedigung von Bedürfnissen. Bleibt ein Kind auf diese Phase fixiert, dann bleibt auch für den Erwachsenen diese Einstellung entscheidend. Diese Menschen meinen, nicht allein leben zu können, die Symbiose, die Verschmelzung mit dem Partner zu benötigen, damit ihre eigenen Wünsche und Bedürfnisse befriedigt werden, die sie aber nicht benennen können und daher auch nie aussprechen. Sie fühlen sich hilflos, klein und ausgeliefert. Für diese Menschen bedeutet der Verlust eines Menschen den Verlust der Welt, denn ihre Welt besteht aus Zuwendung und Fürsorge für das Du. Sie tun alles, um zu bekommen, was sie nicht einfordern können. Personenzentrierte sind unfähig, ihre Wünsche wahrzunehmen und zu äußern, sie kennen aber sehr gut die Wünsche der anderen und versuchen sie vorschnell zu erfüllen, auch wenn sie gar nicht darum gebeten werden.

Die Sanften, so Gefügigen werden ziemlich bockig, wenn man ihre Hilfsvorschläge nicht annimmt und zurückweist. Da können sie ihre Kraft ausleben, ohne dass wir es merken. Sie haben eine vergewaltigende Seite, die man bei ihnen aber sehr schlecht erkennt. Es sind die aufopfernden Mütter, die alles für die Familie tun und immer wissen, was dem anderen gut tut, auch wenn man das gar nicht will. Das ist auch die dunkle Seite von depressiven Müttern, die eine Trennung und ein Selbstständig-Werden ihrer Kinder nicht zulassen und immer meinen „Ich weiß, was für dich gut ist". Sie arbeiten mit Schuldgefühlen und unbewusster Vergewaltigung, einer beliebten unbewussten Kampfmethode des Personenzentrierten.

Die betriebliche Wirklichkeit

Personenzentrierte sind im Betrieb sehr beliebt. Man stellt sich gern zu ihrem Schreibtisch zu einem kleinen Plausch, der dann leicht in ein sehr langes und tiefes Gespräch ausarten kann, denn der personenzentrierte Mitarbeiter kann so gut zuhören und stellt immer die richtigen Fragen und macht Bemerkungen, die zeigen, dass er versteht (eine Qualität, die heutzutage schon rar wird). Er wird durch seine Art gewinnen und bei vielen Mitarbeitern Vertrauen aufbauen. Er ist vor allem dort gut verwendbar, wo menschliche Kontakte im Mittelpunkt des Interesses stehen. Daher ist bei Beratung und Verkauf, also im Kundengeschäft, für ihn der richtige Platz. Doch muss gleichzeitig seine Schwäche in Betracht gezogen werden; er kann schlecht abgrenzen und wird den Vorteil des Kunden höher einschätzen als zum Beispiel den Deckungsbeitrag seiner Firma. Wo es um harte Abmachungen und Vertragsabschlüsse geht, wird er nicht durchhalten. Er wird auch im Verkauf nur dann viel erreichen, wenn er den kühlen, sachlichen Teil in sich entwickelt, also erst nach einer Schulung. Es kann passieren, dass er einen Kunden stundenlang berät und dann keinen Abschluss einfährt, weil er nicht zur rechten Zeit konsequent sein kann. Im Verkaufgeschäft gibt es ja nur einen ganz kleinen Zeitraum, wo der Kunde bereit für einen Abschluss ist. Da er zu schüchtern und zu wenig zielorientiert ist, gelingt ihm das oft nicht. Der Kunde ist zwar sehr zufrieden, doch geht er mit den Ratschlägen des Beraters zu einer anderen Firma und wird dort – gut informiert – seinen Vorteil wahren. Der Personenzentrierte ist zwar bei seinen Kunden sehr beliebt, weil er sich für sie zerfranst, doch er lässt sich von ihnen auch unter Druck setzen. Die Harmonie mit dem Kunden ist ihm wichtiger als die nüchterne Dienstleistung für seinen Betrieb.

Charakterstrukturen

Ein großer Vorteil seiner Art ist, dass er auch mit sehr schwierigen Menschen rasch guten Kontakt herstellen kann. Er wird nie ins Fettnäpfchen treten, den anderen nie bewusst verletzen. Daher kann er mit besonders schwierigen Kunden gut umgehen und diese auch immer zufrieden stellen. Man muss als Führungspersönlichkeit jedoch auf seine oben angesprochene Schwäche achten, da er sich sonst von besonders eigenwilligen Kunden unterdrücken lässt.

Der personenbezogene Mensch als Mitarbeiter
Er ist auf Grund seiner Herzlichkeit, seiner Naivität, des Fehlens von Hinterlist und Bosheit sehr beliebt. Man traut ihm, vertraut ihm. Man geht zu ihm, wenn man etwas auf dem Herzen hat, aber auch, damit er einem bei der Arbeit hilft. Und er sagt niemals nein, auch wenn ihm die Arbeit schon über den Kopf wächst, was der Kollege natürlich nicht wissen kann. So kann es vorkommen, dass der Personenzentrierte mit Arbeit heillos überfordert ist, weil er sich vieler Dinge annimmt, die ihn wirklich nichts angehen und er säumige und faule Mitarbeiter unterstützt, wenn diese nur richtig jammern. Dadurch kommt er ins Schludern, macht Dinge ungenau und es kommt zu vielen Fehlern, die dann auch auffallen. Er sagt aber nicht, dass er für andere eingesprungen ist, für diese die Arbeit gemacht hat und so bekommt er mit der Zeit sogar einen schlechten Ruf hinsichtlich seiner Arbeitsqualität. Er will allen alles recht machen und das führt mit der Zeit zu Konflikten, die er aber wieder unter den Tisch kehrt. Auch wenn jemand ihn schlecht behandelt, ihn ausnützt, wird er sich nicht beklagen und eine Verbindung von sich aus nie abbrechen, weder beruflich noch privat. Er ist ein „Kleber", der sich auch von Beziehungen, die schon tot sind, nicht lösen kann. Wenn man im Betrieb gegen den Widerstand der Vorgesetzten etwas durchsetzen will, ist er ein schlechter Kampfgefährte, weil er bei Konfrontationen umfällt. Betriebsrat ist nicht seine Funktion, außer er wird geschult und bekommt eine gewissen Klarheit und Härte.

Ich schulte einmal in einem Großkonzern den Betriebsrat. Der Obmann war ein fast reiner Zweier. Er redete im Seminar zwar hervorragend, doch er konnte nichts von unseren gemeinsam erarbeiteten Strategien durchsetzen, weil er dem Vorstand gegenüber zu schwach war. Erst als sein

Nachfolger kam, wurden einige Punkte realisiert. Dieser Obmann war zwar beliebt bei den Kollegen, doch auch verachtet, weil er seiner eigentlichen Funktion – dem Schutz der Angestellten – nicht gerecht wurde.

Der personenbezogene Mensch als Chef
In meinen Beratungen passiert es mir immer wieder, dass jemand den Posten wechselt, dass er von einem wirklich ekelhaften Chef weg in eine neue Firma überwechselt. Dann kommt er begeistert und erzählt mir, wie liebevoll der neue Chef sei, ein richtiger Vatertyp, der sich wirklich um seine Mitarbeiter kümmert. Nicht wie sein ehemaliger Chef, der kalt war und ihn nur ausgenützt hat. Ich weiß dann meist Bescheid und warte zu, wie sich die Dinge entwickeln. Oft schon nach einigen Monaten werden die ersten Klagen laut, dass sein Chef nicht imstande sei, unpopuläre Maßnahmen durchzusetzen, er sei überhaupt entscheidungsschwach und seine Mitarbeiter fühlten sich durch ihn nicht beschützt. Plötzlich wird der ehemalige Chef in einem ganz anderen Licht gesehen. In einem Betrieb mit einem reinen Zweier-Chef, bilden sich in der zweiten Ebene Machtzentren, die den Betrieb führen und dann dem Chef die jeweiligen Entscheidungen, die schon gefällt sind, unterschieben. Ein schwacher Chef steuert nicht den Betrieb, sondern derjenige seiner Mitarbeitern, der am besten mit Macht und Struktur umgehen kann, meist ein Dreier. Die Mitarbeiter verlieren mit der Zeit die Achtung und das Vertrauen zu diesem „lieben Papi", weil er dem einzelnen oft mehr verspricht, als er halten kann. Außerdem ist er sachlich oft nicht sattelfest.

Der personenbezogene Mensch als Kunde
Er ist ein Kunde, dem der persönliche Kontakt zu seinem Berater, Verkäufer oder Betreuer wichtiger ist als alles andere. So wie dem Einser-Kunden die Sachinformation wichtig ist, ist dem Zweier der persönliche Kontakt wichtig. Die Sachinformation interessiert ihn nicht so sehr, denn er vertraut „seinem Berater", der wird ihn schon nicht übers Ohr hauen. Für den Verkäufer ist wichtig: der herzliche Händedruck, der tiefe Blick in die Augen, zuhören, wenn der Kunde über seine persönlichen und beruflichen Probleme spricht. Das benötigt dieser Kundentyp. Er muss zu seinem Berater

Vertrauen aufbauen können, dieser muss ihm sympathisch sein und er muss das Gefühl haben, dass auch der andere ihn persönlich mag. Er wird die Information, die man ihm gibt, nicht so wie der Sachbezogene überprüfen; das würde er als einen Vertrauensbruch dem Verkäufer gegenüber ansehen. Am wichtigsten ist ihm das gute Klima beim Verkaufsgespräch. Hat er einmal gute Erfahrungen gemacht, bleibt er dem Verkäufer treu. Oft lässt er sich mehr aufschwatzen, als er braucht. „Der Herr Maier wird schon wissen, warum er mir das anbietet."

Tab. Nr. 3: Aufstellung der positiven und negativen Eigenschaften des Personenbezogenen

Positive Eigenschaften	Negative Eigenschaften
Wärme	kann schwer Nein sagen
Opferbereitschaft	wenig kritikfähig
Liebenswürdigkeit	wenig sachzentriert
Menschlichkeit	kann negative Gefühle nicht ausdrücken
Verständnis	
Mitgefühl	keine Fantasie für das Böse
Bescheidenheit	naiv
Selbstlosigkeit	kann sich nicht schützen
Mitgefühl	entscheidungsschwach
guter Zuhörer	will jedem alles recht machen

Dies sind sicherlich nur einige der vielen Möglichkeiten, die dem Personenzentrierten zur Verfügung stehen. Wir alle kennen solche Menschen und es ist immer gut, sich jemanden aus dem Bekanntenkreis vorzustellen, dann wird die trockene Theorie lebendig und prägt sich besser ein.

5. Typ Drei: Der ordnungsbezogene Typus

Dieser Grundtypus wird in der psychiatrischen Fachliteratur als **zwanghafter Mensch** beschrieben. Wenn er nämlich unter starken Druck kommt, so ist seine Gegenstrategie der Zwang, er wird immer enger, starrer und regelbewusster. Das gibt ihm eine Art Sicherheit. Wenn bei ihm daher diese Zwänge ausarten, spricht man bereits von seelischen Störungen. Die Zwangshandlungen, die bei ihm auftreten, kann er nicht mehr beherrschen, wie zum Beispiel den Waschzwang, den Zählzwang oder den Grübelzwang, um nur einige zu nennen. Ein amüsantes und sehr treffendes Psychogramm dieses Typus finden wir in dem Film „Besser geht's nicht" mit Jack Nicholson, der den Zwanghaften hervorragend darstellt – eine klinische Studie, ein Lehrstück, das sich jeder, der in Humor verpackte Informationen liebt, ansehen sollte. Ebenso wird in der amerikanischen Fernsehserie „Monk" ein krankhaft zwanghafter Mensch mit einer speziellen Fähigkeit dargestellt. Auf Grund seiner detaillierten Weltsicht ist er ein hervorragender Ermittler, der Fälle löst, die anderen schleierhaft sind.

Wenn ich diesen Typus symbolisch benenne, dann ist er für mich der **unbestechlich Gerechte**. Als Symbolgegenstand steht für ihn der **Fels**. Denken wir nur an die Bibel: „Das ist Petrus und auf diesem Felsen will ich meine Kirche bauen." Der Apostel Petrus hat nach meiner Beobachtung und Kenntnis der Bibel viele Dreier-Anteile.

ERSCHEINUNGSBILD

Wir können bei diesem Typ weniger körperliche Charakteristika festmachen, sondern eher die Ordentlichkeit, Reinlichkeit und Pedanterie in den Mittelpunkt stellen. Wenn ein Dreier – was selten vorkommt – obdachlos wird, so sind seine abgetretenen Schuhe noch immer geputzt, sein schäbiger Anzug ist nicht schmutzig und zerknittert. Er hält sich auch gerade, wirkt steif oder auch jovial, je nach Ausprägung des Typs. Er ist korrekt, etwas eng in seiner kleinlichen Ausprägung, wo er eher den Buchhalter verkörpert. Doch es gibt bei diesem Typus auch den Mächtigen, der Reiche aufbauen und erhalten kann. Dieser ist dann oft charakterisiert durch einen Körperpanzer, ist füllig, aber nicht weich und zerfließend, wie der Zweier, sondern von kerniger Art. Diese Erscheinungsform finde ich häufig bei Bürgermeistern in allen Bundesländern, die ich seit vielen Jahren schule. Auch das Verhalten, die Art mit Menschen umzugehen, passt in dieses Schema. Riemann beschreibt diesen Menschen so: „Bei den anlagemäßig vital-starken Persönlichkeiten führt die Linie von sachlichen, pflichttreuen, verlässlichen Menschen über zunehmende Nüchternheit zum ehrgeizigen Streber – zum unbelehrbaren Eigensinnigen und Querulanten – zum tyrannischen Machtmenschen, Despoten und Autokraten ...“ (s.o. S. 158). Oft strahlt der Dreier Macht und Dominanz aus. Es ist jener Typus, der am breitesten angelegt ist, wir finden ihn in jeder Firma, auf jeder Ebene, er macht ungefähr 60 bis 70 Prozent der Angestellten aus. Vor allem in der Verwaltung finden wir diesen Typus vor. Er ist die Stärke und das Rückgrat der Firma, sichert die stabilen Arbeitsabläufe, ist loyal, verlässlich und belastbar. In den beiden von mir gegründeten Firmen waren die Buchhalterinnen immer Dreier. Sie waren eifrig, verlässlich, loyal und sehr belastbar. Die dunkle Seite zeigte sich in ihrem Machtstreben, was immer wieder Unruhe in die Gruppe brachte, weil sie unbewusst immer wieder ihre Grenzen überschritten und sich als Chefin aufspielten.

Wir finden ihn aber auch auf der obersten Führungsebene, wo er oft geschickt und mit klarer, harter Hand die Geschicke des Betriebes lenkt. Er ist oftmals der geborene Vorgesetzte, der Menschen sehr gut zu führen vermag, klare Vorschriften gibt und deren Einhaltung auch überprüft. In einem Baukonzern arbeitete ich mit einem fast reinen Dreier zusammen. Er war nicht nur Manager, sondern auch noch Kommunalpolitiker, ein Mann mit beachtlicher Körperfülle. Wenn er den Raum betrat, war dieser gefüllt, nicht nur von seinem Körper, sondern auch von seiner Anwesenheit. Dabei war er nicht laut und stellte sich nicht in den Mittelpunkt. Wenn jemand aus seiner Crew jedoch einen Fehler machte, konnte er sehr laut werden, konnte so schreien, dass man es zwei Zimmer weiter noch hörte – bei geschlossenen Türen. Ich dachte mir, dass dieser Mann als Führungspersönlichkeit gefürchtet und nicht beliebt sei. Bei einer Umfrage in seinem Team stellte sich aber das Gegenteil heraus. Seine Mitarbeiter meinten, er sei zwar hart, aber gerecht, er schütze sie gegenüber dem Vorstand und sie wüssten immer, woran sie bei ihm seien. Er sei ein gerechter Vater, auf den sie sich immer verlassen könnten.

EIGENSCHAFTEN

Der Ordnungszentrierte ist pflichtbewusst, verlässlich, belastbar, leistungsfähig und verantwortungsbewusst. Er ist der Kapitän, der stramm stehend mit dem Schiff untergeht. Als Mitarbeiter zeichnet er sich durch absolute Firmenloyalität und -treue aus. Das wichtigste ist ihm die *Ordnung*. Er braucht und schafft immer Vorschriften und Regeln, alles muss vorhersehbar und kontrollierbar sein. Man erkennt den ordnungszentrierten Mitarbeiter vor allem an seinem Schreibtisch. Er ist immer aufgeräumt, die Dinge liegen immer in der gleichen Ordnung, er hasst Chaos und Unvorhersehbares. Es ist die Hausfrau, die nicht nur Ordnung zu Hause hat, sondern wo alles so sauber ist, dass man sich die Schuhe schon bei der Eingangstüre auszieht, um keinen Schmutz hineinzubringen. Wenn man etwa die Schränke öffnet, liegen die Handtücher nicht nur ordentlich, sondern Kante an Kante. Perfektion ist die Stärke des Ordnungszentrierten und gleichzeitig seine Schwäche. Wichtig ist ihm die Kontrolle seiner Umgebung, seiner Familie, seines Lebens. Er kann auf Grund seiner enormen Leistungsfähigkeit Großes leisten, er kann sich aber auch brutal über andere hinwegsetzen, wenn sie ihn hindern, seine Ziele zu erreichen. Er setzt sich immer wieder Ziele und ist beharrlich genug, um sie auch zu erreichen. Er kann sich in sie verbeißen wie ein Bullterrier, dem man die Kiefer brechen muss, um ihn von einem Opfer, das er einmal gepackt hat, zu lösen. Zähigkeit, Zielorientierung und Durchhaltevermögen sind seine absoluten Stärken. Er ist von allen vier Charaktertypen derjenige, der die traditionellen Werte hochhält und das Althergebrachte schätzt. Alles Neue ist prinzipiell schlecht. Man findet diesen Typus vor allem dort, wo es um Ordnung und auch um Macht geht: in Unternehmen in der Buchhaltung und Verwaltung, aber auch in den Führungsetagen großer Konzerne, in der Gesellschaft und schließlich in der Politik. Aus dieser Beschreibung ist ersichtlich, dass die Katholische Kirche eine fast reine Dreier-Struktur darstellt.

POSITIVE ODER HELLE SEITE DES ORDNUNGSBEZOGENEN MENSCHEN

Seine besten Seiten liegen in seiner absoluten Verlässlichkeit und der Fähigkeit, Verantwortung zu übernehmen und für seine Handlungen gerade zu stehen. Er ist durch seine Leistungsfähigkeit die Stütze jeder Organisation. Da er gerne organisiert und führt, kann er auch zum Vereinsmeier werden, der sich um alles kümmert, nicht richtig delegieren kann und dann über seine Überlastung klagt, die er sich aber selbst organisiert. Er hält alle traditionellen Werte hoch und ist daher auch in den rechtsorientierten Organisationen besonders häufig zu treffen. Er kämpft für die Werte, die ihm wichtig sind: Familie, religiöse Überzeugungen, Ausgrenzung aller Elemente, die fremdartig sind. Sein Wahlspruch könnte sein **„Alles Alte ist gut".** Für diese Dinge setzt er sich ein, hält die Fahne hoch, auch wenn seine Umgebung ihn nicht unterstützt.

Riemann beschreibt die positiven Anteile: „Der gesunde Mensch mit zwanghaften Strukturanteilen ist ausgezeichnet durch Stabilität, Tragfähigkeit, Ausdauer und Pflichtgefühl. Er ist strebsam und fleißig, planvoll und zielstrebig; da er meist auf weite Ziele ausgerichtet ist, interessiert ihn mehr, was er erreichen will, als was er schon hat, weshalb er oft die Gegenwart zu wenig zu genießen versteht. Mit seiner Konsequenz, Tüchtigkeit und Zähigkeit, mit seinem Verantwortungsbewusstsein und seinem ausgeprägten Wirklichkeitssinn kann er Großes erreichen" (s.o. S. 158–159).

Ein Beispiel aus meinem eigenen Leben: Meine Mutter war fast ausschließlich ein Dreier-Typus. Sie kam aus dem bäuerlichen Milieu, wo die Werte Ordnung, Tugend, Ehrlichkeit Sparsamkeit, Leistungsfähigkeit und Belastbarkeit besonders gepflegt und gefördert wurden. Doch auch von ihren zehn Geschwistern war sie die Ordentlichste. Sie kümmerte sich als älteste Schwester um die Erziehung ihrer Geschwister und auch um den Haushalt, und das neben der Schule. Sie war ihr Leben lang pflichtbewusst, loyal, ließ sich von ihren Arbeitgebern bis zur Erschöpfung jagen und auch „ausnehmen". Ihr war nur wichtig, dass ihre Leistung stimmte. Als sie dann in Pension war und mir bei der Erziehung meiner drei Kinder und dem Haushalt half, war sie absolut verlässlich und noch im Alter enorm belastungsfähig. Ich hatte immer den Eindruck, dass sie nie ermüdete, auch nicht im Alter. Sie arbeitete bei mir bis zu ihrem achtzigsten Lebensjahr, dann legte sie sich einfach hin, wurde kurz krank, kam ins Spital und starb, sozusagen aus dem Leben herausgerissen. Sie hatte keine Hobbys, dachte nie daran, ihr Leben zu genießen, kürzer zu treten. Man musste sie buchstäblich dazu zwingen, sich zu entspannen, einmal abzuschalten und nicht nur Ordnung zu machen. Die dunkle Seite war ihre ständige Dominanz und ihr Machtstreben. Sie wollte alles bestimmen, immer und über alles Kontrolle haben. Ich musste mich immer wieder gegen ihre Einmischung in meine Ehe, in die Erziehung der Kinder wehren. Sie hatte sehr ausgeprägte Vorurteile – auch ein Charakteristikum dieses Typus – und mit diesen hätte sie oftmals in unserer Familie Schaden angerichtet, wenn ich das nicht in sehr schwierigen Kämpfen verhindert hätte.

Negative oder dunkle Seite des ordnungsbezogenen Menschen

In dieser Beschreibung wird auch die dunkle Seite dieses belastbaren Typus offenbar. Seine Schwäche liegt in seiner Starrheit. Er hat Angst vor allem Neuen und bekämpft es. Er hält die Dinge zusammen, stellt in einem System die zentripetale Kraft dar. Er verhindert aber auch jegliche Neuerungen. Wir sehen schon, dass viele unserer Gesellschaftssysteme in der westlichen Welt dieses Muster aufweisen: die Katholische Kirche, die traditionellen Parteien, viele Vereine etc. Der derzeitige politische Trend in den USA scheint ebenfalls in die Richtung der Ordnungszentrierung zu gehen. Es ist auch charakteristisch für diesen Typus, dass er Übertretungen besonders ahndet. Kinder werden überhart bestraft, kleine Fehler werden unangemessen geahndet. Diese Menschen machen anderen ständig Schuldgefühle, weil sie nie ihren Ansprüchen entsprechen können. Ich kenne in der Therapie Personen, die solche Väter oder Mütter hatten. Sie konnten deren Anforderungen nie gerecht werden, wie sehr sie sich auch bemühten. Sie wurden fast nie gelobt, nur getadelt. Solche Menschen haben ein schweres Schicksal zu tragen und können oft erst als Vierzigjährige diese negativen Prägungen durch die Eltern aufheben. Sie denken ein Leben lang, dass sie zu wenig leisten, zu nachlässig sind, obwohl sie Leistungen weit über dem Durchschnitt erbringen.

Riemann: „Sie geben dem Kind das Gefühl, dass Fehler schwer wieder gutzumachen sind, sind oft nachtragend, so dass schon kleine ,Vergehen' einen überwertigen Stellenwert bekommen und die Angst vor Schuld und

Strafe, die Gewissensangst, unnötig verstärkt wird, auch durch lange Unversöhnlichkeit und schwer zu erlangende Verzeihung" (s.o. S. 154).

„Auch das Abbitte-Leisten-Müssen usf. gehört zu den Maßnahmen, die das Gefühl der persönlichen Würde im Kind zerstören können, zugleich Unerfüllbares fordern" (s.o. S. 155).

Hierher gehören die schwarzen Pädagogen, die ihre Schützlinge in den Selbstmord treiben durch ihre starre, unerbittliche und fordernde Haltung (siehe dazu in der Literatur: Der Schüler Gerber).

Abb. Nr. 7 : Zentripetale Kraft des Ordnungszentrierten.

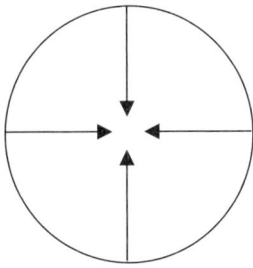

Die Machtorientierung dieses Typus resultiert teilweise aus dem Bedürfnis, Veränderungen zu verhindern, sich gegen sie abzusichern. So schafft sich gerade dieser Menschentypus Ideologien, die ihm gestatten, gegen andere hart und brutal vorzugehen. Er braucht diese Ideologien, weil er sich bei seinem Gerechtigkeitssinn und bei seinem moralischen Empfinden viele Übergriffe nicht leisten könnte. Die Ideologien jedoch geben ihm die Möglichkeit, Unmoralisches zu tun, ohne ein schlechtes Gewissen zu haben. Die Einstellung: „Wir sind gut, die anderen sind schlecht", ist eine solche Ideologie, die mir meine Mutter predigte. Sie meinte, nur unsere Familie sei in Ordnung – was natürlich nicht stimmte – und alle anderen seien fehlerhaft. Daher hatten wir immer die Berechtigung, andere zu kritisieren. In manchen extrem rechtsorientierten kirchlichen Kreisen habe ich eine ähnliche Einstellung vorgefunden.

Ein weiterer Negativpunkt, unter dem ich in meiner Kindheit und auch später sehr gelitten habe, ist die Unfähigkeit, eigene Fehler zuzugeben. Meine Mutter war immer die Gute, die alles richtig machte, die besser war als alle anderen. Besonders bei der Begegnung mit meiner Schwiegermutter wirkte sich dieser Charakterzug sehr störend aus. Meine Schwiegermutter war, wie schon gesagt, eher Eins und auch Vier. Sie war gescheit und kreativ, aber etwas schlampig, was zu ihrem Typ durchaus passte. Meine Mutter zeigte ihr offen ihre Verachtung wegen dieser Eigenschaften. Sie ließ kein gutes Haar an ihr und verurteilte sie als schlechte Hausfrau. Sie sah aber nicht, dass diese Frau intelligenter und kreativer war als sie. Außerdem hatte meine Schwiegermutter eine lang währende Ehe geschafft, meine Mutter nicht.

Die Kampfmethoden des Ordnungszentrierten

Aus dem bisher Gesagten ergibt sich logisch die Art des Kampfes, den der Ordnungsbezogene führt. Er eckt in seiner Umwelt oft an, was in ihm Aggressionen erzeugt, denen er oftmals gar nicht freien Lauf lassen kann. Der Typus, der spontan seine Wut herauslässt, der schreit, tobt, die anderen beschuldigt, hat die Kampfmethode des *Bihänders*. Er schlägt den anderen brutal nieder, lässt ihn nicht einmal zu Wort kommen. Er walzt ihn nieder wie mit einem Panzer. Der etwas gehemmtere Dreier, der seine Aggression, die ihn ja laufend beherrscht, nicht so gut ausdrücken kann, wird bei Kämpfen stur und uneinsichtig. Er ist keinem Argument zugänglich, hört dem anderen nicht zu. Er handelt nach der *Prellbocktechnik*. Er ist uneinnehmbar, steht wie ein Fels in der Brandung, lässt nichts an sich herankommen, lässt nicht mit sich reden. Riemann beschreibt das so: „Eine Variante davon ist das Zurückhalten, das Nicht-Hergeben, soweit es nicht durch vernünftige Überlegungen begründet ist. Zwanghafte Menschen benutzen es ebenfalls als Aggressionsventil, als gleichsam indirekte Aggression. Der Ehemann, der prinzipiell sich um jeden noch so kleinen Betrag bitten lässt; das trotzige oder tödliche Schweigen, an dem der andere abprallt, sind Beispiele dafür" (s.o. S. 132).

Geiz in jeglicher Hinsicht ist ebenfalls charakteristisch für diesen Typus. Ich arbeite seit vielen Jahren im bäuerlichen Bereich, wo die Werte dieses Typus hochgehalten wurden. Es gibt viele ältere Bauern, die ihre Macht gegenüber ihren Ehefrauen mit den oben beschriebenen Methoden durchgesetzt haben. Sie gaben ihren Frauen kein Geld, keine Information, sprachen oft tagelang kein Wort mit ihnen und zeigten ihnen so ihre Verachtung. Ich kenne diese Einstellung aus meiner Kindheit, wenn meine Mutter oft tagelang kein Wort mit mir sprach, weil sie meinte, mein Benehmen wäre ungehörig gewesen. Dabei war ich ein pflegeleichtes und leicht erziehbares Kind.

Ordnungszentrierte haben immer Recht, es sind immer die anderen schuld, wenn ihnen etwas nicht gelingt oder wenn sie in schlechter Stimmung sind. Das zeigen sie dann auch ihren Mitmenschen. So werden sie zu Nörglern und Kritikastern, denen nichts recht ist, die ihre eigenen Schattenseiten und Fehler nicht einsehen können und dadurch keine Möglichkeit der Persönlichkeitsentwicklung haben. Erst wenn der Dreier einsieht, dass auch er menschlich und fehlbar ist, dass er sich in Richtung Personenzentriertheit und Kreativität ausweiten kann, wird er erträglicher.

Der entwicklungsbedingte Hintergrund

Wir haben bisher in der oralen Phase nach Freud, also im ersten Lebensjahr, den Hintergrund für die Ausprägung des sachorientierten und personalen Typs besprochen. In der nächsten, der analen Phase des Menschen, im zweiten bis dritten Lebensjahr, finden wir den Hintergrund für eine überstarke Ausprägung der Ordnungszentrierung. Es ist die Zeit der Reinlichkeitserziehung. Das Kind kann bereits stehen und gehen, Einfaches sprechen, ist vertraut mit dem kulturellen Hintergrund, in den es hineingeboren wurde, kann zwischen Bekanntem (Freund) und Unbekanntem (Feind) unterscheiden. Es wird erstmals im Leben fähig, den eigenen Willen zu spüren und durchzusetzen. Deshalb meinen die Fachleute, es sei die Trotzphase, was sicherlich nur vom Erwachsenen her so gesehen wird, der ein „braves Kind" will. Es ist die Phase, in der das Kind sich oftmals dem

Willen der Mutter widersetzt und durchprobiert, wie weit es gehen kann. Es ist die wichtige Zeit, wo der Mensch lernt, sich abzugrenzen, Distanz zu seinen Lieben auszuhalten. Er probiert, seinen eigenen Willen durchzusetzen, im Widerspruch zu seiner Umgebung – eine ungeheuere Leistung.

Da es auch um Reinlichkeitserziehung geht, steht dem kleinen Erdenbürger eine Strategie zur Verfügung, um sich in Widerspruch zu seiner Mutter zu begeben. Er entleert seinen Darm nicht – wie er sollte –, sondern hält zurück. Er probt den Aufstand, lässt sich von den Erwachsenen nicht zwingen, hat schon Herrschaft über seinen Körper, kann diesen mit seinem Willen steuern. Beim Personenzentrierten ist in dieser Phase etwas schief gegangen, er kommt gar nicht bis zur Abgrenzung. Es kann sein, dass er den Widerstand versucht hat und dieser von der Mutter systematisch boykottiert wurde. Bevor er nun ihre Liebe und Zuwendung aufs Spiel setzt, verzichtet er auf Widerstand, Abgrenzung und damit den eigenen Willen. Der Personenzentrierte bleibt in einer symbiotischen Haltung gefangen, wo der Wille und die Wünsche des anderen wichtiger sind als die eigenen.

Wir sehen daher, wie wichtig es ist, diese Phase in der frühen Kindheit zu durchlaufen, um als Erwachsener die entsprechenden Verhaltensweisen der Abgrenzung zur Verfügung zu haben. Da das Kind bereits Gesetzmäßigkeiten in der Umwelt erfasst, wird es ein hervorragender Beobachter. Es hat erste Ansätze zum Realitätsbezug. Das zeigt, dass der Personenzentrierte noch alles durch die Brille seiner Emotionen sieht und sich daher zu wenig an der Realität orientieren kann.

Es kann aber auch möglich sein, dass das Verhalten zwar geübt, aber eher bestraft wird. Der Mensch geht dann nicht locker zur nächsten, der kreativen Phase über, sondern bleibt krampfhaft im Protest hängen. Riemann beschreibt dies so: „Bei den später zwanghaften Persönlichkeiten finden wir, dass in ihrer Kindheit altersmäßig zu früh und zu starr die lebendigen aggressiven, affektiven, die gestalten und verändern wollenden Impulse, ja oft jede Spontaneität, jede Äußerung gesunden Eigenwillens gedrosselt, gehemmt, bestraft und unterdrückt wurden" (s.o. S. 137). Es kommt zu dem Effekt, dass die Aggression sozusagen eingefroren wird und nur unter starkem Druck aufbricht und der Mensch sozusagen *ver-*

steinert wirkt (wenngleich man zugeben muss, dass Felsen sehr tragfähig sind).

DIE BETRIEBLICHE WIRKLICHKEIT

Wir finden diesen Typus oftmals in der Wirtschaft und zwar auf allen Ebenen, vom einfachen Buchhalter über den führenden Abteilungsleiter bis zum Topmanager, der seine Mitarbeiter so gut motivieren kann, dass sie ihm auf seinem steilen Weg nach oben helfen, ihn – in oft unwahrscheinlicher Weise – auf seinem Weg nach oben unterstützen, ihm aufopfernd helfen. Natürlich rechnen sie sich aus, dass sie mit ihm „mitschwimmen", was dann oftmals auch geschieht. Die Ausprägung dieses Typus geht vom engstirnigen Pedanten mit Verlässlichkeit und Einsatzfreude bis zum großzügigen Mächtigen, der Reiche aufbaut, den Überblick behält, die Brille des Kleinlichen ablegen kann zugunsten großer Ziele, die er dann auf Grund seiner Ausdauer, Zielorientiertheit und Zähigkeit auch erreicht. Wichtig ist auch, dass er die einmal erreichten Ziele recht gut bewahren kann. Er setzt dabei nichts aufs Spiel – so wie es der Vierer macht – sondern wird sogar starr im Bewahren des Erreichten.

Der ordnungsbezogene Mensch als Mitarbeiter
Da er sehr verlässlich ist, braucht man ihn nicht zu kontrollieren, was für seine Vorgesetzten sehr angenehm ist. Wenn er etwas in die Hand nimmt, funktioniert es, wird es optimal gemacht. Er hat zwar keinerlei eigene Ideen, doch er ist hervorragend in ihrer Umsetzung, wenn er weiß, was er zu tun hat – doch nur dann, wenn seine eigene Arbeit es zulässt. Er kann sich wesentlich besser abgrenzen als sein personenzentrierter Kollege. Manchmal kann er auch harte Wahrheiten so unverblümt aussprechen, dass es seinen Mitmenschen weh tut. Lügen fallen ihm schwer. Er kann – wenn er in die Ecke gedrängt wird – sehr stur sein. Er ist immer überzeugt, dass seine Methoden und seine Sicht der Welt die besseren sind. Da ist er fast nicht umzustimmen, hört den anderen nicht zu, geht sofort auf Angriff. Außerdem kann man mit ihm nicht über Wertefragen diskutieren, da

er nur seine eigene Meinung gelten lässt. Dadurch wird das Zusammenleben mit ihm etwas mühsam. Es fehlt ihm auch jegliche Leichtigkeit, er hat keinen Humor und ist nicht locker. Man sollte sich mit diesem Mitarbeiter nie auf Grundsatzdiskussionen einlassen, weil man sich sonst die Zähne ausbeißt. Es macht aggressiv, dass bei ihm kein Argument greift.

Der ordnungsbezogene Mensch als Chef
Er ist korrekt, gerecht, liebt viele Vorschriften und Rituale und er kontrolliert pedantisch, ob diese eingehalten werden, auch wenn sie sinnlos sind. Er sieht die Fehler seiner Mitarbeiter sofort, auch wenn er nur zufällig vorbeigeht und ahndet sie schwer. Er ist entscheidungsfreudig, tut sich leicht bei Betrieben, die im Herkömmlichen weitermachen können. Es wird schwierig für ihn, wenn sich der Markt gravierend ändert. Dann hat er große Probleme damit, sich an die neue Situation anzupassen und Veränderungen zu bewirken. Anstatt neue Strategien durchzuprobieren, wird er immer starrer in seinem bisherigen Verhalten. Noch mehr Vorschriften, noch mehr Regeln, noch mehr Kontrolle, das sind die Strategien, zu denen er bei Krisen greift. Und so kann er mit ungeheuerem Aufwand und viel Leistung die Firma in den Abgrund führen. Wie bereits gezeigt, wird er als Chef oft geschätzt, weil er auf Grund seiner Führungskompetenz und Entscheidungsfreude den Mitarbeitern ein Gefühl der Sicherheit gibt. Das wird – vor allem in der heutigen, raschlebigen Zeit – geschätzt. Er ist wie ein Fels in der Brandung.

Der ordnungsbezogene Mensch als Kunde
War beim Einser die aktuelle und gute Information wichtig, beim Zweier der persönliche Kontakt, so steht beim Dreier das korrekte Aussehen des Beraters oder Verkäufers im Vordergrund. Ein korrektes Aussehen, Hochglanzbroschüren, ein tolles Auto und viel Prestige imponieren ihm. Nachlässige Manieren oder ein vergammeltes Äußeres werden sofort registriert und mit Ablehnung quittiert. Sie erzeugen bei diesem Menschen Angst vor dem Chaos. Er ist nicht so sehr an der Information oder der Zuwendung, sondern an der *Form* interessiert. Ein schlampig angezogener Berater kann nicht gut sein.

Banken sind im Allgemeinen Dreier-Strukturen. Ich selbst habe zehn Jahre in einer Großbank gearbeitet und wir bekamen im Sommer oftmals Kleidervorschriften – und zwar für Männer und für Frauen: wann die Männer das Sakko ablegen durften, wie weit der Ausschnitt der Damen sein durfte. Ein anderer Aspekt besteht darin, dass führende Bankangestellte bisweilen auf einen schillernden, mit Prestige spielenden Kunden hereinfallen und unbedacht Kredite geben. Wir finden auf dem Markt immer wieder solche Situationen, wo ein Bankinstitut an den Rand seiner Existenz gerät durch Kunden, die bunt, schillernd und imposant sind. Meist sind sie dem Vierertypus zuzuordnen und spielen mit ihrem Gegenüber wie die Katze mit der Maus. Sie erhalten Kredit bei schlechten Bilanzen, weil sie mit geborgten Superautos anbrausen und den Mund sehr voll nehmen, tolle Verbindungen vorspielen und das Prestige – das sie oft gar nicht haben – ganz groß herausstreichen.

Tab. Nr. 4: Aufstellung der positive und negative Eigenschaften des Ordnungsbezogenen

Positive Seite des Ordnungsbezogenen	Negative Seite
Zielorientierung	Sturheit
Durchhaltevermögen	Starre
Leistungsfähigkeit	Kontrollsucht
Loyalität	Geiz
Verlässlichkeit	überwertige Strafen
Verantwortungsbewusstsein	Angst vor Neuem
Ordnungssinn	unflexibel
Belastbarkeit	hohe Anforderungen an sich/andere
Stabilität	Enge
Pflichtgefühl	wenig Genussfähigkeit

6. Typ Vier: Der Freiheitsbezogene Typus

In der psychiatrischen Fachliteratur wird dieser Typus als **hysterischer Grundtypus** bezeichnet. Dieser Ausdruck hat in unserer zivilisierten Welt einen negativen Beigeschmack und wird vor allem mit Frauen assoziiert. Extrem agierende Personen, die sich verrückt benehmen, oft aber sehr kreativ sind, bezeichnen wir als hysterisch. Dass sich dahinter aber ein Lebens- und Überlebensaspekt des Menschen verbirgt, wird viel zu wenig gesehen. Es ist jener Teil in uns allen, der zu den Sternen fliegt, der die Grenzen hinausschiebt, der das Abenteuer sucht, der bunt und kreativ ist. Leider assoziieren wir im allgemeinen – wegen der Bezeichnung aus der Psychiatrie – damit nur die krankhaften Ausformungen. Doch diese krankhaften Erscheinungen treten ja nur dann auf, wenn alle anderen Grundaspekte – Sachzentrierung, Personenzentrierung und Ordnungszentrierung – vernachlässigt oder zu wenig eingeübt und integriert wurden.

Wenn ich diesen Grundtyp charakterisieren müsste, würde ich ihn als **bunten Vogel** bezeichnen: nicht gut fassbar, schillernd, flüchtig, flatterhaft, freiheitsliebend, immer auf Expansion aus. Als Symbol könnte ich mir nur den **Regenbogen** vorstellen, bunt und sehr luftig, verschwunden ehe man sich versieht. Ein materielles Symbol, etwa ein Stein, entspricht nicht diesem Typus. Beim Vierer fällt vor allem das *Bunte* und *Laute* ins Auge. Damit wirkt er auf seine Umgebung faszinierend. Er steht überall Mittelpunkt und genießt es. Der Freiheitsbezogene ist niemals unscheinbar, grau, überordentlich und korrekt; er ist vielmehr abwechslungsreich, strahlend und farbenfroh. Er kann das gewöhnliche, bürgerlich Einsperrende, das ja Begrenzung bedeutet, nicht gut akzeptieren.

Bei der Beschreibung eines solchen Erscheinungsbildes denken wir wahrscheinlich an Frauen in unserer Zivilisation, die das Bunte ins Gesellschaftsbild einbringen. Im allgemeinen verwenden Frauen in unserer Kultur mehr Farben als Männer, fallen mehr auf, sind nicht so korrekt grau, schwarz, blau, braun angezogen (außer sie ahmen den Mann im Geschäftsleben nach). Außerdem hat sich die Männermode seit Jahrzehnten nicht geändert. Die Variationen eines Anzugs (breites Revers, schmales Revers etc.) sind minimal. Ich denke, dass die äußeren Erscheinungsformen mit inneren Zuständen zu tun haben. Frauen dürfen den Aspekt des Bunten, Kreativen leben, Männer, „richtige Männer", nicht. Die Kleidung der englischen Banker (Nadelstreifen, Bowlerhat und Schirm) ist eine typische Dreier-Kleidung. Es gilt als unvornehm, Buntes zu tragen, einmal ausgeflippt auszusehen, das kann sich ein seriöser Banker nicht erlauben. Die kreativen Elemente werden beim Mann abgewürgt oder nur begrenzt gestattet – wenn es um Wirtschaft und Arbeit geht. Ganz anders war das in der Renaissance oder auch im Orient. Da war es auch dem Mann gestattet, sich fantasievoll und bunt zu kleiden, Schmuck zu tragen. Diese äußeren Erscheinungen waren ein Symbol dafür, dass man auch den inneren Fantasiereichtum zulassen konnte, mussten doch die Ritter im jugendlichen Alter bei ihrer Ausbildung die „schönen Künste" lernen. In unserer Gesellschaft gibt es eine Gruppe von Männern, denen man Buntheit und Kreativität zugesteht, unseren Künstlern. Sie sind die bunten Vögel unserer Gesellschaft, die wir uns zu unserer Kurzweil halten. Sie dürfen das ausleben, was dem Durchschnittsmann in der industriellen Struktur nicht gestattet ist.

In letzter Zeit wird in der Wirtschaft das Kreativ-Innovative wieder mehr geschätzt, weil man sieht, dass man mit Regeln, Vorschriften und Strukturänderungen allein nicht mit den massiven Änderungen im Umfeld zurande kommt. Man hält sich pro Firma ein bis zwei Kreative, die ihre neuen Ideen vorlegen können und die mächtigen Dreier entscheiden, was und wie umgesetzt wird. Wir sollten uns daher nicht scheuen, in allen Lebensbereichen, auch in Betrieben, solche kreativen Menschen einzugliedern, auch wenn das Leben mit ihnen beschwerlich ist. Sie sind ja schwer auszuhalten, wenn sie das Unkonventionelle extrem zelebrieren. Sie können aber mit ihrem Ideenreichtum viel in ein System einbringen. In der katholischen Kirche, einem reinen Dreiersystem, wäre eine solche Erneuerung durch Kreative dringend notwendig. Es hat sich ja seit Jahrhunderten immer gezeigt, dass die Heiligen diese Position einnahmen. Sie waren unkonventionell, ließen sich vom Geist – der weht wo er will – und nicht von Vorschriften leiten und ließen sich durch Kontrolle und Bestrafung nicht von ihrem geistigen Weg abbringen. Man muss sich nur vorstellen, dass die große Mystikerin aus dem 17. Jahrhundert, Theresia von Avila, zweimal von den Priestern vor die Heilige Inquisition beordert wurde.

ERSCHEINUNGSBILD

Wenn ein Vierer den Raum betritt, fällt er sofort auf. Nicht nur auf Grund seiner Erscheinung, die *bunt*, geschmackvoll, teilweise sogar außergewöhnlich ist, sondern auch wegen seines Benehmens, das *laut* wirkt und die Aufmerksamkeit aller auf sich zieht. Ein Vierer kann sich in einer großen Gesellschaft nicht verstecken – außer er legt es darauf an. Er wird immer sofort auffallen, ja bald im Mittelpunkt stehen. Er ist Meister der großen Geste, der brillanten Rede und der amüsanten Witze, die er zu präsentieren versteht. Erzählt ein Dreier Witze, dann wartet man manchmal auf die Pointe, die man fast nicht bemerkt. Das kann beim Vierer nicht passieren. Er baut Spannung auf, hält sein Publikum in Atem, um die Spannung sich dann im Gelächter entladen zu lassen. Er kann schauspielern, manipulieren, er ist wendig, rasch, geschliffen und fasziniert damit vor allem Menschen, denen diese Qualitäten abgehen. Daher finden wir vor allem unter den Künstlern diese „Bunten Vögel", die sich bewusst außerhalb der Gesellschaft stellen und einer Scheinfreiheit frönen. Sie erlauben sich alles, was ihrer Stimmung entspricht. Sie kümmern sich wenig um Konventionen, ja es macht ihnen Spaß, diese zu missachten und die „Kleinbürger" auf diese Weise zu erschrecken. Natürlich gibt es beim Vierer unterschiedliche Ausprägungen und Begabungen. Schwierig wird es mit ihm zusammenzuleben, wenn er kreativ wenig begabt, aber aufdringlich laut und bunt ist.

Beim Vierer finden wir die Charismatiker, d.h. Menschen, die faszinieren und auch verführen, die egozentrisch nur ihre eigenen Interessen in den Mittelpunkt ihrer Handlungen stellen und den anderen vorgaukeln, sie wären an deren Glück interessiert. Ken Wilber lässt in seinem Buch: „Meister, Gurus, Menschenfänger" einen solchen Guru zu Wort kommen. Dieser zeigt deutlich, wie sehr er in sich und seiner Großartigkeit gefangen ist, bis er sich selbst auf die Schliche kommt und seinen personenzentrierten Teil endlich zulässt. Das hat dann die Wirkung, dass er ein echtes Interesse an anderen Menschen bekommt.

Ein Vierer wird nur selten sein Äußeres vernachlässigen. Auch wenn er sich weniger schreiend bunt darstellt, ist er sorgfältig auf die Zusammenstellung von Farben und Stil bedacht. Er würde nie achtlos mit seiner äußeren Erscheinung umgehen. Daher finden wir auch unter den Modeschöpfern viele Vierer, in allen Ausprägungen, die man sich vorstellen kann. Extrovertiert, zurückgezogen, laut oder scheinbar bescheiden, herzlich oder kalt. Immer aber ist ihnen in der Präsentation das Äußere wichtig. Oft verwenden Künstler ihre eigene Erscheinung, um ein bestimmtes Image aufzubauen. Sie verwenden außergewöhnliche Kleidungsstücke, um sich eine besondere Note zu geben. Denken wir nur an die Kopfdeckung vom Maler Ernst Fuchs oder an die Tauben auf der Schulter vom Maler Leherbauer (Leherb).

Wir finden viele Vierer nicht nur im Modebereich, sondern auch in der Werbung. Ich hatte immer wieder mit solchen Menschen zu tun, die oft nicht „laut und bunt", aber immer unkonventionell angezogen waren. Ich habe in einer Werbefirma nie erlebt, dass die kreativen Typen in Anzug und Krawatte gekommen sind. Sie nehmen sich die Freiheit, zerknittert und zerrissen, aber trotzdem mit Stil zu erscheinen. Von diesen äußeren Merkmalen kann man recht gut aufs Innere schließen. So wie beim Dreier, wo Ordnung, Regeln und Formen im Vordergrund stehen und sich das natürlich auch in seiner Kleidung auswirkt – siehe die Kleidungsvorschriften der Banken –, so verweist auch hier das Äußere auf ihr Inneres.

Eigenschaften

Die Vierer sind nicht nur nach außen hin bunt und schillernd, sondern auch in ihrem Wesen. Sie sind ideenreich, sprühen vor Einfällen, sind amüsant, regen immer wieder im Gespräch durch ungewöhnliche Themen an. Die Atmosphäre, die sie verbreiten, ist heiter bis turbulent. Vierer lieben das Abenteuer und das Risiko, sie weichen allem aus, was sie festlegen könnte. Festgefügte Formen nehmen ihnen den Lebensatem und provozieren sie dazu, aus ihnen auszubrechen. Die Lust an Neuem befähigt sie, nach Neuem zu suchen und Neues zu schaffen. Wir definieren in der Psychologie Kreativität so, dass man mit bekannten Elementen Neues schafft, indem man sie ungewöhnlich kombiniert. Und darin sind sie Meister. Wenn man die Bilder von René Magritte betrachtet, weiß man, wovon ich spreche. Dieser Maler versteht es wie selten ein anderer, wohlbekannte Elemente aus unserem Alltag so zu kombinieren, dass etwas Geheimnisvolles entsteht. Eine seltsame und unerwartete Welt.

„Bunte Vögel" haben großen Einfallsreichtum und neigen zu ungewöhnlichen Kombinationen. Deshalb sind sie in Krisenzeiten, wo Neues gefordert ist, wo wir die gewohnten Gleise verlassen müssen, so wertvoll. Sie sind zwar nicht imstande, ihre Ideen umzusetzen, weil ihnen die Stabilität, die Disziplin und auch das Durchhaltevermögen dazu fehlen. Doch ihre Impulse sind für den einzelnen und die Gesellschaft wichtig und weiterführend. Da ihr Leitspruch sein könnte, **„Alles Neue ist gut"**, halten sie nie an Altem fest, sondern sie versuchen Dinge so rasch wie möglich zu ändern, immer Neues auszuprobieren, um ja nie festgelegt oder eingeengt zu werden. Sie haben einen unbändigen Freiheits- und Veränderungsdrang.

Mein Chef in einem privaten Wissenschaftsinstitut, in dem ich einige Jahre gearbeitet habe, war ein fast reiner Vierer. Er hatte noch ein gut gerüttelt Maß Zweier-Eigenschaften ausgebildet und war daher ein herzlicher, warmer, einfühlsamer Mensch. Meine Doktormutter Frau Prof. Bayer-Klimpfinger machte mich auf ihn aufmerksam, dass er unter den Wissenschaftlern seiner Zeit einen besonders Platz einnähme, da er so ungewöhnliche Ansätze und Aussagen hatte. Er war Physiker und führte europäische epidemiologische Studien durch. Eigentlich müsste man meinen, dass seine Materie, die Statistik, trocken sei. Doch nicht bei ihm. Wir waren ein Team von 15 Personen und alle waren von seinen Ansätzen begeistert und von seiner Persönlichkeit fasziniert. Bei den Teambesprechungen hingen wir an seinen Lippen. Mit der Zeit stellten sich jedoch Müdigkeit und dann Aggressionen ein, als er keinen einzigen festgelegten Termin einhielt, sich nie an Vereinbarungen hielt und so zu einem kräftigen Defizit des Institutes beitrug. Die Personen, die zuerst begeistert waren, gingen dann wieder weg, weil sie seine unstete Art nicht aushielten. Es war auch nicht möglich, mit ihm eine Vereinbarung zu treffen, weil er einfach gar nicht zuhörte. Er war nur voll von seinen eigenen Ideen, die er vorzüglich verkaufen konnte. Wir hatten immer genügend hochdotierte Aufträge.

Riemann beschreibt dies so: „Durch das Durchbrechen zeitlicher und kausaler Zusammenhänge erreichen die hysterischen Persönlichkeiten ihre ungemeine Plastizität; sie leben gleichsam geschichtslos, ohne Vergangenheit. So werfen sie zwar einen erheblichen Ballast ab, aber andererseits kommt dadurch in ihr Leben etwas Punktförmiges, Fragmentarisches und Schillerndes, ein Mangel an Kontinuität" (s.o. S. 168).

Diese Unverlässlichkeit und Sprunghaftigkeit macht sie zu sehr schwierigen Kooperationspartnern.

Positive oder helle Seite des kreativen Menschen

Sie bringen Farbe und Aufregung in unseren grauen Alltag, neben ihnen ist immer etwas los, manchmal auch zu viel. Sie stecken voll neuer Ideen, sind ergreifen die Initiative und erzeugen um sich herum ständig Bewegung. Es geht nie ruhig und besinnlich in ihrer Nähe zu. Sie haben Freude am Wagnis und sind auch im beruflichen Bereich sehr risikofreudig, was selbstverständlich auch seine Schattenseiten hat, da sie Risiken zu wenig genau abzuschätzen vermögen. Sie sind sehr schnell in ihren Reaktionen, aber auch sehr sprunghaft. Sie sprühen vor Charme und wirken gewinnend. Wenn sie zum Beispiel ein Betriebsfest organisieren, wird es turbulent zugehen, sie verblüffen mit nie da gewesenen Ideen, doch wird das Budget überzogen und die Termine werden nicht eingehalten. Doch die Feste verlieren ihre Alltäglichkeit und bekommen einen Hauch des Ungewöhnlichen.

Dazu Riemann: „Er liebt Glanz und Pracht, Feste und Feiern, er kann die Feste feiern, wie sie fallen und versteht es auch, sie zu gestalten, ist auf ihnen meist Mittelpunkt, durch Charme, Temperament, Gewandtheit und Direktheit. Todsünde ist nur, ihn nicht liebenswert zu finden, das kann er schwer ertragen und kaum verzeihen" (s.o. S. 170).

Diese Menschen sind imstande, eine ganze Gesellschaft einen Abend lang allein zu unterhalten, oft finden sie einen entsprechenden Partner, der ihnen die Stichworte liefert. Einer meiner besten Freunde war ein fast reiner Vierer. Es war einfach eine Lust, bei ihm eingeladen zu sein. Wenn er kochte, dann nie etwas Gewöhnliches, wenn wir eine größere Gesellschaft waren, griff er zur Gitarre und spielte, sang, erzählte Witze. Er war so brillant, dass die meisten Männer in seiner Umgebung neidisch wurden. Es war nur schwierig, sich nebenbei mit jemandem zu unterhalten, das hatte keinen Platz. Seine Frau war eine ruhige personenzentrierte Person, die ihn bewunderte.

Für den Vierer ist es nicht wichtig, dass das Neue auch sinnvoll ist oder besser als das Alte. Er überprüft das in den wenigsten Fällen, auch im Geschäftsleben nicht, wichtig ist nur, dass sich etwas ändert. Jede Änderung bedeutet für ihn Verbesserung.

Riemann: „Für sie soll alles relativ, lebendig und farbig bleiben, nur die Gegenwart, der Augenblick ist wichtig" (s.o. S. 162).

Für sie ist das Leben nicht Pflicht oder Aufgabe, sondern ein Fest, das sie zu gestalten verstehen. Auch tragische Situationen werden nicht sehr ernst genommen. Außerdem sind sie Meister der Improvisation. Wenn wirklich eine Krise eintritt, ist der Vierer schnell mit seinen Ideen zur Hand und kann sie in kürzester Zeit abwehren. Er ist eine Art Stehaufmännchen. Da er sich seine Krisen in regelmäßigen Abständen selbst schafft, lernt er auch meisterlich, mit ihnen umzugehen, was ich bei meinem Freund erleben konnte. Ich kenne niemanden anderen, der sich in wirklich lebensbedrohenden Krisen so kühl, zielorientiert und klar verhielt wie er. So schaffte er es, in kürzester Zeit größte Schuldenberge, die er selbst aufgetürmt hatte, wieder abzutragen, ohne sich dabei sehr anzustrengen. Meist waren die anderen die Leidtragenden, oft ohne es zu bemerken. Da der Vierer ein hervorragender Schauspieler ist, kann er Leiden, das er gar nicht fühlt, wunderbar darstellen und die Herzen seiner Partner rühren. Das nützt er dann bei Geschäftspartnern – wenn möglich – schamlos aus.

Aus dem bisher Angeführten ergeben sich ohnehin schon die Schattenseiten: Es sind seine Unverlässlichkeit, seine Sprunghaftigkeit, seine Verantwortungslosigkeit. Man kann ihn nicht festlegen, er entschlüpft einem wie ein Vogel oder ein Fisch, er ist nicht zu fassen. Bei Versprechen, die er gibt, muss man sehr vorsichtig sein, denn er ist dafür bekannt, dass er sie selten hält – nicht weil er nicht will, sondern weil er sie sofort vergisst. Für ihn zählt ja nur der Augenblick, und der muss immer aufregend und faszinierend sein. Es ist nicht Bosheit, die ihn unverlässlich macht, sondern die Eigenschaft alles Feste, Beständige, Klare zu meiden und nur den blendenden, aufregenden Augenblick zu halten. Wird eine Sache mühsam, verliert sie den Anfangsreiz, lässt er sie fallen. Durch diesen Mangel an Disziplin und Durchhaltevermögen wird er zu einem beschwerlichen Kollegen und Kooperationspartner. Mein schillernder und faszinierender Bekannter fing alle paar Jahre eine andere berufliche „Karriere" an. Er machte sich einige Male selbstständig, er handelte mit ungewöhnlichen Produkten, die er teilweise auch produzierte. Er kaufte sich eine große Zahl von Angorahasen, deren Wolle er verkaufte. Er machte sich mit Büchern schlau, er stürzte sich in dieses Geschäft, baute Ställe aus und organisierte sich einen Abnehmerkreis. Als dies alles fertig war, interessierte ihn die Sache nicht mehr und seine Frau konnte die Tiere pflegen, scheren und alles für den Verkauf fertig machen. Er verkaufte die Ware und steckte nur mehr das Geld ein. Alle sieben bis acht Jahre fiel ihm wieder etwas ganz Neues und Ungewöhnliches ein. Da seine Frau ihn sehr liebte und bewunderte, hielt sie es über 20 Jahre in dieser Ehe aus. Sie lebte aber immer in der Angst, dass doch einmal etwas schief gehen könnte, das ihre Existenz wirklich vernichten würde.

Riemann meint zu dieser Eigenschaft: „Das würde bedeuten, dass man von Augenblick zu Augenblick lebt, nicht mit festen Plänen und klaren Zielen, sondern immer in der Erwartung von etwas Neuem, auf der Suche nach neuen Reizen, Eindrücken, Abenteuern, ablenkbar daher auch verführbar durch den jeweils gerade vorherrschenden Reiz oder Wunsch, der sich außen oder innen anbietet. Vor allem braucht man das Gefühl der Freiheit, weil Ordnung und Gesetzmäßigkeit, die Angst vor dem Festgelegtwerden, vor dem Nicht-Ausweichen-Können konstellieren" (s.o. S. 162).

Das heißt aber, dass die Freiheit, auf die dieser Typus so großen Wert legt, eigentlich eine *Scheinfreiheit* ist, da in ihr nichts Beständiges aufgefunden werden kann. Mit seinem enormen Freiheitsdrang manipuliert er sich immer wieder in Zwangssituationen, die er dann bewältigen muss, will er nicht zugrunde gehen. Unser Freund war immer wieder am Rande des finanziellen Zusammenbruchs und war sehr froh, dass seine Frau ihm immer wieder mit ihrem Kapital aushalf. Er konnte sie auch so gut manipulieren, dass sie immer wieder für ihn da war. Da zog er alle Register, und da sie ganz anders strukturiert war als er, wenig an Ideen oder Kreativität hatte, imponierte ihr diese Art.

Eine Achillesferse dieses Typs ist oft seine persönliche Unsicherheit und sein mangelndes Selbstwertgefühl. Er benötigt daher die Bewunderung und Anerkennung seiner Umgebung, sonst fällt er in sich zusammen. Er kann sich diese Bewunderung auch recht gut holen, sich Anbetung schaffen, wie ich das jahrelang bei unserem Freund erlebt habe.

Riemann: „Je mehr es sich nun um eigentlich hysterische Persönlichkeitsstrukturen handelt, um so mehr wächst die fordernde Haltung, und das Bedürfnis nach Bestätigt-Werden-Wollen nimmt überwertige Formen an" (s.o. S. 170). Daher erlebt man ihn als kühl und berechnend, da er immer schon von vorneherein seinen Preis – die persönliche Zuwendung und Anerkennung, aber auch die materielle Hilfe – sichergestellt haben will.

Riemann: „Bei alldem findet man häufig eine Mischung aus Gefühl und Berechnung, so dass der Partner nie recht weiß, woran er ist" (s.o. S. 171).

Abb. Nr. 8 Die zentrifugale Kraft des Kreativen

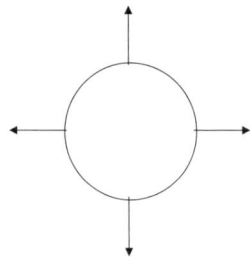

Aus dem bisher Angeführten lässt sich leicht die Kampfmethode des Kreativen ableiten. Da er sich nicht festlegen will, wird er auch jedem Kampf tunlichst ausweichen, sich nicht stellen, vielmehr wegrutschen. *Ablenken* und *Verschleiern* ist eine seiner Strategien. Dazu verwendet er die theatralische Geste. Er produziert auch viel Gefühl, das wie ein Strohfeuer aufflammt, um seinen Gegner an der Nase herumzuführen. Wenn er sich angegriffen fühlt, tritt er mit Ablenkungsmanövern zum *Gegenangriff* an und da er so schnell ist, weiß der Gegner gar nicht, wie ihm geschieht. Er kann Aggressionen aus dem Stand produzieren, die zwar keinen Tiefgang haben, aber den Zweck der Ablenkung erfüllen. Das Gegenmanöver, das er inszeniert heißt *„Viel Lärm um Nichts"*. Da kann er all seine Kreativität ausleben, hat immer neue Maschen parat.

Ich hatte einen hervorragenden Lehrmeister für diese Strategien in meinem ehemaligen, von mir so bewunderten Chef im Wissenschaftsbereich. Als das Team sich nicht mehr zu helfen wusste, da er keine Abmachung einhielt, immer andere Ausreden hatte, bat mich die Crew, mit ihm zu sprechen und die Dinge klarzulegen. So gewappnet betrat ich das Büro des Chefs und hatte nicht einmal noch die Türklinke aus der Hand gegeben, als er mich schon mit einem Feuerwerk angriff, mir einen lächerlichen Fehler bei einer Projekteinreichung vorwarf, obwohl das sonst nicht seine Art war. Ich war so verblüfft, weil ich alles andere als das erwartet hatte. Ich ging unverrichteter Dinge wieder hinaus und da wurde mir erst klar, was gelaufen war.

Wenn der Vierer in die Ecke gedrängt wird, wenn er nicht mehr ausweichen kann, geht er zum Gegenangriff über, überrascht den anderen mit theatralischen Aktionen, die so rasch und unerwartet sind, dass er sich des *Überraschungssieges* sicher sein kann.

Riemann drückt dies so aus: „Der Hysteriker ist in seiner Aggressionsäußerung der ‚Überraschungssieger', er überrumpelt gern, weil ihm das Erfolg versprechender scheint, als geplante Strategie. Für ihn ist der Angriff die beste Verteidigung" (s.o. S.177).

„Aus Mangel an Selbstkritik und Selbstkontrolle hat die Aggression hier etwas zu Impulsives; man lässt sich leicht von ihr hinreißen und geht zu weit, wie ja überhaupt das Übertreiben zu diesen Persönlichkeiten gehört. Charakteristisch ist auch die Tendenz zur Verallgemeinerung; bei Aggressionen gegen den Partner sind ‚alle Männer Waschlappen', ‚alle Frauen dumm' usf." (s.o. S. 176).

Für einen Kooperationspartner ist es unangenehm, dass sich der Vierer nie einem Konflikt stellt, daher seine Probleme nicht löst, sondern ihnen ausweicht, sich mit Scheinmanövern entzieht und nicht fassbar ist. Wenn es gar nicht anders geht, wenn er sich umstellt fühlt, dann flieht er. Auch bei meinem Chef konnte ich diese Strategie schmerzvoll erleben. Wenn man keine Erfahrung mit Menschen dieser Art hat, ist man ja immer aufs Neue erstaunt, was ihnen alles einfällt, welche Manöver sie durchführen, um sich nicht stellen zu müssen.

Da wir bei unserem Bemühen, ihn zur Ordnung zu rufen, keinen Erfolg hatten, die Situation im Institut aber bereits bedrohlich wurde, baten wir ein ausländisches Wissenschaftsteam, als außenstehender Moderator zu fungieren. Wir wussten, dass unser Chef von dieser Gruppe sehr hoch geschätzt wurde und dass auch er ein sehr gutes Verhältnis zu diesen Kollegen hatte. Alle waren damit einverstanden, sich am runden Tisch zusammenzusetzen, um einiges wieder in Balance zu bringen. Wir hatten eigene Räume außerhalb des Institutes gemietet, uns alle einen ganzen Abend freigehalten. Die Wissenschaftsgruppe kam aus Deutschland eingeflogen, doch wer nicht da war, war unser Chef. Er hatte eine wichtige Besprechung mit einem ausländischen Auftraggeber.

Der entwicklungsbedingte Hintergrund

Die Struktur des Kreativen nennen die Tiefenpsychogen die entwickeltste, weil wir diesen Anteil in uns erst zur Entfaltung bringen können, wenn alle anderen Strukturanteile bereits entwickelt sind. Im ersten Lebensjahr erfahren wir ja erst einmal, dass wir einen Körper haben, entdecken, dass wir materiell sind, nicht so wie im Mutterleib schweben, sondern eine bestimmte Schwere besitzen. Wir entdecken unsere Füße und Zehen als zu uns gehörig und erleben uns noch eins mit allen Menschen und Dingen. Wir sind die Welt. In der zweite Hälfte des ersten Lebensjahres entdecken wir dann, dass wir ein eigenständiges Wesen sind und von der Mutter getrennt. Es kommt zu einer Unterscheidung von Ich und Nicht-Ich. Da wir spüren, dass wir aber vom Du der Mutter existentiell abhängen, wird das Du besonders wichtig. Es ist unser Garant zum Überleben. Daher fangen wir langsam an, zwischen Personen und Dingen zu unterscheiden, aber auch das Du differenzierter zu sehen. Es ist die Zeit, wo das Kind zwischen Freund und Feind zu unterscheiden lernt (achter Lebensmonat). Daher steht die Personenzentrierung im Mittelpunkt des Interesses, denn diese garantiert uns die Befriedigung unserer Bedürfnisse, die wir uns noch nicht selbst verschaffen können. In dieser Phase sind wir noch total von unseren Betreuungspersonen abhängig, mit denen wir uns gut stellen müssen.

Danach kommt die Phase, die wir der Ordnungszentrierung zuordnen und in der wir uns bereits getrauen, uns von den geliebten Menschen durch Eigenwillen zu entfernen. Wir gehen sozusagen in Konfrontation und probieren kurzfristig den Aufstand, die Abgrenzung. Menschen, die dies nie durchgemacht haben, können das auch als Erwachsene nicht. Sie bleiben in der Personenzentrierung verhaftet, die Abgrenzung wird als Lebensbedrohung erlebt. Gerade ängstliche Mütter können diese Entwicklung zur Eigenständigkeit des Kindes schon im zweiten Lebensjahr verhindern. All das ist Voraussetzung für die letzte und vierte Phase in der Entwicklung des Kleinkindes, der Ausprägung des Expansionswillens, der Kreativität, der abenteuerlustigen Unabhängigkeit. Zuerst aber muss Ordnung, Regelerfassen, Abgrenzung, Eigenwillen gelernt werden, damit die Entwicklung wirklich gelingen kann und wir es schließlich beim Erwachsenen mit einem ausbalancierten Menschen zu tun haben.

Die Krönung dieser Entwicklungslinie ist mit drei bis fünf Jahren gegeben. Freud nennt sie die ödipale Phase. Wir können bereits gehen, reden, haben unseren kulturellen Hintergrund erfasst, können zwischen Dingen und Menschen unterscheiden und mit beiden auf unsere Art kommunizieren. Jetzt geht es darum, unsere kleine Welt zu erweitern, das Expansionsstreben nimmt überhand. Ängstliche Mütter, die sich ihrer selbst und der Kinder nicht sicher sind, geraten leicht in Panik, wenn sie bemerken, wie ihr geliebtes Kind ohne sie in die Welt ausgreift; wie es von ihr fortstrebt.

Ein ganz wichtiger Aspekt ist darin zu sehen, dass die bisherige Zweierbeziehung zur Mutter durch die Dreierbeziehung zu Mutter und Vater erweitert wird. Dazu ist es für das Kind aber notwendig, die überlebensnotwendige Beziehung zur Mutter loszulassen.

Bei diesem so wichtigen Entwicklungsschritt können wir erstmals Geschlechtsunterschiede erkennen. Für die Knaben wird der Vater zum Rivalen, der ihm die Mutter – als zukünftige Partnerin – streitig macht. Die Buben äußern in diesem Lebensalter auch oft den Wunsch „Mama, Dich heirate ich". Andererseits muss sich gerade der Knabe von diesem existentiellen Urgrund trennen. Er erkennt unbewusst, dass sein Verlangen unrealistisch ist. Der Knabe sitzt ab diesem Entwicklungsschritt psychisch gesehen zwischen zwei Sesseln. Er verliert Vater und Mutter als verlässliche Sicherheitsquellen. Ich persönlich glaube, dass hier einer der Gründe für das Patriarchat und die Unsicherheit des Mannes gegenüber der Frau liegt. Die Unterdrückung der Frau und ihre Machtlosigkeit in patriarchalen politischen Strukturen haben wahrscheinlich ihren Grund in der Angst des Mannes, von der übermächtigen Mutter verschlungen zu werden. Dies habe ich zumindest immer wieder in reinen Männergruppen erlebt, wenn sie über ihre Urängste sprachen.

Bei Mädchen läuft diese Phase ganz anders. Die Mutter ist zwar zum Vater hin Rivalin, doch da sie selbst auch Frau ist, muss sie sich innerlich von diesem Urgrund nicht trennen, sondern sich mit ihm identifizieren. Der Vater wird aber als Partner interessant. Das Mädchen bekommt sozusagen zu dem Urweiblichen, das die Mutter verkörpert und das in ihr selbst grundgelegt ist, noch die Möglichkeit der Beziehung zum Mann dazu. Man sieht auch bei kleinen Mädchen dieses Alters, wie sie gegenüber dem Vater, aber auch gegenüber anderen Männern erstmals ihre weiblichen Anteile zur Schau stellen, sich kokett benehmen. Die Ursicherheit der Frauen in Beziehungen und allem Personalen führe ich auf diese Phase zurück. Ich selbst erinnere mich sehr intensiv an diese Phase meiner Kindheit. Es war die Zeit, wo ich mich produzierte, mit Tanz und Charme, und ich erinnere mich an die Bewunderung meiner Onkel, die ich teilweise kokett ablehnte. Auch erinnere ich mich, dass ich damals meine ersten Erfahrungen mit dem Flirten hatte.

In diesem Entwicklungsabschnitt unseres Lebens werden die Weichen für das Rollenverständnis von Mann und Frau gestellt. Gibt es Hindernisse, Dinge auszuprobieren, Probeverhalten zu üben, bleiben Rollenunsicherheiten und auch Verkrampfungen gegenüber dem anderen Geschlecht fixiert. Wenn zum Beispiel zu früh in gegengeschlechtlichen Beziehungen das Sexuelle herausgestellt wird und die Eltern ihre eigenen unaufgearbeiteten Probleme in dieser Hinsicht auf das Kind projizieren, wird es sich mit einem locker-leichten Umgang mit der eigenen Geschlechtsidentität und gegenüber dem anderen Geschlecht schwer tun. Bei Störungen in dieser Entwicklungsphase kann es dann ein Leben lang zu Rollenunsicherheit und auch zum Geschlechterkampf kommen. Man ist sich seiner Position als Mann oder Frau unsicher. Wenn in dieser Phase keine brauchbaren Vorbilder in der Familie aufzufinden sind, kommt es zu Schwierigkeiten, Männlichkeit oder Weiblichkeit gesund zu entwickeln.

Riemann meint dazu: „ Man muss die Lebensgeschichte solcher Menschen kennen, um ihr Verhalten zu verstehen, sie geben meist nur die Sünden wieder, die an ihnen begangen wurden: sie hatten in ihrer Familie nicht die Möglichkeit, ihre Weiblichkeit oder Männlichkeit gesund zu entwickeln, sie wurden zu sehr an die Familie gebunden; oder sie hatten keine Vorbilder für die Entwicklung ihrer Geschlechtsrolle, sei es, dass sie abgelehnt wurden in ihr, sei es, dass in ihnen das Geschlechtliche zu früh und nicht angemessen angesprochen wurde" (s.o. S. 174).

DIE BETRIEBLICHE WIRKLICHKEIT DES FREIHEITSBEZOGENEN TYPS

Vierer sind im Betrieb am besten in innovativen Abteilungen einzusetzen, etwa in Werbung, Forschung und Entwicklung. Dort, wo *Neues* in der Firma entstehen soll, wo gestaltet wird, sind sie gut verwendbar. Diese „bunten Vögel" sind überall dort wichtig, wo sie etwas bewegen sollen. Sie sind die Ideenlieferanten für die Firma, aber auch jene, die für Änderung und Flexibilität des Systems eingesetzt werden und ein blendendes Image nach außen schaffen sollen. Es versteht sich daher von selbst, dass sie überall dort, wo es um Ordnung und Stabilität geht, wie in der Administration und der Buchhaltung, fehl am Platz sind. Ihr Bereich sind Werbung, Schulung und Marketing; durch Charme und Lockerheit bewähren sie sich auch im Verkauf, wenn sie ein Minimum an Stabilität, Verlässlichkeit und Abgrenzungsqualität besitzen, damit sie die Produkte nicht zu billig verkaufen und dadurch Verluste einfahren.

Fehlbesetzungen in einer Firma können unangenehme Auswirkungen haben, wenn man einen ziemlich einseitigen Vierer in die Buchhaltung oder andere administrative Bereiche steckt. Nicht nur, dass er selbst unglücklich ist und nie die geforderte Leistung bringen kann, er richtet auch mehr Verwirrung an als zweckerfüllte Arbeit. Er wird sich als Störenfried der gesamten Abteilung profilieren und alle werden mit der Zeit auf ihn sauer sein. Seine Unzuverlässigkeit, seine Schlamperei und Unpünktlichkeit, kann Energie vernichtend für eine ganze Abteilung sein. Ein einziger „bunter Vogel" am falschen Platz kann viel Unheil anrichten.

Der freiheitsbezogene Mensch als Mitarbeiter
Wenn man nicht direkt mit ihm zusammenarbeitet oder die Dinge so voneinander abgekoppelt sind, dass man nicht auf seine Leistung angewiesen ist, ist dieser Mitarbeiter sehr beliebt, weil er charmant, abwechslungsreich und lebendig ist. Er bringt Schwung in den Betrieb, um ihn herum ist immer etwas los, es ist nie langweilig oder eintönig, er wirkt spritzig. Diese Persönlichkeiten – ob Mann oder Frau – sind oft schillernd und faszinierend, auch was ihre Kleidung betrifft, sie sind einfach schön anzuschauen. Manchmal haben sie auch ein „Pfauenimage", sind die schönen Eitlen. Schwierig wird es, wenn man von ihnen Stabilität und Verlässlichkeit verlangt. Sie halten ihre Termine schlecht ein und wenn man ihnen nacharbeitet, hat man seine liebe Not, weil sie in ihrer netten Art immer mehr versprechen als sie halten – weder bei der Leistung noch bei den Terminen. Vereinbart man Termine mit ihnen, sollte man gleich einen Polster mit einrechnen. Sie sind zwar ständig voll von Ideen, die sie aber meist nicht durchführen, weil sie sich wieder Neuem zuwenden. Sie jagen

von einer Aktion zur anderen. Wenn man mit ihnen arbeitet, hat man viel „Nacharbeit" zu leisten. Schwierig wird die Zusammenarbeit, wenn Konflikte mit ihnen auftreten, weil sie dies als persönlichen Angriff werten und weil sie ständig rivalisieren. Man ist also immer in Gefahr, von ihnen unvermutet angegriffen zu werden, ohne zu wissen, warum. Der Vierer ist ein Mitarbeiter, mit dem einem nie langweilig wird, entweder weil es lustig und laut ist oder weil es wilde, überraschende Scheinkämpfe gibt. Ist man ein ruhebedürftiger Typ, wird die Zusammenarbeit mit einem Vierer mühsam.

Der freiheitsbezogene Mensch als Chef

Anfangs wird diesen Personen viel Bewunderung entgegengebracht. Sie faszinieren mit ihren Ideen, mit ihrer Lockerheit und Dynamik, doch mit der Zeit wird man der ständigen Bewegung um sie herum müde. Bevor ein Projekt durchgeführt und abgeschlossen wird, kommt schon das nächste, das ungemein wichtig und viel bedeutsamer als das vorige ist. Und das geht immer so weiter, was die Zusammenarbeit anstrengend macht. Es ist dann wichtig, dem Chef die Projekte aus den Händen zu nehmen – er hat sie ohnehin bald vergessen – und sie für ihn durchzuführen. Natürlich ist das auch eine Sache der Kalkulation. Daher ist es bei einem Vierer-Chef immer wichtig, ihm einen fähigen Finanzmann zur Seite zu stellen, sonst geht der Betrieb früher oder später den Bach hinunter. Das ist oft ein Grund, warum große, erfolgreiche Konzerne in kurzer Zeit Pleite gehen. Ich selbst habe in einem bekannten und erfolgreichen Baukonzern geschult, der einen Viererchef als Eigentümer hatte. Er war nicht zu bremsen und hat vor allem im Osten ununterbrochen neue Firmen gekauft. Oft ist er während eines Seminars hinausgegangen, um zu telefonieren und wieder eine Firma zu kaufen. Anfangs hat er sich von seinen Finanzexperten kontrollieren lassen, doch mit der Zeit kam er in einen Rausch, der an Größenwahn erinnert hat. So lief schließlich das ganze System aus dem Ruder, der gesamte Konzern brach zusammen. Eigentlich war die Entwicklung vorhersehbar, doch dieser Mensch war weder zu kontrollieren, noch zu bremsen und er übte eine derart große Faszination auf seine Manager aus, dass sie bis zum Schluss auf ihn gehofft haben.

Es ist gefährlich, seinen Schwung zu bremsen und auf seine Höhenflüge nicht einzugehen, weil er dann ärgerlich wird, den Mitarbeiter als Verhinderer seiner großen Ideen und damit auch als Kritiker empfindet, was er nicht vergessen kann. Er wartet dann nur auf eine Gelegenheit, um sich zu rächen. Das kann ernste Folgen haben. Man muss als Mitarbeiter auch wissen, dass seine Versprechungen nicht ganz ernst zu nehmen sind, weil er sie in der nächsten Stunde bereits vergessen hat. Daher ist es wichtig, alles, was vereinbart wurde, schriftlich festzulegen. Schwierig wird es jedoch, diese Unterlagen von ihm gegenzuzeichnen lassen, da er sich dadurch eingeengt und festgelegt fühlt. Das tut ihm weh und entspricht einer Disziplinierungsmaßnahme. Das erlaubt er nur Personen, die er schätzt und die ihm besonders nahe stehen. Das Chaos, das er ständig um sich herum schafft, hat ja den Vorteil, dass er tun kann, was er will, dass er seinen spontanen Launen nachgeben und mit dem Chaos sowie seinen schwammigen Aussagen alle beherrschen kann.

Der freiheitsbezogene Mensch als Kunde

Diesen Kundentyp sollte man nicht im Kundenstamm haben, weil er unverlässlich ist. Wenn ihm ein Verkäufer sympathisch ist, vergisst er alle anderen Vereinbarungen. Er will sich auch beim Verkäufer beliebt machen, einen guten Eindruck hinterlassen und führt Geschäfte durch, die nicht unbedingt realistisch sind. Bei Viererkunden ist die Prüfung der Bilanzen und anderen Unterlagen ganz wichtig, da er sich auch da herumdrücken will und über die Zahlen hinwegschwindelt, wie man das bei vielen Bankzusammenbrüchen in den letzten Jahren immer wieder beobachten konnte. Er ist ein *Blender* und gerade sehr stabile, ordentliche, gleichwohl ein wenig begrenzte Menschen fallen auf diesen Typ gerne herein. Da in den Banken die Dreiertypen überwiegen, hat der Vierer es oft leicht, mit seiner Masche durchzukommen, weil einem stabilen Ordnungszentrierten diese Strategien völlig fremd sind. Außerdem sind sie von der Leichtigkeit und der Buntheit, die ihnen ja abgeht, beeindruckt. Vierer sind als Kunden mit großer Vorsicht zu genießen. Man darf sich nicht von ihrem Tempo anstecken lassen und muss in Kauf nehmen, dass sie zu einem Mitbewerber gehen, wenn man nicht gleich so reagiert, wie sie sich das vorstellen. Sie versuchen ja, einen Verkäufer mit ihrem Tempo gewaltig unter Druck zu setzen, damit eine genaue und präzise Prüfung der Lage gar nicht mehr möglich ist. Dazu bringen sie hundert scheinbar einleuchtende Gründe, die aber einer genauen Prüfung nicht standhalten.

Tab. Nr. 5: Aufstellung der positiven und negativen Eigenschaften des Freiheitsbezogenen

Positive Eigenschaften	Negative Eigenschaften
Kreativ	unverlässlich
Charmant	verantwortungslos
Charismatisch	unpünktlich
Ideenreich	sprunghaft
Risikofreudig	kann mit Geld nicht umgehen
Unkonventionell	nicht fassbar
Laut und bunt	nur an sich selbst interessiert
Kann Feste feiern	will Bewunderung
Strebt nach Außergewöhnlichem	disziplinlos
Schönheitssinn	oberflächlich

III. SCHATTENARBEIT

Aus unserer Alltagserfahrung wissen wir, dass es nur ganz wenige Menschen gibt, die stark einseitig ausgeprägt sind, nur einen einzigen der vier Aspekte voll ausgebildet haben. Der Großteil der Menschen hat selbstverständlich Anteile von allen vier Bereichen: dem sachlichen, dem personalen, dem ordnungszentrierten und dem kreativen. Doch auch bei diesen zeigt sich oft der Überhang eines Anteils, sei es durch Anlage, durch Erziehung oder spezielle Umweltbedingungen, dass eine Charakterstruktur besonders stark hervortritt. Eine solche Prägung muss nicht unbedingt endgültig sein, sie kann situationsbedingt eine Zeit währen. In der Praxis sehen wir das bei Frauen, die im Beruf ihre rationale, strukturierte Seite entwickelt und gut ausgebildet haben, wenn sie zum Beispiel in einer Bank, Versicherung oder anderen Institutionen arbeiten, wo dies gefördert wird. Bleiben sie dann bei ihrem ersten Kind zu Hause, wird in kürzester Zeit der personale Aspekt stärker hervortreten und die anderen, bisher gepflegten Anteile treten in den Hintergrund. Die Auslöserreize eines Babys auf die Mutter – bedingt durch das Kindchenschema – bewirken diese Veränderung. Für das Kind ist es überlebensnotwendig, dass die Mutter sich ihm voll und ganz zuwendet, seine Wünsche und Bedürfnisse erahnt, in einer Zeit, wo es diese selbst noch nicht ausdrücken kann. Wenn eine Frau jahrelang zu Hause bleibt, vor allem von den Kindern umgeben ist und sich schwerpunktmäßig dem Pflegeverhalten widmet, werden ihre anderen Seiten langsam verblassen. Sie wird von ihrer Umgebung als vorwiegend emotional erlebt.

Das konnte ich in meiner jahrelangen Arbeit mit Müttern im Mütterseminar des katholischen Familienverbandes beobachten. Beim ersten Kind war die rationale, sachliche Seite noch einigermaßen vorhanden. Bei jahrelanger Haushaltstätigkeit hingegen bauten diese Frauen enorm an Selbstwert ab, da sie von der Gesellschaft ja nicht akzeptiert wurden, sie verkrochen sich in ihre emotionale Seite. Da sie als Haushaltsmanagerinnen immer viel zu tun hatten, kamen sie selten zum Lesen und Denken und daher verblassten diese Möglichkeiten. Sie bezogen alles auf sich, konnten keine Distanz mehr zu Alltagssituationen herstellen und bereits kleine Probleme nicht mehr lösen. Auf diese Weise wurden sie für ihre Familie eine große Belastung, weil man mit ihnen oft keine Sachthemen mehr besprechen konnte.

Ich war erschüttert, als ich in einem Mütterseminar in einer Niederösterreichischen Kleinstadt eine Frau aufforderte, ihre Meinung zu sagen. Sie fing zu weinen an und meinte, niemand wolle hören, was sie zu sagen habe. Ihr Mann höre ihr nicht mehr zu, ihre Kinder lehnten ihre Ansichten als altmodisch und unrealistisch ab, sie habe den Eindruck, jeder verachte sie und meine, sie sei dumm.

Ändert sich jedoch die Lebenssituation der Frau, wenn die Kinder außer Haus sind und sie wieder ins Berufsleben zurückkehren kann, vielleicht noch eine Ausbildung macht, kann in kurzer Zeit wieder die rationale Seite ihres Wesens zum Vorschein kommen. In meinen Therapien rege ich diese Frauen an, zu lesen, zu denken, ihr Verhalten und ihre Situation zu analysieren. Dadurch erhalten sie Distanz zu ihren Problemen, die sie dann relativ rasch lösen.

Wir sehen, dass Einseitigkeiten der Charakterstruktur kein Schicksal sind, sondern dass wir sehr wohl entscheiden können, welchen Anteil unseres Wesens wir mehr fördern und welchem wir in nächster Zeit weniger Beachtung schenken wollen, weil er ohnehin bereits zu stark ausgebildet ist. Im letzteren Fall kann die Dominanz der damit verbundenen Eigenschaften in der Umgebung zu starken Spannungen führen, weil dann auch die Schattenanteile, die dunkle Seite der guten Eigenschaften, besonders stark ausgeprägt sind. Goethe meint schon „Wo viel Licht ist, ist starker Schatten". Und die Schamanen haben einen weisen Spruch, der für mich in diese Richtung zeigt:

„Dort wo Deine größte Angst ist,
ist auch Deine größte Stärke"

Wieso kommt es zu der Übersteigerung eines Pols, wenn wir nicht situationsabhängig zu handeln gezwungen sind? Wie erkennt man selbst diese

Einseitigkeiten? Wie sehen die Schattenanteile bei den einzelnen Strukturen aus und wie kann man sie verringern?

7.1 Wieso kommt es zur Übersteigerung eines Pols?

Wie bereits erwähnt, gibt es wahrscheinlich genetisch bedingte Grundtendenzen, die man auch am Körper erkennen kann, besonders bei den ersten zwei Dimensionen, der Sachzentrierung und der Personenzentrierung. Beide sind mit körperlichen Erscheinungen gekoppelt, wie wir das bei den Kretschmer'schen Typen feststellen konnten. Der schizoide Typus – der Sachzentrierte – ist vor allem hager, wirkt körperlich und seelisch trocken, ist dem sachlichen Teil der Welt zugewandt und akzeptiert weder in sich selbst noch im anderen den emotionalen Pol. Es sind hirnzentrierte Menschen, die sich nur dem Wissen verpflichtet fühlen. Sie verachten oft die emotionalen Menschen, was sie ihnen auch zeigen. Die Spannungen, die sich zwangläufig zwischen zwei einpolig, – jedoch gegenpolig – orientierten Menschen ergeben, sind sehr stark und vorprogrammiert. Das wird bei Partnerkonflikten sichtbar (siehe weiter unten).

Auch ein anlagemäßig emotionaler Mensch, der vor dem kühlen und sachlichen Teil in sich selbst und im anderen Angst hat und ihn aus seinem Wesen ausblendet, ihn ablehnt, bleibt einseitig. Er möchte nicht so werden, wie der „kühle Denker"; auch hier spielt Verachtung eine Rolle. Er erlebt den Denker als kalten und gefährlichen Menschen und gießt das Kind mit dem Bade aus. Alles Denken und Analysieren ist schlecht, Denken führt zu Kälte und Brutalität und daher wollen diese Menschen es nicht in ihr Leben integrieren. Sie wollen ausschließlich fühlen, Wärme verbreiten, sich nur ja nicht abgrenzen, nein sagen. Distanz hat für diese Menschen mit Unmenschlichkeit, Härte und Kälte zu tun. Und diese fürchten sie. In einem Seminar, das sich mit den vier Charakterstrukturen beschäftigte, erlebte ich diese Einstellung in unvorstellbarer Reinheit. Eine sozial sehr engagierte Ärztin, die ich wegen ihrer außerordentlichen Menschbezogenheit schätze, lehnte jegliches Denken ab. Sie meinte, das brauche sie nicht, Denken führe nur zu Brutalität und Härte. Sie bleibe lieber im Fühlen und handle aus dem „Bauch" heraus. Es wurde ihr auch im Seminar nicht klar, dass sie mit einer solchen Einstellung ihre emotionalen Probleme nicht lösen kann. Sie schleppt diese schon seit Jahren mit sich herum.

Es gibt daher einige Gründe, um den gegenpoligen Anteil nicht zu entwickeln und zu integrieren.

- genetische Anlage
- Angst vor den Schatten des gegenpoligen Anteils durch negative Erfahrungen
- situationsbedingter Zwang

GENETISCHE ANLAGE

Diesen Anteil haben wir eben besprochen. Es gibt sicherlich Grundtendenzen, die wir bereits mit unserem Erbgut mitbekommen. Es ist wissenschaftlich äußerst schwierig, diese Tatsache sauber von den Einstellungen und Verhaltensweisen, die wir durch Generationen mitbekommen haben, zu trennen. Wir können das mit Familienkrankheiten vergleichen, wo man meint, es gebe eine körperliche, vererbte Anlage, zum Beispiel zu Magen-Darm-Erkrankungen. Andererseits merken wir, dass gerade Menschen einer Familie bestimmte Verhaltensweisen lernen, die ihnen auf den Magen schlagen, zum Beispiel die Dinge nicht auszusprechen, negative Gefühle „hinunterzuschlucken" oder sich nicht zu wehren. Es fällt uns derzeit noch schwer, zwischen genetischen Anlagen und erlerntem Familienverhalten zu unterscheiden. Wahrscheinlich ist beides der Fall.

ANGST VOR DEM GEGENPOLIGEN SCHATTEN

In diesem Fall können vor allem Kindheitserlebnisse wirksam werden. Wenn ein Mensch eine kalte, verletzende, vor allem sachzentrierte Mutter hatte, kann er diese kalte, für ihn emotional aushungernde Seite des Menschen fürchten. Er hat durch diese eisige Mutter zu wenig Wärme, Geborgenheit und Liebe in der frühen Kindheit bekommen. Er hat vielleicht einen warmen Vater, eine liebevolle Tante oder Großmutter gehabt, die ihm dies vermitteln konnten. Daher hatte er überhaupt die Chance, entwicklungsmäßig seine Personenzentrierung aufzubauen. Doch die Angst davor, emotional zu verhungern, bleibt in diesen Menschen immer präsent. Sie fürchten daher alles was in Richtung Distanz, Abgrenzung und auch Kälte geht. Es ist eine Todesangst, die dahintersteht. Diese Angst wird überwunden, wenn wir diesen Menschen in einem therapeutischen Prozess klarmachen können, dass er die gegenpolige Seite in sich entwickeln muss. Das kann im Rahmen eines Seminars geschehen, wo ihm die Zusammenhänge klar werden oder durch die Begegnung mit Menschen, bei denen er die sachlich rationale Seite positiv erlebt. Dazu ist es notwendig, dass er sich seiner Angst stellt.

SITUATIONSBEDINGTER ZWANG

Auch diesen Aspekt haben wir schon besprochen, wobei die schulische oder berufsmäßige, aber auch private Situation sich so stark verändern können, dass der Mensch nur eine Chance hat, wenn er den gegenpoligen Teil in sich aktiviert. Wenn der Druck der Umwelt groß genug ist, kann es zu drastischen Veränderungen kommen. Warme, liebe, weiche personenzentrierte Menschen können durch traumatische Situationen oder großen Druck von außen entweder zugrunde gehen oder ihre kalte, abgrenzende Seite entwickeln. Haben sie einmal den ersten Schritt gemacht, dann geht die Veränderung schnell vor sich, weil sie den Vorteil der Ausgewogenheit, der Balance von zwei Gegenpolen am eigenen Leib als Vorteil erleben. Es kann aber auch durch Einsicht geschehen, wie ich es am Beispiel einer Lehrerin erlebt habe, die noch Mitte Vierzig ihre bunte, kreative Seite entdeckt und entwickelt hat und sich dabei wohl fühlt. Sie hat in einem meiner Seminare entdeckt, dass diese Seite in ihr verkümmert war und schaffte es in kurzer Zeit von einem engen, strengen, starren Menschen, zu einer bunten, dynamischen Frau zu werden. Diese Veränderung kann eintreten, wenn jemand schon lange Zeit spürte, dass noch anderes in ihm ist, als er zur Zeit auslebt. In dieser Situation steigt der Innendruck. Im fortgeschrittenen Alter ist man eher bereit sich zu ändern, um verlorene Chancen endlich zu realisieren. Daher sollte man sich nicht wundern, dass Menschen um die Vierzig oftmals bereiter sind sich zu verändern als Junge. Je älter man wird, desto weniger Zeit hat man, um Versäumtes nachzuholen.

Ich habe dies in unserer Pfarre in Wien erlebt, wo ein sehr aufrechter, etwas starrer aber sehr engagierter Pfarrangehöriger Krebs bekam. Alle waren entsetzt und ich wunderte mich, wie stark dieser Mann seine kreativen, freiheitsbezogenen Anlagen plötzlich hervorkehrte. Ich hatte fast den Eindruck, er hole seine eigene Pubertät mit über Vierzig nach, protestiere mit Aussehen und Verhalten gegen eine zu starre Gesellschaft. Das ist jetzt Jahre her und er konnte sich mit seinem Krebs arrangieren und Jahrzehnte lang damit leben. Es hatte aber dieses enormen Drucks einer lebensbedrohenden Krankheit bedurft, damit er aus seinem kleinen, engen Gefängnis ausbrechen konnte.

7.2 Widerstände gegen Veränderung

Eigentlich müsste man meinen, dass jeder Mensch nach Balance und daher nach Ausgewogenheit strebt. Die Praxis lehrt uns, dass oft das Gegenteil der Fall ist. Viele Menschen nehmen ihre Einseitigkeiten gar nicht wahr und meinen, dass sie in Ordnung sei, ihre Umwelt hingegen nicht. Wir nennen diesen Ausweichmechanismus des Menschen in der Psychologie Projektion. Was hindert uns, den Gegenpol, der in uns allen angelegt ist, zu fördern?

Selbstwert und Veränderung

In vielen Fällen ist ein schlechter Selbstwert daran schuld, dass jemand Veränderungen meidet. Er weiß nicht, was dabei herauskommt: Blamiert er sich? Ist nachher alles schlechter als vorher? Jetzt hat er sich mit seinen Schwächen schon arrangiert. Wir alle bekommen bei Veränderungen Angst vor Gesichtsverlust. Doch wenn Menschen sich dauerhaft unwert fühlen, wird dieses Gefühl übermächtig. Wenn wir eine neue Seite in uns fördern wollen, begeben wir uns auf unbekanntes Terrain, auf dem wir anfangs auch unsicher auftreten, wo wir uns erst erproben müssen. Menschen mit geringem Selbstwert fehlt dazu oftmals der Mut. Andere vermeiden diese Herausforderung, weil sie zu faul sind, sich den neuen Schwierigkeiten zu stellen. Sie bleiben lieber in den ausgetretenen Pfaden, bevor sie das Abenteuer der Erweiterung des Ichs wagen.

VERLUSTANGST

Ein anderer Grund kann sein, dass wir meinen, wenn ich jetzt plötzlich meine kreative Seite entwickle, werde ich automatisch schlampig, chaotisch und verliere meine ordnungszentrierten Züge. Im Hintergrund steht die Angst, dass ich die Qualitäten, die ich so lange gepflegt und entwickelt habe, verliere, weil ich mich nun meiner anderen Seite zuwende. So wie man das Radfahren nie verlernt, auch wenn man es jahrelang nicht mehr übt, verliert man jene Eigenschaften nicht, die man jahrelang gelebt hat. Im Gegenteil, sie werden durch den gegenpoligen Teil angereichert. Außerdem steht im Hintergrund noch die Angst vor einer schmerzhaften Selbsterkenntnis, wenn man den Schatten der eigenen Persönlichkeit gespiegelt bekommt.

Ein weiterer Unsicherheitsfaktor ist zudem, dass man nicht weiß, wie die Umwelt auf die Änderung reagieren wird. Wird man dann noch akzeptiert oder verliert man seine Freunde? Man weiß auch nicht, welche Ausstrahlung man nach einer solchen Veränderung hat. Jetzt kennt man seine Machtmöglichkeiten, man ahnt aber nicht, ob sie nach einer Änderung noch in gleicher Weise vorhanden sind. Man kann sich nicht vorstellen, dass sich durch die Ausweitung der eigenen Möglichkeiten auch die Machtmöglichkeiten ausweiten. Man hat ferner Angst vor neuen Schwierigkeiten, die sich bei jeder Veränderung ergeben.

Was man noch verlieren kann, ist der Vorteil der Einseitigkeit, denn man hatte mit dieser Struktur ja bisher viel Erfolg. Wenn jemand in einer Machtposition ist, wird er Veränderung meiden, wird er eher alles tun, damit seine Umwelt sich ändert. Er wird möglichst jeder Selbsterkenntnis aus dem Weg gehen, sich nur mit Menschen umgeben, die ihm kein echtes Feedback geben, damit er nicht der Notwendigkeit einer Veränderung unterliegt. Er wird nicht einsehen, warum er seinen Schatten verkleinern soll, da ja ohnehin nur die anderen an ihm leiden.

7.3 Schatten der einzelnen Grundstrukturen

Auf Grund der gelebten Einseitigkeiten, die Charakteristikum einer Struktur sind, wird der Schatten sehr stark. Je nach Charakterdimension sind es aber andere Erscheinungen, die wir als dunkle Seite ausmachen können, es sind fast standardisierte Ausprägungen, die sich als Schatten darstellen.

SCHATTEN DES „KÜHLEN DENKERS"

Ich fasse hier nur jene Züge zusammen, die ich schon mehrfach beschrieben habe. „Kühle Denker", welche die Realität der Emotionen leugnen, die eigenen Gefühle unterdrücken und einmauern, wirken gefühllos und kalt. Wir erleben sie als unsensibel und im Kampf als ausgesprochen gefährlich durch die Verletzungen, die sie anderen treffsicher zufügen. Das Gefährliche an ihnen ist, dass sie nicht merken, wie sehr sie ihren Partner mit Aussagen und Handlungen zurückstoßen, mit ihren sarkastischen Bemerkungen ins Herz treffen. Es ist ihre Art, sich über andere lustig zu machen. Den Schmerz des Gegenübers nehmen sie nicht wahr, weil sie Gefühlen gegenüber seelisch blind sind. Sie sind nur dann sensibel, wenn es um sie selbst geht, in diesem Fall können sie sogar Qualitäten eines Seismographen aufweisen. Das erbittert aber die Partner umso mehr. Es gibt zwei Maße, mit denen der „kühle Denker" misst. Das führt zu Angst und

Aggression des jeweiligen Partners, der sich nur mehr schützen möchte, um den grausamen Angriffen zu entgehen. Oder der Partner liefert sich diesem kalten Killer immer wieder aus, in der Hoffnung, er müsste doch einmal „menschlich" werden. Diesem Mechanismus begegnet man oft in Partnerschaften. Der personenzentrierte Partner hofft, den anderen durch Liebe und Gewähren lassen zu verändern. Die Konsequenz eines solchen Handelns ist oft entsetzlich. Die französische Psychoanalytikern Hyrigoien beschreibt diesen Mechanismus in ihrem Buch „Die Masken der Niedertracht". Dieses grausame Spiel kann zur völligen Vernichtung eines Partners führen.

Es gibt aber auch die Möglichkeit, dass der verletzte Partner seine Wunden zeigt und die Verletzung mitteilt. Beim „kühlen Denker" kann dies unterschiedliche Reaktionen auslösen. Entweder er erschrickt, wenn er emotionale Anteile in sich spürt, so dass eine Änderung seines Verhaltens als Folge angenommen werden kann. Bei besonders kalten Typen wird die Konfrontation mit dem Leiden des Partners jedoch als Provokation erlebt, Eiseskälte und Brutalität verstärken sich dann sogar noch.

Für den Verletzten gibt es die Möglichkeit, dem „kühlen Denker" auf der sachlichen Ebene den Mechanismus der gegenseitigen Verletzung klarzumachen. Das ist die einzige Ebene, auf der dieser sich sicher und wohl fühlt, auf der man an ihn herankommt. Wenn die Argumentation sich als logisch herausstellt, wird er zuhören. Verwendet man jedoch bloß emotionale Argumente, ist er nicht ansprechbar, ja dann kann es sogar passieren, dass er den anderen noch verhöhnt.

In einem Team führt dies zu ungeheuren Spannungen, weil Botschaften, die auf einer persönlichen Ebenen gegeben werden, vom Sachbezogenen nicht als solche erkannt und anerkannt werden. Der Gesprächspartner des „kühlen Denkers" erlebt dies jedoch als Zurückweisung, oft auch als Verhöhnung. Er erlebt den Sachbezogenen als unerbittlich und hat Angst vor seiner kalten Brutalität, die vielleicht gar nicht so gemeint ist. Merkt der „kühle Denker" jedoch – angeregt durch eine Begegnung oder eine Schulung – sein Manko, ist es möglich, dass er die andere Seite seines Wesens – die emotionale Seite – nicht nur akzeptiert, sondern auch trainiert.

Erst dann werden die dunklen Anteile geringer, der Schatten wird heller, der Mensch wird erträglicher. Sicherlich ist es für ihn nötig, in jene Anteile seines Wesens zu gehen, die ihm Angst machen (siehe den Spruch der Schamanen oben).

ERHELLUNG DES SCHATTENS

Ist der Sachbezogene bereit, seinen emotionalen Anteil zu entwickeln, muss er sachte und behutsam vorgehen. Zuerst ist es wichtig, dass er wieder beginnt, seinen Körper zu spüren. Schizoide Menschen haben einen schlechten Körperbezug und spüren sich wenig oder vielleicht gar nicht. Wenn ich mit solchen Personen arbeite – es sind vorwiegend Männer –, dann rate ich ihnen, regelmäßig zur Massage zu gehen. Es ist ja angesagt: **berühren und berührt werden.**

Das hält der Sachzentrierte anfangs nur aus, wenn es mit Distanz gekoppelt ist, wie es bei der Massage der Fall ist. Mit der Zeit empfindet er diese Berührungen als angenehm und ist dann auch imstande, persönliche Berührungen, Umarmungen und Zärtlichkeit, ohne Angst zu genießen. Menschen, die Angst vor Nähe haben, bleiben bei einer Umarmung steif im Kreuz, sodass es sich anfühlt, als ob man einen Stock im Arm halten würde. Ist dieser Schritt geschafft, kann er sich weiter vorwagen. Der intensivste Kontakt mit dem anderen ist der **Augenkontakt.** Gerade in unseren Augen wohnt unsere Seele, können wir Gefühle schwer verstecken. Denken wir nur an kleine Kinder und wie sie uns in die Augen schauen: ganz tief und oft minutenlang – etwas, was Erwachsene gar nicht mehr schaffen. Menschen, die eine extreme Sachorientierung leben, scheuen im allgemeinen den Augenkontakt, weichen aus, können den Blick des anderen nicht lange ertragen. Dies ist ein Kontakt, der ihnen zu nahe geht. Lernen sie aber, sich diesem zu stellen obwohl sie Angst haben, werden sie auch offener für Gefühle.

Der nächste Schritt ist dann, **Gefühle** bei anderen und sich selbst **wahrzunehmen.** In meiner langen Trainingspraxis begegnete ich immer wieder Männern, die jahrelang vorwiegend ihre Sachzentrierung gelebt hatten. Da sie weder ihren Körper, noch ihre Gefühle wahrnehmen können, klappt es auch in ihrer Partnerschaft nicht mehr. Wenn die Frau sich endlich wehrt und ihm klarmacht, dass es so nicht weitergehen kann, ist der Mann änderungsbereit. In manchen Fällen ist er dann der einzige Mann in einer reinen Frauengruppe und beobachtet, was um ihn herum vorgeht. Anfangs verstehen diese Sachorientierten nur „Bahnhof", wie mir einer von ihnen mitgeteilt hat. Doch mit der Zeit können sie die Gefühle der Frauen langsam wahrnehmen und schließlich auch ihre eigenen. Es stellt sich dann heraus, dass ihre Exaktheit, ihre Präzision, die sie als Einser so intensiv geübt haben, ihnen beim Ausdruck der Gefühle zugute kommt. Sie sind dabei viel treffsicherer als die personenzentrierten Frauen, die eher schlampig und verschwommen mit ihrem Ausdruck umgehen. Daher werden gerade die sachorientierten Männer in Frauengruppen ein wichtiges Kontrollorgan, das von der Gruppe als Bereicherung erlebt wird.

Es ist ja keineswegs so, dass Sachorientierte keine Gefühle haben, ganz im Gegenteil, sie unterdrücken sie nur. Ich glaube sogar, dass sie von allen vier Typen diejenigen mit der größten Sensibilität sind. Er ist erstaunlich, wie einfühlsam, klar und auch zartfühlend ehemals einseitig Sachorientierte werden können.

Schatten des „warmen Menschenfreundes"

Der warme Menschenfreund ist in seinen hellen Anteilen warm, eben ein Freund. Da er immer nur für die anderen da sein will, zeigt sich sein Schatten als Weichheit und Verschwommenheit. Der Personenzentrierte will allen alles recht machen, um die Liebe der anderen zu behalten. Er kennt die Bedürfnisse der anderen viel besser als seine eigenen, ja es gibt Personenzentrierte, die ihre eigenen Bedürfnisse überhaupt nicht mehr kennen.

Vor vielen Jahren, als ich in St. Pölten eine Tagesschulung für katholische Hausfrauen durchführte, fragte ich sie nach ihren Bedürfnissen. Die Antworten waren erstaunlich. Sie schilderten mir die Bedürfnisse ihrer Kinder und die Ansichten ihres Partners. Im Zuge dessen fiel einer Frau auf: „Ich habe seit Jahren das Wort ‚Ich' nicht mehr verwendet, das ist mir bisher noch gar nicht aufgefallen."

Der Personenorientierte kennt seine Bedürfnisse nicht, doch muss er sie befriedigen, weil dies sein Überleben garantiert. So nimmt er sich, was er braucht, nicht offen und bewusst, sondern versteckt und unbewusst, sozusagen „unter dem Tisch". Auch das ist ein Teil seines Schattens, dass er zu seinen Bedürfnissen nicht stehen kann und sie mit psychischen Tricks auslebt. Es ist das leidende Gesicht der Mutter, die stumm ihre Zurückweisung erträgt, die dem Kind das schlechte Gewissen bereitet, sodass es dadurch manipulierbar wird. Es gibt bei diesen Menschen keine offene Konfrontation mit der Möglichkeit, sich abzugrenzen und zu wehren. Der Personenzentrierte lässt das gar nicht zu. Handelt man nicht nach seinem Willen, den er aber nicht ausdrückt, dann reagiert er mit maskierter Aggression: er jammert, ist beleidigt und macht Schuldzuweisungen.

Ein anderer Mechanismus ist die Krankheit, mit der er ebenfalls die Familie in seinen Machtbereich bekommt. Er somatisiert, wird leidend, wenn die Dinge nicht so laufen, wie er möchte; er kann in seinem Widerstand eine ungeheure Kraft aufbringen. Eine Bekannte von mir hatte eine Mutter, die sie jahrelang mit ihren Herzbeschwerden in ihrer Nähe hielt. Immer wenn die Tochter, die ebenfalls schon Familie hatte, in Urlaub fahren wollte, bekam die Mutter einen Herzanfall. Meine Mutter und ich baten die Tochter, sie möge es doch wagen, wenigsten einmal vierzehn Tage wegzufahren, wir würden uns um ihre Mutter kümmern. Sie fuhr und die Mutter bekam natürlich am gleichen Abend einen Anfall, hatte aber die Telefonnummer der Tochter nicht, sondern nur unsere. Wir besuchten sie und es ging ihr schon wieder recht gut. Die restlichen vierzehn Tage war sie ohne jegliche Beschwerden. Als ihre Taktik nichts fruchtete, ließ sie sie einfach fallen. Sicherlich war das keine bewusste, sondern eine unbewusste Aktion. Wenn man solchen Menschen ihre eigenen Tricks bewusst macht und ihnen zeigt, dass sie ihre Bedürfnisse viel leichter auf andere Weise befriedigen können, akzeptieren sie dies.

ERHELLUNG DES SCHATTENS

Es geht darum, den rationalen Teil des Menschen in sich zu fördern. Ich lege meine Patientinnen – es sind meist Frauen – nahe, psychologische

Bücher zu lesen, ihre eigenen Mechanismen zu analysieren, nachzudenken und so Distanz zu sich und ihren Verhaltensweisen zu bekommen. Die Frauen begreifen schnell, worum es geht und haben bald schon Freude an der Analyse, den Erkenntnissen und ihrer Umsetzung in die Realität. Sie kommen ganz aufgeregt und mit viel Freude zu mir und erzählen über ihre Erfolge, über ihre völlig neuen Erfahrungen und die positiven Reaktionen ihrer Umwelt, die sie nicht erwartet haben. Sind die ersten Schritte einmal gemacht, wird es immer leichter, die Sachorientierung zu leben. Sie sind auch bereit, sich die Zeit anders einzuteilen, von außen Anregungen durch Vorträge und Diskussionen zu holen.

Eine weitere wichtige Anregung ist, dass sie ihre Gefühle, Erlebnisse und Probleme aufschreiben. Durch das Schreiben müssen sie ihren rationalen Anteil aktivieren. Dadurch, dass die Dinge auf dem Tisch liegen, werden sie fassbar. Alles was in uns bleibt, fängt an sich auszubreiten, wird immer mächtiger und zwingender. Wenn es aber nach außen gebracht wird, verkleinert sich das Gefühl oder das Problem. Man sieht plötzlich Zusammenhänge, die man vorher nicht überblicken konnte, weil man in einem emotionalen Chaos gelebt hat. Die Dinge bekommen dann Struktur. Ich rege daher an, **Tagebuch zu schreiben.** Die Frauen, die vorher chaotisch in ihrem Gefühl schwammen, bekommen einen klaren Überblick über ihre Situation und die Gefühlslage, die sich daraus ergibt. Erst nachdem sie ihren sachorientierten Anteil entwickelt haben, sind sie imstande, ihre Lebenssituation nach ihren Wünschen und Bedürfnissen zu gestalten. Sie werden nüchterne, klare Personen, die für sich selbst und andere gut sorgen können, die denen, die ihnen anvertraut sind, Stütze und Hilfe sein können, nicht nur „Versorgungsvergewaltiger". Sie werden auch von ihren Lieben gern um Rat gefragt, was sie wieder freut.

Schatten des „unbestechlich Gerechten"

In der Zeit unserer Großeltern wurden die Werte des Ordnungszentrierten besonders gefördert und gefordert. Wichtig waren damals Tugenden wie Gehorsam, Fleiß, Demut, Bescheidenheit, Sparsamkeit, Ordnung, Leistungsfähigkeit, Verlässlichkeit usw. Diese Menschen konnten vor allem ihre Dreierstruktur ausleben – und dies ließ auch den Schatten besonders hervortreten. Es kommt natürlich immer auf die Begabungen an, ob ein Dreier eng wirkt, sodass es einem die Luft nimmt, oder ob er Großartiges leisten kann und man ihm daher einiges verzeiht. Alle Dreier nehmen aber – ob begabt oder unbegabt – keine Rücksicht auf die Bedürfnisse anderer. Sie setzen ihre Anliegen durch, verfolgen stur ihre Ziele, sind nicht bereit, anderen Menschen mit anderen Werten zuzuhören und sie zu akzeptieren. Nur was sie denken und tun ist richtig und wichtig. Da nur ihre eigenen Regeln und Vorstellungen bei ihnen etwas zählen, kontrollieren sie ihre Umgebung, damit auch diese nach ihrem Lebenskonzept handelt. Durch ihr starkes Verantwortungsbewusstsein, gekoppelt mit dieser vergewaltigenden Einstellung gegenüber anderen, sind sie oft eine Plage. Sie schnüren den anderen die Luft zum atmen ab, sie legen sich wie ein Felsblock auf deren Brust, engen sie ein, wo sie nur können. Wenn die anderen jedoch nach Freiheit streben, werden die Dreier aggressiv und klagen an.

Ihr Schatten hat etwas mit Härte, Druck, Einengung und dem Wegnehmen von Freiraum zu tun. Sie merken nicht, wie sehr sie die anderen mit ihren übertriebenen Eifer belasten. Sie mischen sich überall ein, wissen alles besser und sind nicht imstande, Kritik anzunehmen. Da sie sehr tüchtig sind, nehmen sie oftmals anderen die Arbeit aus der Hand, weil sie es besser und rascher können. Auf diese Weise sind sie auch die ewig Überlasteten, die klagen, dass alle Menschen so unfähig, langsam, schlampig und verantwortungslos sind.

Der „unbestechlich Gerechte" wird zur Plage, wenn er seinen luftigleichten Anteil nicht entwickelt. Man kann den Druck, den er in seiner Umgebung ausübt, kaum ertragen. Extreme Typen sind daher oft im Alter sehr einsam, wenn sie ihren Zorn und ihren Lebensfrust herauslassen. Je mehr sie unter Druck geraten, je mehr Lebensangst in ihnen aufsteigt, desto starrer, eigensinniger und unerträglicher werden sie. Ihr Schatten hat etwas Dunkles, Hartes und Eckiges. Er ist wie ein spitzer, schwarzer Fels, der einem verletzt, wenn man ihn berührt.

Wenn der Dreier begreift, dass ihm zu seiner „Vollkommenheit" etwas fehlt, dass er den leichten, bunten, kreativen Anteil in sich selbst entwickeln muss, dann geht er an diese Aufgabe mit dem gleichen Eifer, mit dem er sich vorher seinen anderen Pflichten gewidmet hat. Es wird ihm eine Pflicht, die ihm aber mit der Zeit Spaß macht, ein Zustand, der er bisher nicht kennen gelernt hat. Welche Möglichkeiten hat der „unbestechlich Gerechte", um seine bunte Seite zu fördern? Er muss einfach kreative Techniken lernen und mit der Zeit beobachten, wo seine Begabungen liegen. Er sollte ausprobieren, zu **tanzen, zu malen, Ton zu formen, zu singen, zu schauspielern** und derlei mehr. Er könnte auch anfangen, ein Instrument zu spielen, denn an Disziplin fehlt es ihm nicht.

Er wird diese Dinge genau so verbissen verfolgen wie alles andere auch. Das bringt ihm noch nicht genügend Flexibilität. Er sollte nicht alles genau planen, zum Beispiel den Urlaub, wo er immer an den gleichen Ort fährt, den er schon kennt, vielleicht sogar mit der Zeit ins Blaue fahren, Abenteuer zulassen, die Spontaneität bewusst fördern. Er sollte lernen, von Zeit zu Zeit seine Pläne über den Haufen zu werfen und **Ungeplantes tun**. Wenn er seine ersten Ängste überwindet, wird ihm die Leichtigkeit ganz neue Sensationen bescheren, die ihn weitertreiben. Denn Gewohnheit und Umgebung setzen den Menschen oft so unter Druck, dass er sich solche seelischen Abenteuer nicht zutraut.

Das Schwierigste für ihn wird es sein, den anderen die **Kontrolle zu überlassen**. Denn Kontrolle bedeutet für ihn die absolute Barriere gegenüber dem Chaos, dem wilden Leben, das er bisher abwehren konnte. Daher muss er in der Entwicklung seiner Balance schon recht weit sein, damit er auch diese Barriere noch überwindet, sich entspannt und so viel innere Sicherheit entwickelt, dass er zulassen kann, dass sein Schicksal die Lebensfäden in der Hand hat und nicht nur er.

Der Freiheitsbezogene hat, wie schon sein Name sagt, einen unbändigen Drang nach Freiraum, er will nicht eingesperrt sein. Jede Regel, jede Vorschrift oder Kontrolle ist für ihn eine Art Gefängnis, aus dem er ausbrechen will und muss. Er erlebt daher noch mehr als alle anderen Menschen den „unbestechlich Gerechten" als unerträglich und bekämpft ihn mit seiner Technik des Ausweichens. Er ist für den Dreier nicht fassbar, was diesen wahnsinnig macht und immer starrer und aggressiver werden lässt. Es ist faszinierend, dem immer heftiger werdenden Kampf dieser beiden zuzusehen und zu bemerken, wie sie beide immer stärker ihre ursprüngliche Überlebensstrategie im Kampf einsetzen, der Dreier durch Festnageln, aggressive Beschuldigungen, Härte, in die Enge treiben, der Vierer durch Ausweichen, nicht fassbar und vor allem schnell sein. Ein extremer Vierer kann vom Dreier nicht in die Enge gedrängt werden, schlüpft immer wieder unter ihm weg. Genau dies ist auch sein Schatten, das nicht Fassbare, Unverlässliche. Er ist ein Mensch mit sehr wenig Verantwortungsgefühl, er kann mit Zeit, Kraft und Geld nicht umgehen und wird immer wieder in die Nähe des Abgrunds steuern. Er schafft sich seine Katastrophen, die er braucht, selbst. Er baut Krisen, um sich lebendig zu fühlen, um ungewöhnliche Aktionen durchführen zu können. Mit seinem mangelnden Realitätsbezug schafft er das auch sehr gut, er hat keine Angst in Gefahrensituationen, diese sind für ihn vielmehr eine Art Droge, die er sogar in gewisser Weise genießt.

Wenn er allein bleibt, andere nicht in seine wahnsinnigen Talfahrten mit einbezieht, ist es recht amüsant, seine Aktionen mitzuverfolgen. Sind jedoch Partner und Kinder betroffen, sieht die Sache anders aus. Sein Schatten zeigt sich in der Verantwortungslosigkeit gegenüber der Familie, die er ohne Bedenken in seine gefährlichen Spiele hineinzieht. Ja, er erwartet, dass diese zu ihm steht und ihm in jeder Krise hilft, so wie ich es bei meinem Bekannten und seiner Partnerin über zwanzig Jahre lang erlebt habe. Solang man ihn in seinen Wahnsinnstaten unterstützt, hat er jedoch keine Chance, sich zu ändern. Wenn man ihm keine Grenzen setzt, bleibt er im grenzenlosen Chaos stecken. Er ist von allen vier Strukturen derjenige, der einer Änderung seiner Person den größten Widerstand entgegensetzt. Da er überhaupt keine Einsicht in die verheerenden Auswirkungen seines Schattens hat, keinerlei Selbsterkenntnis zulässt und nur auf andere projiziert, ist ihm nicht beizukommen. Seine Kampfstrategie, allem auszuweichen und sich nicht festlegen zu lassen, hilft ihm dabei. Dem Vierer muss schon ein großes Leid geschehen, damit er überhaupt innehält und nachdenkt. Impulse von außen lässt er nicht an sich heran. Indem er sich schnell bewegt, schnell redet, immer dominiert, lässt er anderen keinen Raum, damit sie ihm ja nicht zu nahe kommen und eventuell seine Mechanismen aufdecken könnten.

Es gibt jedoch eine Möglichkeit, dass Vierer ihre Schatten relativ gut erhellen: den spirituellen Weg. Da der Vierer für alles Ungewöhnliche offen ist, wird er auch mit Hilfe eines strengen und faszinierenden Meisters den Weg der Disziplinierung beschreiten, wenn der Lohn „Erleuchtung" heißt. Erst mit der Zeit wird er dann verstehen, dass nicht die emotionale Sensation wichtig ist, also das Ziel, sondern der Weg dorthin.

Der Schatten des „bunten Vogels" hat etwas zu tun mit Luft: Er ist leicht, unfassbar und schwer zu handhaben für alle, die in der Schwere verhaftet sind wie Zweier und Dreier.

ERHELLUNG DES SCHATTENS

Wenn ein einseitiger Vierer sich entschließt, den Dreieranteil in sich zu entwickeln und zu stärken, wird er viele Rückfälle und Niederlagen einkalkulieren müssen. Disziplin, Durchhaltevermögen, Standfestigkeit und Zähigkeit ist er nicht gewöhnt. Für ihn wird dieser Weg sehr dornig werden. Doch wird er erstmals in seinem Leben wirklich Erfolg haben, weil sich die selbstzerstörerische Komponente auflöst. Er wird endlich das erleben dürfen, was er sich erträumt hat und mit seinen Strategien bis jetzt nicht erreichen konnte. Dazu ist es aber nötig, dass er imstande ist, sich und seinen **Tag zu strukturieren**.

Er muss lernen, den Tag zu planen und **nach dem Kalender zu leben**. Diesen muss er täglich führen und er muss kontrollieren, ob er die geplanten Handlungen auch durchgeführt hat. Er muss alles schriftlich fixieren und eventuell für **Außenkontrolle** sorgen, da er immer in Gefahr ist, sich selbst zu torpedieren, sich etwas vorzumachen und die Dinge nicht ernst zu nehmen. Es wird ihm helfen, wenn er **Regeln einführt** und sich stur daran hält.

Gewisse Rituale können eine große Hilfe bieten, zum Beispiel täglich zu meditieren, zu einer ganz bestimmten Zeit aufzustehen oder ein morgendliches Ritual einzuhalten. Er sollte sich dies so gestalten, dass es ihm Freude macht, sollte nicht nur Selbstkasteiung üben. Er muss immer etwas Angenehmes in sein Programm einbauen, damit er nicht verzweifelt. Ich selbst kann ein Lied davon singen. Da meine Mutter einen Dreierüberhang in ihrem Charakter aufwies und ich sehr darunter gelitten habe, habe ich diesen Anteil unbewusst in mir unterdrückt und meinen Viereranteil überstark gelebt. Ich habe dadurch auch meiner Mutter das Leben schwer gemacht. Ich war als Kind schlampig, in der Schule oberflächlich, trotz Begabung immer in einigen Gegenständen so schlecht, dass ich durchzufallen drohte. Ich vergaß vieles, ich las und zeichnete lieber, als Hausaufgaben zu machen. So wäre das wahrscheinlich bis zu meinem Lebensende geblieben. Ich wäre sicherlich nicht imstande gewesen, trotz dreier Kinder, Beruf und zwei Haushalten ein Studium zu bewältigen.

Mir hat eine „geistige Mutter" geholfen, meinen Dreieranteil früh genug zu trainieren, sodass ich ihn als Erwachsene schon einigermaßen integriert hatte. Sie war eine Klosterschwester, die uns als Jugendliche acht Jahre begleitete und schulte. Sie sagte mir immer wieder: „Anneliese, Du kannst kein guter Christ sein, wenn Du nicht Deine Pflichten erfüllst. Und das ist jetzt die Schule." Da ich sie sehr mochte, sie ein großes Vorbild für mich war und ich ihre Zuneigung spürte, nahm ich mir das zu Herzen und ging einen langen und schweren Weg. Wir hatten in unserem Gruppenraum, den wir zwei- bis dreimal wöchentlich besuchten, folgenden Spruch von Rabindranath Tagore an der Wand:

Ich schlief und träumte
Das Leben wäre Freude.
Ich erwachte und siehe,

das Leben war Pflicht.

Ich tat sie und siehe,

die Pflicht war Freude.

(Aus Fuchs A., „Tiefe des Brunnen", S. 14)

Ich nahm mir jeden Tag vor, diszipliniert zu sein. Ich fing in der zweiten Klasse der Mittelschule als Zweitschlechteste der Klasse an und beendete die Schule als Zweitbeste mit der Matura. Das hatte ich nur den ständigen Ermahnungen, der Zuwendung und dem Verständnis dieser Nonne zu verdanken. Auch später ging mein Training noch weiter. Doch ich hatte mich darauf eingestellt und ließ über die Jahre und Jahrzehnte nicht locker. Und es hat sich gelohnt.

Tab. Nr. 6: Prinzipien zur Erhellung des Schattens

- Akzeptiere den Gegenpol
- Trainiere den Gegenpol
- Integriere den Gegenpol
- Halte beide Pole in Balance

7.4 Tanz der Schatten in der Partnerschaft

Bei der Partnerwahl denkt man automatisch an zwei gegenläufige Sprüche. Einerseits meint man:

Gleich und gleich gesellt sich gern

Anderseits hört man immer wieder:

Gegensätze ziehen sich an.

Was stimmt nun? Sucht und findet sich bei der Partnerwahl Gleiches oder Unterschiedliches? Beides stimmt. Es kommt darauf an, um welchen Bereich des Lebens und der Person es sich handelt. An „gleich und gleich ..." halten wir uns in Hinblick auf den kulturellen Hintergrund, Bildung, Interessen und Werteausrichtung. Wir wählen eher einen Partner, der uns in diesen Dingen ähnlich ist, aus einer ähnlichen Schicht mit einem ähnlichen Hintergrund kommt. Natürlich bestätigen auch hier Ausnahmen die Regel, doch es ist gleichzeitig eine Frage der Gelegenheit. Partner finden wir ja meist in unserer Umgebung, in den Kreisen, in denen wir verkehren. Doch im Zuge unserer modernen Reisefreudigkeit und der Öffnung aller geografischen Grenzen und Schranken wird dieser Grundsatz sich vielleicht allmählich auflösen. Wir kommen heute viel mehr mit Menschen zusammen als in früheren Zeiten, und unser kultureller und wertemäßiger Hintergrund ist uns nicht mehr so wichtig wie früher.

Wir erleben heute viel mehr Partnerschaften, die sowohl kulturübergreifend als auch religionsübergreifend sind. Vielleicht trägt unsere prinzipielle Einstellung eines Wertepluralismus dazu bei. Wir lehnen oftmals im Zusammenhang mit Religion und wertemäßiger Ausrichtung eindeutige Positionen ab. Alles ist akzeptiert, alles ist möglich, alles wird toleriert. Eine solche Einstellung könnte sich auch bei der Partnerwahl bemerkbar machen.

Ganz anders stellt sich die Sache bei den Gegensätzen dar. Hier geht es nicht um äußere, sondern um innere Bedingungen. Jene Anteile, die ich selbst nicht in mir entwickelt habe, schätze ich beim anderen. Wir erleben oft sehr gegensätzliche Partner: einen ruhigen Mann und eine sehr laute, bunte Frau oder einen dominanten Mann und eine eher unterwürfige Frau. Wir wählen also den Partner nach den Kriterien der eigenen Mängel. Der Partner soll das verkörpern, was uns fehlt. Sind wir laut, dann kennen wir diesen Bereich, wir sind sozusagen Meister auf diesem Parkett, wir brauchen nicht noch einen Partner, der uns vielleicht in unserem Bereich Konkurrenz macht, sondern schätzen das Leise, das wir selbst aber nicht leben wollen. Wir verschaffen uns sozusagen im Partner das, was uns im Charakter fehlt, wir suchen im Partner die Ganzheit. Daher finden wir bei Paaren, die oftmals jahre- und jahrzehntelang beisammen sind, charakterliche Gegensätze. Anfangs ist es schön, von einem Partner angezogen zu werden, der Gegensätzliches verkörpert.

Natürlich suchen wir unseren gegenpoligen Anteil im Partner. Doch wir haben die Aufgabe, angeregt durch diesen Partner, diesen Anteil in uns selbst zu entwickeln. Beide Partner sollten mit der Zeit voneinander lernen, den andersartigen Anteil nicht nur im Partner auszuleben, sondern sich von ihm zur Eigenentwicklung anregen lassen. Befolgen wir dies, dann werden wir uns im Laufe einer langen Partnerschaft ähnlicher, verstehen einander besser, gleichen die Gegensätze in uns selbst und in der Partnerschaft aus, finden zu mehr Balance in uns selbst. Doch die Praxis sieht leider meist anders aus.

Die Grundlagen der vier Charaktertypen können uns auch bei Problemen in der Partnerschaft eine Hilfe sein. Wir können die Gegensätze, die sich anziehen, ganz gut systematisieren und auf diese Weise Beziehungs- und Konfliktmuster aufspüren.

CHARAKTERSTRUKTUR UND PARTNERSCHAFT

Wir haben bei unseren bisherigen Überlegungen immer wieder Gegensätze festgestellt, vor allem die Pole Eins und Zwei oder Drei und Vier. Was wir anfangs beim Partner als faszinierende Ergänzung betrachtet haben, wird uns mit der Zeit zur ungeheuren Last, welche die eigene Einseitigkeit noch verstärkt. Der amerikanische Psychiater Hendrix, der sich intensiv mit Partnerproblemen beschäftigt und auch eine Therapie zu deren Verbesserung entwickelt hat, kommt zur gleichen Ansicht:

„An einem bestimmten Punkt wird plötzlich deutlich, dass gerade die Charaktereigenschaft, die zuerst so attraktiv erschien, so besonders unangenehm auffällt" (Hendrix, Harville, „Soviel Liebe, wie du brauchst", S. 91). Ist man nicht bereit, vom anderen zu lernen, was ja der eigentliche Sinn der Partnerschaft ist, fängt man an zu leiden.

Ich habe bezüglich der Partnerschaft versucht, die unterschiedlichsten Kombinationen von Charakterstrukturen und die sich daraus ergebenden Konflikte aufzuzeigen, die gar nicht so individuell sind, wie wir meinen. Ich werde im Folgenden sechs mögliche Variationen mit den entsprechenden Konflikten und Lösungen vorstellen. Selbstverständlich handelt es sich hier aus Gründen der Systematisierung um eine Vereinfachung.

1. Konfliktvariante: Typ Eins will Distanz – Typ Zwei will Nähe

Effekt: Emotionale Verletzung von Zwei (fühlt sich zurückgestoßen und nicht verstanden) Angst vor Nähe, Unverständnis von Eins

Konflikt: Differenz der Bedürfnisse

Lösung: Gespräch

Eigene Bedürfnisse langsam erkennen (eventuell mit Hilfe von therapeutischen Einzelsitzungen) und äußern, Bedürfnisse des anderen kennen lernen, nicht rechtfertigen, sondern zuhören.

Beim Einser konnten wir in den bisherigen Betrachtungen vor allem seine Hirnzentrierung und die Abkoppelung der Gefühle feststellen. Außerdem will er Distanz von seinen Mitmenschen, was seinen Partner einbezieht. Der Zweier hingegen sucht die Nähe, möchte am liebsten ständig den Partner um sich haben und legt Wert auf Gefühl, Harmonie und Beziehung. Gegensätzlicher kann man sich ein Paar nicht vorstellen und in dieser Kombination passieren auch die ärgsten Verletzungen.

Ich möchte nun ein fingiertes Therapiegespräch, wie ich das bei Paartherapie-Sitzungen erlebe, anführen.

Therapeutin:
„Was führt sie zu mir, warum kommen Sie und was erwarten Sie sich?"

Einser-Mann, der „kühle Denker", antwortet:
In unserer Ehe klappt es in letzter Zeit nicht mehr. Wir sind schon seit zwanzig Jahren verheiratet und haben immer eine gute Ehe geführt und meine Frau ist in eine Schulung von der Pfarre gegangen (Mütterseminar). Seitdem hängt der Haussegen schief und die Harmonie in der Familie ist zerstört. Ich habe mich in der Zeit unserer Ehe nicht geändert, bin ja wie immer, aber sie ändert sich zum Schlechteren. [Auch das stellt Hendrix in seiner Partneranalyse fest. Es scheint ein Muster zu sein, das vor allem von jenen Menschen gezeigt wird, die nicht änderungsbereit sind; Zitat: *„Sie*

haben sich ja schließlich nicht verändert – sie sind immer noch so, wie sie vorher waren! Ihre Partner haben sich plötzlich gewandelt", s.o. S. 104.]

Therapeutin fragt die Frau nach ihrer Sicht der Dinge:
(Die Frau hat eine Zweier-Struktur, ist der Typus der „warmen Menschenfreundin".)
Ich hatte schon lange ein schlechtes Gefühl. Mein Mann hat mir jahrelang überhaupt nicht zugehört, nur seine eigenen Interessen verfolgt und ich bin mir schon die ganze Zeit allein gelassen vorgekommen. Doch wenn ich etwas sagte, hat er das überhaupt nicht zur Kenntnis genommen. Durch das Mütterseminar lerne ich, mich exakter und besser auszudrücken und auch Widerstand zu leisten, auf meine eigenen Bedürfnisse zu achten, was ich bisher nicht gemacht habe und das ist meinem Mann nicht recht.

Therapeutin an dem Mann gewandt:
„Was hat Sie seinerzeit, als Sie Ihre Frau trafen, so fasziniert, dass Sie sie geheiratet haben?"

„Der kühle Denker":
Ich war angezogen von ihrem Gefühl und ihrem Verständnis. Ich hatte eine sehr kalte Mutter und habe mich immer nach Wärme gesehnt. Und bei meiner Frau habe ich all das gefunden. Außerdem hat mir das Weiche, Weibliche an ihre gefallen. Und sie hat auch einen sehr guten Geschmack, was mir immer noch gefällt.

Therapeutin an die Frau gewandt:
„Und was hat Sie an ihrem Mann anfangs angezogen?"

„Die warme Menschenfreundin":
Es hat mich fasziniert, wie gescheit und gebildet mein Mann ist. Er hat in seinem Wissenschaftsjob auch eine hohe Position auf Grund seiner Qualitäten erlangt. Außerdem ist er immer so gefasst, sieht alles so klar und nüchtern. Das hat mir ungeheuer imponiert, das habe ich bis dahin noch nicht erlebt.

Therapeutin an den Mann gewandt:

„Was geht Ihnen jetzt bei Ihrer Frau auf die Nerven, was ertragen Sie schwer?"

Der „kühle Denker":

Ich halte es fast nicht mehr aus, dass sie alles, was ich sage auf sich bezieht. Man kann kein Thema bringen, das sie nicht zu einem persönlichen Vorwurf ummünzt. Ich rede oft ganz neutral und sie geheimnist etwas hinein, was gar nicht da ist. In letzter Zeit explodiert sie überhaupt oft, macht mir ständig Vorwürfe, ich wäre kalt und höre ihr nicht zu. Dabei höre ich mir ihren Gefühlskäse ohnehin geduldig an.

Frau unterbricht:

Sie sehen wie er ist. Ständig degradiert er mich und meint, wenn er da sitzt und meinen Redeschwall erträgt, ist mir geholfen. Doch ich sehe, wie er mich verachtet, wie er mich bloß erträgt und meint, er wäre so gut. Er weiß überhaupt nicht, wovon ich rede und das tut mir entsetzlich weh. Er verletzt mich ununterbrochen und ich habe den Eindruck, dass er nur meine Dienstleistungen will, dass ich ihm als Mensch völlig egal bin. Eigentlich liegt ihm nichts an mir.

So und ähnlich spielen sich die Paargespräche ab, wenn das Paar zum Therapeuten kommt. Es ist genau die gegensätzlich Ausrichtung der Paare zu beobachten, sie haben völlig gegensätzliche Bedürfnisse und reden auf unterschiedlichen Ebenen. Sie können einander daher nicht verstehen, reden immer wieder aneinander vorbei. Beim Zweier führt das zu starken Verletzungen, da der Einser bei emotionalen Konflikten seine bereits erwähnten Methoden der Abwehr und des Schutzes anwendet. Er merkt gar nicht, wie degradierend und kritisierend er ist. Er ist einfach damit beschäftigt, seine Partnerin auf Distanz zu halten, weil sie ihm immer zu nahe kommt. Und Nähe bedeutet für ihn Verletzung. Da spielen Kindheitserlebnisse mit, deren er sich gar nicht bewusst ist.

Die Partnerin hingegen leidet unter der Distanz und will Nähe, will ihn spüren, berühren, sich seiner Gegenwart sicher sein. Und jedes Mal, wenn sie ihm nahe kommt, wird sie verletzt. Sie lernt daraus aber nicht, Distanz zu halten und diesen Unterschied auszuhalten. Sie gerät in Panik, wenn er sich innerlich von ihr entfernt. Und dieses Spiel spielen sie Jahre und Jahrzehnte. Sie meint: „Wenn ich nur Geduld und Liebe habe, wird er schon menschlicher". Er meint, sie werde „normal" werden, wenn er sie noch ein wenig erträgt. Sie müsse doch schließlich ihre absurden Wünsche einmal ablegen. Ich habe diese spezifische Konstellation in meinem Buch „Verschlüsselte Botschaften. Lebensmuster im Märchen, alte Weisheit und neue Erkenntnisse" beschrieben. Diese Partnermuster sind scheinbar schon lange bekannt und im Märchen werden sie mit Hilfe von plastischen Bildern beschrieben. Es handelt sich bei diesem Paarkonflikt um das Märchen „Die Schöne und das Ungeheuer", eine Konstellation, der ich in meinem Alltag oft begegne.

Die Lösung ist dann gefunden, wenn die Paare nicht alles auf den Partner projizieren und meinen, wenn er sich ändert, wird die Partnerschaft perfekt. Beide Partner müssen ihren eigenen Anteil in diesem Spiel der Schatten erkennen. Wenn sie begreifen, dass die Differenz der Bedürfnisse der Auslöser für den Konflikt ist und jeder ein wenig die Anteile des anderen in sich entwickeln muss, lösen sich die Schattenanteile langsam auf oder werden zumindest für beide erträglicher. Dies ist durch die moderierende Position des Therapeuten möglich.

Es gibt aber noch eine dritte Ebene, auf der sich das Paargeschehen abspielt, was weder mit Zugehörigkeit zu einer Schicht noch mit charakterlichen Unterschieden allein zu tun hat: das sind die **Kindheitsverletzungen**, die ein Mensch von den Eltern mitbekommen hat. Der Antrieb ist vorhanden, sich einen Partner zu suchen, der einerseits – durch seine Art – verspricht, diese Kindheitsverletzungen zu heilen, andererseits aber genau der Partner ist, der gerade dies nicht kann. Man wiederholt eine Mangelsituation aus der Kindheit, um endlich an sich selbst zu arbeiten und ganz zu werden. Solange man die Heilung durch Veränderung auf den anderen projiziert, ist keine Chance gegeben, dass die eigenen Mangel- und Sehnsuchtserscheinungen verschwinden. Man sucht sich einen Gegenpart in Hinsicht auf den eigenen Charakter. Ich glaube, dass dieser „Wiederholungszwang", wie Freud ihn nennt, einer tiefen Weisheit unserer Seele entspricht. Wir wiederholen die frustrierende Situation, die uns in der Kindheit an den Rand unserer Existenz gebracht hat, so lange, bis wir sie auflösen können und nicht mit Panik und Verletzung, sondern mit Erwachsenenverhalten antworten können.

2. Konfliktvariante: Typ Eins, kühler sachlicher Partner sucht Typ Drei, den hitzigen Machtmenschen

Effekt: Spirale der negativen Gefühle
Konflikt: **Machtkampf**
Lösung: Distanz, freundliche Rituale
          Lob. Gemeinsame Hobbys auf neutralem Boden
          Gruppe von Freunden als Neutralisierer

Ganz gleich, ob nun der Einser der männliche oder weibliche Partner ist, er spielt seine Kälte gegenüber dem Dreier aus und zeigt ihm seine intellektuelle Überlegenheit. Er lässt sich vorwiegend auf Sachthemen ein, ein Revier, wo er den Dreier mühelos schlagen kann, ihm zeigen kann, wer der Herr im Hause ist.

Der Dreier hingegen wird laut, wenn er sich in die Ecke gedrängt fühlt und es kann bis zu Gewalt und Tätlichkeiten kommen, wenn der Einser ihn verhöhnt und kalt bleibt. Das treibt den Dreier zur Rage, er verliert die Beherrschung. Die Negativspirale dreht sich immer schneller, bis etwas passiert, was beide aus ihrem Kampf herausreißt.

Natürlich spielen sich solche Konfrontationen nicht nur in einer Partnerschaft ab, sondern überall dort, wo Menschen einander begegnen, in der Freundschaft, auf dem Arbeitsplatz, beim Freizeitsport etc.

Ich konnte einen solchen Machtkampf zwischen Einser und Dreier selbst miterleben. Bei einer Fachtagung traf ich eine kluge, gebildete Frau mit Universitätskarriere. Ihr Mann begleitete sie. Er ist Manager mit einer Dreierstruktur, sehr machtorientiert und dominant. Bei einem Gespräch mit anderen Männern wollte seine Frau ihm etwas sagen und unterbrach ihn. Er aber putzte sie herunter, als sei sie ein dummes Schulmädchen und meinte, wenn er rede, hätte sie still zu sein. Die Zuhörer waren geschockt von diesem Verhalten. Die Frau jedoch ertrug seine „Launen" und wehrte sich nicht, sondern zog sich zurück. Ich nehme an, sie wird ihre Wut, die sie in diesem Moment wahrscheinlich gar nicht einmal gespürt, sondern unterdrückt hat, zur gegebenen Zeit herauslassen, indem sie ihm zu Hause seine Inkompetenz bei einem Sachthema vor Augen führt, wie ich das von Freunden des Paares erfahren habe.

Wenn die beiden sich selbst überlassen sind, wird der Machtkampf immer brutaler, verletzender. Wenn andere Menschen dabei sind, die von beiden geschätzt werden, tritt ein Beruhigungseffekt ein. Der wilde Kampf wird aufgehoben, aufgeschoben, bis die beiden wieder allein sind. Am meisten leiden die Kinder unter solchen Kämpfen. Sie lieben ja Vater und Mutter und können daher nicht verstehen, dass diese nicht auch ein liebevolles Verhalten zeigen. Die beiden Partner finden diese brutalen Auseinandersetzungen gar nicht so arg und gewöhnen sich daran.

Es geht bei der Lösung darum, den Selbstwert vor allem des Dreiers zu stärken, damit er sich nicht immer gegen den Einser wehren muss. Solange sich der Dreier unterlegen fühlt, kann der Machtkampf nicht aufgelöst werden. Der Einser hingegen bemerkt oft nicht, dass er dem Dreier gewaltig zusetzt, weil er seine eigenen Gefühle und die des anderen nicht spüren kann. Wichtig ist daher die Emotionalisierung des Einsers und die Stärkung des Dreiers.

3.Konfliktvariante: Typ Eins „der kühle Denker" und Typ vier „der bunte Vogel"

Effekt: Kälte, keine emotionale Substanz
Konflikt: Fassadenbeziehung, ohne echten Gefühle
Lösung: Beratung, Therapie
          Typ Eins muss lernen, seine Gefühle zu spüren und zu äußern
          Typ Vier muss sich disziplinieren und stabiler werden

Typ Eins ist kühl und distanziert, Typ Vier tut nur so, als ob er Nähe wollte. Wenn sie wirklich möglich ist, weicht er aus und flieht. Der kühle Denker will Distanz, doch auch der bunte Vogel möchte sie. Das führt oft zu seltsamen Spielen, die unecht wirken. Es gibt zwischen diesen beiden Partnern keine echte emotionale Verbindung. Beide bleiben in der Beziehung unbefriedigt, obwohl ihre distanzierte Grundeinstellung gleich ist. Sie können nicht einmal kämpfen, weil auch das Nähe bedeuten würde. Es bleibt eine freundliche Fassade, hinter der beide erfrieren, wo Auseinandersetzungen gar nicht möglich sind. Es sind kalte Ehen, mit viel Ritual und vielen Scheinaktionen, gemeinsamen Hobbys und gemeinsamen Bekannten. Es sind die Beziehungen, die von allen bewundert werden, weil es so ruhig und kultiviert zugeht. Er ist der kühle Experte, der sie toleriert, sie ist die bunte, lebendige Kreative, die exzessiv ihren Begabungen lebt, vielleicht gar Ausstellungen ihrer Werke organisiert.

Die Lösung liegt in einer Therapie für beide. Er muss lernen, mit seinen Gefühlen umzugehen, sie wahrnehmen und äußern, wie wir das ja schon mehrfach beschrieben haben. Sie muss ihre Form des Ausweichens erkennen, merken, dass sie nicht fassbar ist und ihre Angst vor Nähe, Disziplin und Stabilität abbauen. Beide müssen in ihre massiven Ängste hineingehen, was nur an der Hand eines Therapeuten möglich ist.

4. Konfliktvariante: Typ Zwei trifft auf Typ Drei

Effekt:	Typ Zwei, depressive Frau, trifft Typ Drei, der meist zufrieden ist
Konflikt:	**Traditionelle Rollenvorstellung**
	Betonieren der Positionen
Lösung:	Impulse von außen für beide
	Kleine Schritte der Rollenveränderung
	Gemeinsame Wege suchen
Sonst:	Wenn keine Konfliktbewältigung erfolgt, passiert es oft, dass die Frau nach dem Weggang der Kinder die Scheidung einreicht. Er weiß nicht, wie ihm geschieht, weil er nichts gemerkt hat.

Bei dieser Konstellation haben wir es mit der klassischen Ehe in unseren Breiten zu tun. Er ist ausschließlich fürs Verdienen verantwortlich, ist im Außenkontakt und im Beruf erfolgreich und meint, dass er damit seine

Pflicht in Hinblick auf die Ehe ohnehin erfüllt hat. Wenn er nur genügend Geld nach Hause bringt, im Beruf erfolgreich, im Bett potent ist, erfüllt er seine Aufgabe bestens. Nach diesem Modell richtet er seine Ehe ein. Sie hingegen möchte Gespräch, Beziehung, Zärtlichkeit und Verständnis, sie leidet unter seinem Unverständnis. Sie hat ein ganz anderes Ehemodell als er. Sie ist zu Hause, ist für Haushalt und Kinder verantwortlich und fühlt sich durch seine Außenaktivitäten vernachlässigt. Er ist ja nicht nur im Beruf tüchtig, sondern hat noch viele Ämter, die er mit großem Elan ausfüllt. Er ist höchstens am Wochenende zu Hause und da bringt er eventuell Freunde oder Geschäftspartner mit, die sie bewirten muss.

Er ist der Bedeutende, sie ist sein Anhängsel, wird durch ihn erst beachtet. Viele Ehen bekannter Manager funktionieren nach diesem Modell. Mir klagte einmal eine Managerfrau, mit der ich befreundet bin, ihr Leid: „Die Menschen sehen mich nur, wenn mein Mann neben mir ist. Wenn ich allein, ohne ihn zu einer Veranstaltung gehe, kennt mich niemand, sieht man mich gar nicht." Es ist kein Zufall, dass in Österreich die Frau mit dem Titel des Mannes angesprochen wird, auch wenn sie selbst kein Studium hat: mit Frau Doktor, Frau Ingenieur oder Frau Hofrat. Nur wenn sie imstande ist, sich einen eigenen Lebensraum zu schaffen, der vom Mann unabhängig ist, ist Gleichwertigkeit überhaupt möglich. Wenn das nicht der Fall ist und ein Impuls von Außen kommt, der sie zur Eigenständigkeit drängt, dann geht sie oft noch mit 50 oder 60 Jahren ihren eigenen Weg, macht eine Ausbildung und beginnt endlich einmal das zu tun, was sie schon immer wollte. Sie löst sich von den drückenden Verpflichtungen, die sie ein Leben lang erfüllt hat.

5. Konfliktvariante: Typ Zwei der emotionale Partner trifft auf Typ Vier den „bunten Vogel"

Effekt: Verletzung von Typ Zwei
Konflikt: Untreue von Typ Vier
Inkonsequenz von Typ Zwei
Lösung: Typ Zwei muss konsequent werden
Typ Vier muss sich entwickeln und disziplinieren

Wir wundern uns bei solchen Partnerschaften oft, wie viel Leid der betrogene Partner aushält. Wir können einfach nicht verstehen, dass er immer wieder auf die Treueschwüre und das Versprechen des Partners, er werde sich ändern, hereinfällt. Der Vierer lebt ungehindert seine Bedürfnisse aus und kümmert sich kaum um das Leid seines Partners. Nur wenn seine „Nährmasse" in Gefahr ist abzuspringen, wird er aktiv, wird so, wie sein Partner es die ganze Zeit will und schwört alle Schwüre, die im einfallen – und es fallen ihm immer wieder neue und faszinierende ein. „Ich kann ohne Dich nicht leben, ich mache alles, was Du willst. Du wirst schon sehen, wie ich mich ändern werde." Dieses Anbot, dieses »nur Du...", ist genau der Anker, damit der Zweier spurt. Er will ja für seinen Partner einmalig sein. Sie verzeiht jahrzehntelang, weil sie nicht allein leben kann und aus ihrer eigenen Existenz zu wenig Berechtigung erhält, um sich zu trennen. Außerdem ist er für sie faszinierend, weil er die flexible, kreative Seite auslebt, die sie sich nicht zutraut, zumindest nicht, solange sie mit ihm zusammen ist. Dabei ist es gleich, wer von den beiden (Mann oder Frau) die Rollen spielt. Das Muster bleibt gleich. Oft müssen in einer solchen Partnerschaft Katastrophen passieren, die der Vierer nicht mehr im Griff hat, weil er sich auf der emotionalen Ebene eigentlich nicht auskennt, damit sich etwas ändert. Der Zweier muss so unter Druck geraten, dass er meint, er halte es nicht mehr aus – oft ist das eine lebensbedrohende Krankheit. Und der Vierer tut oft genug alles dazu, dass es so weit kommt. Unbewusst spielen sich beide in die Hände.

Eine meiner Freundinnen lebte in einer solchen Beziehung, war eigentlich ganz zufrieden, weil er ja nur finanzielle Katastrophen verursachte, sonst aber treu war. Doch das änderte sich, als er Mitte Fünfzig war und meinte, etwas in seinem Leben versäumt zu haben. Er nahm sich eine Freundin nach der anderen und erzählte seiner Frau noch intime Details von seinen Affären. Und sie war so dumm, noch immer keine Konsequenzen zu ziehen, außer zu schreien und zu weinen. Als er eine etwas labile Freundin hatte, meinte er sogar, seine Frau möge sie betreuen, denn sie sei ja so gut. Dann endlich bekam sie eine tödliche Krankheit und fing an, an sich und der Beziehung zu arbeiten, sich anzusehen, was er mit ihr trieb. Und da dauerte es noch Jahre, bis sie endlich zu sich fand und diese schwierige Beziehung beendete.

Oft ist es ein Schock, der den Zweier aufwachen lässt. Den Vierer kann man nicht schockieren, das macht er schon selbst.

6.Konfliktvariante: Typ Drei, der stabile Partner fühlt sich zu Typ Vier den Flatterhaften hingezogen

Effekt: **„Das blaue Engel-Syndrom"**
Typ Drei wird von Typ Vier ausgenutzt
Typ Drei unterdrückt Typ Vier
Konflikt: **s.o.**
Lösung: Typ Vier wird diszipliniert und autark
Typ Drei verliert dadurch seine Machtansprüche und könnte partnerfähig werden

Der leistungsfähige Dreier, erfolgreich, machtsicher, durchsetzungsfähig, stabil und angesehen, nimmt sich einen „bunten Vogel", so wie man sich ein schönes Auto oder eine Prestigevilla kauft. Er hat Freude an ihrer Erscheinung, ihrem Charme und ihrer Ausstrahlung. Er überschätzt sich aber in seinem Einfluss und meint, er hätte sie ohnehin immer in der Hand und eigentlich stelle sie ja nichts ohne ihn dar. Sie lebt von seinem Geld, seinem Einfluss, seinen Beziehungen. Und sie gibt dieses Geld mit vollen Händen aus, nützt seine Beziehungen für ihre eigenen Interessen und macht was sie will. Anfangs fügt sie sich noch seinen Wünschen und Anforderungen, doch mit der Zeit wird ihr das zu einseitig. Nur wenn er ihr das Messer ansetzt, ihr den Luxus einschränkt, spurt sie kurzfristig, um dann gleich wieder ins alte Gleis zu fallen, jede Verantwortung abzulehnen, nur nach ihrem Vergnügen zu leben. Nur wenn ihr wirklich an der Person des Dreiers etwas liegt, wird sie bereit sein, sich zu ändern, an sich zu arbeiten, ihre Flatterhaftigkeit zu zügeln. Sonst wird das Spiel so lange hin und hergehen, bis einer von ihnen wirklich am Ende ist. Meist nimmt sich der Dreier die Eskapaden seiner hübschen, aber untreuen Partnerin so zu Herzen, dass er auch körperlich darunter leidet. Das kann zu einem tödlichen Ende führen. Wenn sie ihn wirklich liebt, wird sie vielleicht vorher innehalten, wenn nicht, wird sie ihn in Krankheit und Leid allein lassen und weiter ihren Lüsten frönen.

Nur die gegenseitige Achtung, die Fähigkeit, sich Hilfe von außen zu holen, gibt dieser Konstellation ein Chance. Ich selbst hatte eine Tante, die dieser Vierer-Frau exakt entsprach. Sie war nicht schön, aber faszinierend, hatte immer einen Schwarm Männer um sich, war aber auch geschäftstüchtig und ging oft – mit ihren Geschäften – am Rande der Legalität spazieren. Mein Onkel war nicht so wendig und flexibel wie sie und hatte ein schweres Leben, denn sie war nicht zu bändigen, tat was sie wollte, spannte ihn ein, wo sie wollte und er kam nicht von ihr los.

Schattenarbeit hat also immer mit bitterer Selbsterkenntnis zu tun, die wir natürlich alle meiden. Wer schaut sich schon gerne seine düsteren, dunklen Seiten an? Wenn wir es aber wagen, in diesen Teil unseres Wesens zu tauchen, dann bekommen wir zusätzliche Energien, die sonst durch das Verdrängen gebunden waren. Wir erleben uns freier, leichter und nehmen das Leben viel lockerer als vorher.

Was ist nun der Tanz der Schatten in der Partnerschaft?

Jeder von uns hat Mangelbereiche, einerseits durch Anlage, durch gebremste Entwicklungen in Kindheit und Jugend, aber auch durch Kindheitsverletzungen. Das führt zu Einseitigkeiten und den damit verbundenen Schattenbereichen. Es hat zur Folge, dass wir manchmal das Gefühl haben, eingesperrt zu sein, in bestimmter Hinsicht oft keine Wahl zu haben und in immer gleichen, unangenehmen und belastenden Verhaltensmustern verfangen zu sein. Wenn eine spezifische Situation eintritt, haben wir sogar den Eindruck – wenn wir uns genau beobachten –, dass wir klein und hilflos, zu einem armen Kind werden.

Und dann treffen wir auf einen Menschen, der all diese Schwierigkeiten nicht hat, der genau da, wo wir uns plagen, mit Leichtigkeit und souverän die Situation beherrscht. Und wir bekommen sofort das Gefühl, „das ist der/die Richtige", der uns hilft, der uns das geben wird, was wir nicht haben, er wird sozusagen unsere Schwächen durch seine Stärken ergänzen. Was wir dabei oft noch nicht sehen ist, dass es sich auch umgekehrt so verhält. Auch der Andere meint, dass wir seine Schwächen kompensieren können. Wir verlieben uns in die gegenpolige Sonnenseite und lernen aber dann am gegenpoligen Schatten. Nach einiger Zeit schwindet nämlich die Faszination und das, was uns gefesselt hat, wird jetzt zur Fessel, die uns einengt.

Wenn man in dieser zweiten Partnerschaftsphase, dem Machtkampf, einem Paar zuhört, könnte sich das ungefähr so abspielen:

Er, (der kühle Denker) erbittert über ihre Unfähigkeit, ihn zu verstehen:
„Warum musst Du immer anklagen, dass ich kalt und unverständig sei. Schau dich an, Du bemühst Dich überhaupt nicht, mich zu verstehen, Du beziehst alles nur auf Dich. Das einzige was Dir wichtig ist, ist Dein Gefühl. Du hast überhaupt keinen vernünftigen, klaren Sinn, immer dieses Gejammer. Ich kann es schon nicht mehr hören. Man kann mit Dir kein Thema besprechen, sofort wird daraus eine Tragödie, egal was ich sage."

Sie (die warme Menschenfreundin):
„Ich weiß nicht, warum ich noch immer mit Dir rede. Du bist ein Eisblock, egozentrisch, eingebildet, unfähig zu erfassen, was der andere meint. Du interpretierst immer Deine verstiegenen Gedanken in meine Worte. Merkst Du nicht, dass Du mich dauernd verletzt, weil Du nichts kapierst? Ich fühle mich seit Jahren mit Dir wie neben einem Eisschrank, wo mir die Kälte entgegenschlägt. Warum bleibe ich noch immer bei Dir?"

In diesem gegenseitigen Anklagegespräch sieht jeder nur den Schatten des anderen und beklagt sich darüber, dass der Partner ihn nicht so reduziert, dass er ihn glücklich macht. Die Verbissenheit, mit der gegenpolige Paare darum kämpfen, dass sich der andere ändert, ist erstaunlich. Doch erst das Erkennen des eigenen Schattens, bringt Erleichterung.

Ich kenne aus meiner Erfahrung das Gefühl, wenn man aus dem Schatten heraus reagiert. Dann denke ich oft: „Sei nicht so, das ist doch unsinnig, was Du jetzt machst." Und der Schattenteil in mir stürmt voran, ohne auf die Warnungen zu hören und freut sich über die Verletzungen, die ich dem anderen zufügen kann, obwohl mir gleich danach die Unsinnigkeit dieser Handlung aufgeht.

IV. CHARAKTERSTRUKTUR UND KOMMUNIKATION

Damit sind wir auch gleich beim nächsten Thema, der Kommunikation. Wir leben sozusagen jeder auf einem eigenen Planeten und kennen die Welt des anderen nicht. Wir sind mit unserer eigenen Welt viel zu beschäftigt, um die Aspekte des anderen wirklich wahrzunehmen. Außerdem glauben wir, dass unsere Sicht der Welt die einzig richtige ist. Das, was wir sehen, ist richtig; was der andere wahrnimmt, ist falsch. Wenn man ein Bild dafür nimmt, ist es so, als ob ein Paar in einem Turm lebt. Der eine Partner hat ein Fenster auf der einen Seite des Turmes. Er sieht von dort aus einen Berg. Der andere Partner hat sein Fenster aus dem Turm auf der entgegengesetzten Seite, er sieht einen See.

Abb. Nr. 9: Der Kommunikations-Turm bei unentwickelten Paaren

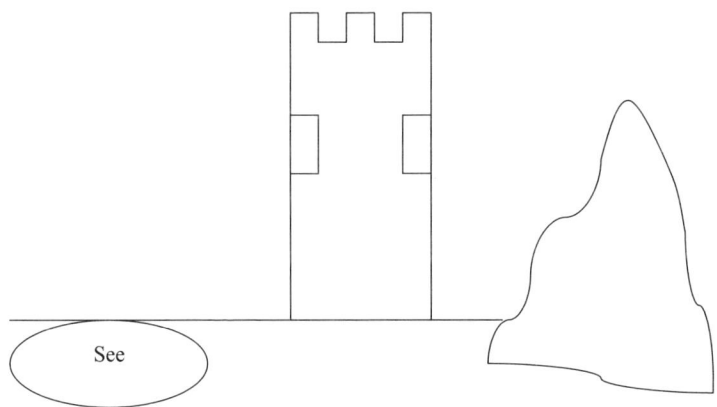

See

Nun meint der Partner Nr. 1: „Heute ist der Berg aber in Wolken". Worauf Partner Nr. 2 meint: „So ein Unsinn, auf dem See liegt Nebel". Beide haben recht, sehen aber nur einen kleinen Ausschnitt der Realität, je nachdem, was sie in ihr Bewusstsein lassen, von welcher Charakterstruktur sie gesteuert sind. Erst wenn man imstande ist, seinen eigenen Horizont zu erweitern, indem man von der Struktur des anderen in sich etwas zulässt, wird Kommunikation leichter, ist Verständigung wahrscheinlich. Es ist dann so, als ob jeder ein neues Fenster bekäme und diese beiden Fenster in die gleiche Richtung schauen. Die Fenster sind zwar immer noch nicht deckungsgleich, doch man „sieht schon Ähnliches".

Abb. Nr. 10 Kommunikations-Turm bei entwickelten Paaren

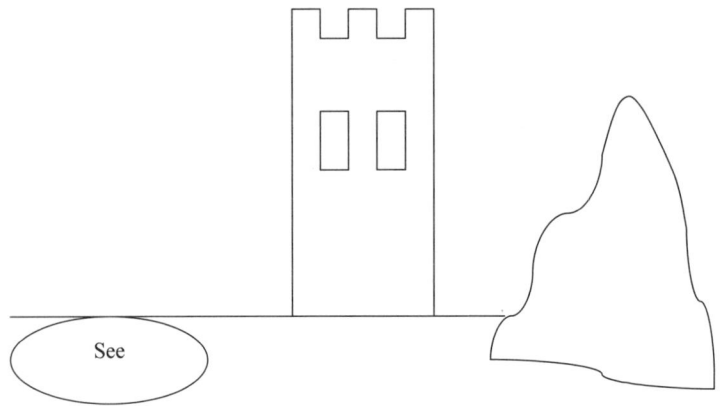

Die bekannte Psychotherapeutin **Virginia Satir** machte die Beobachtung, dass viele Menschen in Stress- und Konfliktsituationen ähnlich reagieren. Sie konzentrierte sich auf Familientrainings sowie Familienformen und es zeigte sich bei ihrem Kontakt mit sehr vielen Menschen, dass sich vier Kommunikationsmuster herauskristallisierten, die unseren vier Charaktertypen verblüffend gleichen. Satir meint zu ihrer Arbeit:

„Nachdem ich viele Jahre lang Interaktionen zwischen Menschen miterlebt hatte, erkannte ich bestimmte universelle Muster menschlicher Kommunikation. Immer wieder beobachtete ich vier Arten des Umgang mit den negativen Folgen von Stress. Diese vier Muster – die ich nenne – traten auf, wenn ein Mensch unter

Stress stand und wenn gleichzeitig sein Selbstwertgefühl erschüttert wurde" (Satir, V., „Kommunikation, Selbstwert, Kongruenz", S. 115).

versöhnlich stimmen oder beschwichtigen (Placating);
beschuldigen oder anklagen (blaming),
berechnen oder rationalisieren (computing) und
ablenken oder irrelevant agieren (distracting)

Diese vier Kommunikations- beziehungsweise Stresstypen nach Virginia Satir decken sich in weiten Bereichen mit jener Persönlichkeitstypologie nach Fritz Riemann und der von mir überarbeiteten Ausformung. Daher bilden diese Typen von Satir einen gute Ergänzung zum Konzept der vier Lebensgrundaspekte.

8.1 Der rationalisierende Kommunikationstyp („Der Computer")

Dieser erinnert uns an Typ Eins, „den kühlen Denker". Er weist auch alle Charakteristika auf, die wir schon zur Genüge kennen. Ich halte mich in meinen Ausführungen genau an das Skriptum unseres Institutes, das Frau Mag. Barbara Fuchs nach dem Buch von Virginia Satir erstellt hat.

Ein Mensch, der zu dieser Kommunikationsform neigt, bringt zumeist große Angst vor Gefühlen mit. In seinem tiefsten Inneren verspürt er Angst vor Verlust von Kontrolle und Ausgeliefertsein. Ihm ist wichtig, „Haltung zu bewahren" und jedes Problem mit Verstand und möglichst „nüchtern" zu lösen.

Satir meint dazu: *„Der **Rationalisierer** ist sehr korrekt, sehr vernünftig und lässt auch nicht die leiseste Andeutung eines Gefühls erkennen … Man könnte ihn mit einem Computer oder mit einem Nachschlagewerk vergleichen. Der Körper fühle sich trocken und oft irreal an"* (s.o. S. 125).

Er neigt dazu, gefühlsbetontes Verhalten abzuwerten und als „unreif" oder „unbeherrscht" abzutun. Seine „Souveränität" versucht er in möglichst allen Lebenssituationen mit viel Energie aufrechtzuerhalten.

Verbal drückt sich der rationalisierende Typ sehr genau, ruhig und kühl aus. Seine Worte zeigen keinerlei Gefühle. Die Mitteilungen wirken vernünftig, erklärend, sachlich fundiert, begründend und rechtfertigend. Zumeist geht es dem rationalisierenden Kommunikationstyp um die Unterscheidung zwischen „richtig" und „falsch".

Teil seines Kommunikationsstils sind auch verallgemeinernde und abstrahierende Äußerungen. Der „Computer" blendet sein subjektives Erleben aus und versucht, seine persönliche Meinung mit scheinbar objektiven Äußerungen zu bemänteln. Er sagt etwa: „es kann als erwiesen angesehen werden" statt „ich sehe das so", oder „es ist störend, dass ..." statt „es stört mich, dass ...".

Der rationalisierende Typ spricht in vielen und langen Sätzen, wie ein schlechtes Lehrbuch. Oft gibt er lauter Informationsblocks von sich, die schön ordentlich mit Erstens, Zweitens, Drittens eingeleitet werden. Je länger er spricht, desto mehr schlafft sein Partner ab. Denn der Rationalisierende ist nicht auf einen Dialog mit dem Gesprächspartner aus. Er überwältigt durch die Monotonie seiner mehr oder weniger anspruchsvollen, mit Fremdworten gespickten Rhetorik, die den Partner zu Beginn überfordert und schließlich einschläfert: „Die Relevanz deiner Ausführungen ist für mich nicht einsichtig. Ich brauche verifizierbare Angaben ...".

Körperhaltung und Gefühle

Der rationalisierende Typ möchte durch seinen kühlen und klugen Kopf beeindrucken und dabei seine Gefühle verstecken.

Die typische Körperhaltung dieses Kommunikationstyps wurde von Virginia Satir in einer Zeichnung skizziert (Abb. Nr. 11). Die Körpersprache ist sehr wenig ausgeprägt. Er wirkt in seiner Kommunikation unbewegt und starr. Dieser unlebendige Ausdruck kann auf den Kommunikationspartner recht verunsichernd wirken, da man nie genau weiß, wie es ihm geht und welche Wirkung die eigenen Mitteilungen auf ihn haben. Er geht körperlich spürbar auf Distanz und wirkt dabei angespannt, steif und förmlich.

Die Distanz äußerst sich auch im Blick, der oberflächlich bleibt und meist am Gegenüber vorbei geht. Es kommt kein intensiver Blickkontakt zustande. Der „Computer" wirkt in seinem Auftreten etwas arrogant, sehr distanziert und selbstbezogen.

Unser sachzentrierter Typ zeigt also auch in der Kommunikation alle Kriterien, die wir schon hinlänglich besprochen haben. Ich kenne das Gefühl, wenn ich mit

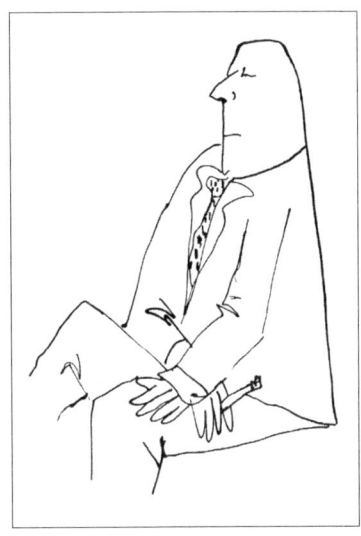

Abb. Nr. 11: Typ Eins oder der Kommunikationstyp, „Computer"

solchen Menschen spreche. Es ist, wie wenn man vor einer Glaswand sitzt, durch die nichts hindurchdringt, wo kein echtes Gefühl herüberkommt. Das verursacht beim Gesprächspartner Verunsicherung. Man kommt sich bei Typ Eins vor, als ob man auf dem Eis ausrutscht, man hat keinen Boden unter den Füssen, weil man keine echte Reaktion ausmachen kann.

Ich finde diese Darstellung nicht dem Typ entsprechend, da die Figur des Dargestellten zu mächtig ist. Es gibt andere Darstellungen, wo vor allem auch die körperliche Ausprägung des „kühlen Denkers" besser zum Tragen kommt. Bei Seminaren, wo es wichtig ist, die einzelnen Typen mit ihren Körperhaltungen durchzuprobieren, um in der Kommunikation am eigenen Leib die Machtmöglichkeiten des reinen Typs zu spüren, lasse ich den Computer stehen und nicht sitzen. Die Anweisung für die Seminarteilnehmer lautet: *„Nehmen Sie die gefrorene Körperhaltung des Computers ein. Stellen Sie sich vor, ihre Wirbelsäule ist aus Eisen und die Muskulatur Ihres Körpers, besonders auch die Extremitäten und der Kopf, sind mit einem Narkosemittel vereist und steif-gefühllos. Sie dürfen sich nur ganz sparsam* *und starr bewegen."* Ich ergänze dann noch, dass man sich vorstellen soll, einen Eisenpanzer um den Oberkörper zu haben, der alles, was von außen kommt, abwehrt. Nichts kann zu uns durchdringen.

Stimme und Atmung

Entsprechend der Körperhaltung klingt auch die Stimme leblos und monoton. Die ganze Energie ist im Kopf konzentriert, um sich korrekt ausdrücken zu können und keine Fehler zu machen. Die Atmung ist flach.

In der Kommunikation: „Blinder Fleck" und typische Reaktionsweisen

Virginia Satir hat jedem Kommunikationstyp eine Grafik zugeordnet, die verdeutlichen soll, welchen Bereich der Kommunikation dieser Typ am wenigsten beachtet. Die Grundannahme ist dabei, dass in einer gelingenden, wirksamen Kommunikation den drei Bereichen – dem Selbst, dem Anderen, dem Thema – gleich viel Beachtung geschenkt wird.

S   das eigene Selbst, die eigene Person
A   der Andere, der Kommunikationspartner
T   das Thema, der Zweck des Gespräches
     aber auch das Umfeld, die Umgebung

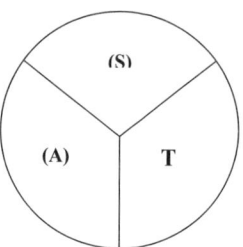

Der Computer nimmt weder die eigenen Gefühle und Bedürfnisse, noch die seines Kommunikationspartners wahr. Einzig der Sachinhalt, des Thema findet seine Beachtung.

Es ist erstaunlich, dass jemand, der sich nicht mit den vier Charaktertypen beschäftigt, allein durch Beobachtung der Kommunikationsform zu den gleichen Ergebnissen kommt, die wir vorher beschrieben haben. Oder doch nicht?

Die innere Befindlichkeit steuert ja alle Verhaltensweisen und Lebensformen des Menschen, daher ist jede Äußerung ein Ausdruck der vorwiegend charakterlichen Ausprägung. Wie wir gehen, stehen, uns bewegen, wie unsere Mimik, unsere Gestik ist, wie und was wir reden, ist immer Ausdruck dieser inneren Steuerung, die einen bestimmten Teil der Realität wahrnimmt und auch in ganz bestimmter Weise damit umgeht.

8.2 Der beschwichtigende Kommunikationstyp ("Der Friedensengel")

Der beschwichtigende Kommunikationstyp versucht, den Konflikten möglichst auszuweichen. Eine Person, die ihre Kommunikation überwiegend in dieser allzu versöhnlichen Art gestaltet, ist meist von einem Gefühl der Hilf- und Wertlosigkeit geprägt. Oft empfinden sich diese Menschen als ausgeliefert und allzu beladen. Sie versuchen, sich nützlich zu fühlen, indem sie für andere etwas tun, "nur für die anderen leben". Ohne ein Gegenüber fühlt sich eine solche Person als ein Nichts. Sie fürchtet sich ständig davor, den anderen lästig zu sein.

Satir meint dazu: *"Der Beschwichtiger spricht einschmeichlerisch, er versucht zu gefallen, er entschuldigt sich unentwegt und ist nie entgegengesetzter Meinung, ganz gleich, was passiert. Er ist der ewige Ja-Sager, der durch die Art, wie er redet, den Anschein erweckt, er könne nichts völlig auf sich allein gestellt tun; er braucht immer jemanden, der ihm Anerkennung schenkt"* (s.o. S. 121).

Hier erkennen wir ganz deutlich unseren Zweier-Typus, den Personenzentrierten, mit all seinen Eigenschaften.

VERBAL

Verbal drückt der beschwichtigende Typ meist Zustimmung aus. In Streitfällen kehrt er die Konflikte unter den Teppich und ist lieb und freundlich wie synthetischer Zucker. Mit jedem Wort versucht er, sich beim Partner beliebt zu machen. Er wird daher in keinem Fall bestehende Differenzen ansprechen oder gar ein klares Nein über die Lippen bringen. Er wird auch niemals etwas für sich fordern, denn damit könnte er ja beim anderen auf Ablehnung stoßen.

Der Friedensengel ist immer bereit, sich zu entschuldigen, auch wenn er selbst keinen Anteil an einem Missgeschick hat. Er fühlt sich verantwortlich, wenn es Ärger in der Partnerschaft gibt oder wenn der Briefträger zwei Stunden später als gewöhnlich kommt.

Der beschwichtigende Typ ist auch ständig mit „Gedankenlesen" beschäftigt, da er herausfinden möchte, wie es dem anderen geht, was der andere braucht. „Was will mein Gegenüber von mir, wie soll ich sein?" Das sind seine wichtigsten Fragen.

Verbal verwendet der Friedensengel häufig den Konjunktiv (könnte, würde, wäre...) und jede Art von Einschränkung (irgendwie, ein bisschen, vielleicht). „Wäre es Dir möglich, morgen vielleicht, wenn es Dir nicht zuviel ausmacht, eventuell ...". Dadurch wirkt seine Kommunikation schwammig, man kennt sich als Gesprächspartner nie aus, man weiß nicht, was der andere eigentlich sagen will, was er selbst meint. Er bleibt nebulös.

Körperhaltung und Gefühle

Der beschwichtigende Typ ist innerlich davon überzeugt, ein Versager zu sein („Ich bin nicht viel wert", „Ich bin eine Niete", „Ohne meinen Partner bin ich hilflos"). Seine typische Körperhaltung besteht darin, die Schultern nach vorne zu beugen. Im Sitzen sind solche Personen meist etwas zusammengesunken. Der Gesichtsausdruck ist hilflos, kläglich, zum anderen aufsehend. Wir haben beim Zweiertyp angeführt, dass er bei Stress und Krisen zu Depressionen neigt. Die eben beschriebene Körperhaltung ist typisch für depressive Menschen. Sie reden auch mit leiser Stimme, um den anderen nicht zu belästigen oder zu stören.

Das Auftreten des Friedensengels ist vorsichtig, leise bis zaghaft und übertrieben rücksichtsvoll. Er blickt dem anderen beschwörend und bittend in die Augen. Die kniende Haltung symbolisiert die Geste der Untertänigkeit, denen sich der Friedensengel im Alltag befleißigt. „Hand aufs

Herz" ist eine Verstärkung seiner appellierenden Haltung an seine Partner. „Schau mich an, wie ich mich demütige, zu Dir aufschaue, da musst Du mir meine unausgesprochenen, unbewussten Wünsche schon erfüllen!"

Abb. Nr. 12: Haltung des Friedensengels

STIMMUNG UND ATMUNG

Die Stimme klingt weinerlich, schwach, vorsichtig und gedrückt. Wir kennen diese Stimme bei Menschen mit Depressionen. Sie reden oft so leise, dass man sehr genau hinhören muss, um sie zu verstehen. Je tiefer die Depression, desto leiser und auch langsamer werden sie. Das führt beim Zuhörer nach einiger Zeit zu Unmut und sogar zu Aggression, wobei dieses Weinerliche – wie wir schon gesagt haben – mit maskierter Aggression zu tun hat. So löst der „Friedensengel" die Aggression, die er selbst nicht ausdrücken kann, im Gegenüber aus, der sie dann stellvertretend für ihn auslebt.

IN DER KOMMUNIKATION: „BLINDER FLECK" UND TYPISCHE REAKTIONSWEISEN

Der Friedensengel nimmt vorwiegend den anderen und dessen Bedürfnisse und Anliegen wahr. Aber auch das Thema beziehungsweise die Umwelt ist in seinem Fokus, da es ja auch dem Kommunikationspartner wichtig ist. Die eigenen Bedürfnisse blendet der beschwichtigende Typ jedoch aus. Wir wissen aber, dass er sie unbewusst, sozusagen „unter dem Tisch" doch auslebt, beziehungsweise Strategien entwickelt, um doch zu seinem

Recht zu kommen. Nur sind diese unbewussten Tricks für uns schwer zu durchschauen und auch in der Kommunikation nicht zu orten.

S   das eigene Selbst
A   der Andere, der Kommunikationspartner
T.   Das Thema, der Zweck des Gespräches
     aber auch das Umfeld, die Umgebung

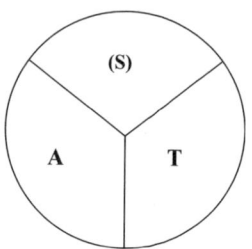

8.3 Der anklagende Kommunikationstyp („Der Ankläger")

Beim anklagenden Typ steht der Wunsch im Vordergrund, sich und seine Meinung anerkannt zu bekommen. Da er eigentlich einen niedrigen Selbstwert hat, wartet er beinahe ständig darauf, angegriffen zu werden. Er hat keine besonders hohe Meinung von sich selbst. Eine Person mit einer solchen Haltung fühlt sich ständig übergangen, völlig unverstanden und ungerecht behandelt. Das verstärkt das eigene tiefe Misstrauen und die Angst vor dem Aufdecken der eigenen Schwäche durch andere. Eine solche Person lebt in der Haltung: „Angriff ist die beste Verteidigung!"

Satir meint dazu: *„Der Ankläger' sucht ständig nach Fehlern; er ist ein Diktator, ein Boss, der andere von oben herab behandelt und zu sagen scheint: ‚Wenn du nicht wärst, wäre alles in Ordnung.' Innerlich empfindet er Anspannung in seinen Muskeln und Organen. Außerdem leidet er unter erhöhtem Blutdruck"* (s.o. S. 123).

Hier begegnen wir dem uns wohl bekannten „unbestechlich Gerechten", dem Dreiertyp. Es fällt auf, dass Satir immer wieder bei den Typen auf den schlechten Selbstwert hinweist und damit die negativen Ausformungen der Kommunikation begründet. Vielleicht fällt uns Psychologen und Psychiatern vor allem negatives Verhalten auf und wir sehen zu wenig, dass es bei den Kommunikationstypen auch durchaus gut entwickelte und damit Personen mit positivem Kommunikationsstil gibt, auch beim anklagenden Typus, wobei bereits im Titel die Negativausformung dokumentiert ist.

Verbal drückt der anklagende Typ Ablehnung und Abwertung aus („Du bist ein Versager und machst alles falsch"). Er spielt den Diktator, den Chef, den Sittenrichter, den Unteroffizier vom Dienst. Wie immer die Situation ist, er bringt seinem Gesprächspartner gegenüber seine Überlegenheit zum Ausdruck.

Er tritt fordernd, diktatorisch, beschuldigend und abwertend auf. Er unterbricht den anderen, verwendet häufig Verallgemeinerungen: „Nie tust Du ...", „Immer machst Du ...", „Wie oft muss ich noch ...", „Wenn du nur einmal ...", „Jetzt ist aber Schluss ...", „Mir platzt der Kragen ...". Auch negative Fragen kommen oft vor: „Warum tun Sie nicht ...?" „Wie kommt es, dass Sie nie ...?"

In einigen Firmen konnte ich wirklich solche Äußerungen von Chefs hören. Sie waren dann auch entsprechend gefürchtet und ich nenne sie die Energievernichter der Firma, denn neben ihnen erstirbt jegliche Motivation. Bei solchen Äußerungen fürchten sich die Mitarbeiter einerseits, Fehler zu machen und dann von ihrem Chef dabei ertappt zu werden, andererseits Vorschläge zu bringen, die nicht den Vorstellungen des Chefs entsprechen. Auf diese Weise kann aber kein kontinuierlicher Lernprozess in der Firma ablaufen, denn Fehler gehören zum arbeiten, fördern die Flexibilität und Lernbereitschaft eines Teams. Das würde bedeuten, dass der anklagende Kommunikationstyp zum Totengräber der Teamdynamik wird. Das ist aber nur dann der Fall, wenn er ausschließlich seine anklagende Seite hervorkehrt, jedoch kenne ich auch andere Dreier, die eher als strenge, aber schützende Väter akzeptiert werden.

KÖRPERHALTUNG UND GEFÜHLE

Der anklagende Typ fühlt sich innerlich wertlos, erfolglos und einsam. So spielt dieser „Gefühlszwerg" einen Riesen. Er fühlt Wut, weil die Dinge nicht so laufen, wie er will. Sein Motto: Ich muss die Kontrolle behalten.

Die typische Körperhaltung besteht darin, etwas vorgebeugt ständig den anderen genau zu beobachten und immer bereit für den nächsten Angriff zu sein. Ich beobachte bei Menschen dieser Ausprägung auch oft einen steifen Nacken, zornesgerötet und stark verspannt.

Abb. Nr. 13: Haltung des Anklägers

Sein Auftreten ist übertrieben „selbstsicher", ständig auf der Hut. Der Ankläger versucht, den Gegner mit dem Blick festzunageln. Ja, er versucht den anderen mit seinem Blick zu vernichten, wenn das nur ginge. Die gesamte Körperhaltung drückt Angriff und Krieg aus.

STIMME UND ATMUNG

Die Stimme ist laut, oft schrill, hart und fest. Dabei hat der Ankläger eine spezielle Atemtechnik; entweder ruckartig, in kleinen Atemzügen, um sich für das Schimpfen mit dem benötigten Sauerstoff zu versorgen, oder eine flache Atmung, denn die Hals- und Nackenmuskulatur ist stark angespannt.

IN DER KOMMUNIKATION: „BLINDER FLECK" UND TYPISCHE REAKTIONSWEISEN

Der Ankläger nimmt vorwiegend seine eigenen Bedürfnisse und Anliegen wahr. Das Thema beziehungsweise das Umfeld sind für ihn das Mittel, um diese Wünsche durchzusetzen. Die Bedürfnisse und Befindlichkeiten des Gesprächspartners blendet der Ankläger aus.

S   das eigene Selbst
A   der Andere, der Kommunikationspartner
T   das Thema, der Zweck des Gesprächs
     aber auch das Umfeld, die Umgebung

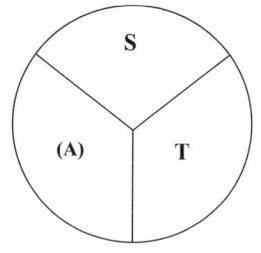

Charakterstruktur und Kommunikation

8.4 Der ablenkende Kommunikationstyp („Der Vermeider")

Bei dieser Haltung wird eine Ambivalenz, eine gespaltene Motivlage deutlich. Es herrscht große Sehnsucht nach Kontakt vor, gleichzeitig wird aber auch Angst vor Nähe verspürt. Generell hat jemand, der zu dieser Haltung neigt, große Angst vor Gefühlen.

Einsamkeit und Sinnlosigkeit sind handlungsbestimmende Gefühlslagen. Das wichtigste Ziel im Verhalten einer derartigen Person ist es, den anderen (und damit sich selbst) von den eigenen, wirklichen Befindlichkeiten abzulenken. Gleichzeitig gilt es aber auch, nicht übersehen zu werden. Wirklicher Kontakt ist bedrohlich, denn er würde die eigene tiefe Einsamkeit in Erinnerung bringen.

Satir beschreibt das so: *„Was immer der Ablenker tut oder sagt, hat nichts mit dem zu tun, was alle anderen im betreffenden Augenblick sagen oder tun. Dieser Mensch bezieht sich nie auf das, worum es gerade geht. Innerlich fühlt er sich benommen."*

Wieder sehen wir den „bunten Vogel" vor uns, Typ Vier, den Kreativen, der nicht fassbar ist, der Angst vor echtem Kontakt und echten Gefühlen hat.

Verbal

Verbal meidet der ablenkende Typ, zum Thema zu sprechen. Was immer der Gesprächspartner sagt, der Vermeider geht nicht darauf ein, lenkt ab durch unbedeutende Hinweise wie: „Schau was für ein schöner Vogel ...", „Sieh Dir das Kleid dieser Frau an..." etc. Auf eine klare Frage erhält man von ihm keine konkrete Antwort. Er weicht aus, wechselt häufig das Thema und will sich auf keinen Fall festlegen.

Er vermeidet konkrete Aussagen, bleibt vage und oberflächlich. In irritierender Weise springt er von einem Thema zum anderen. Mit seinen häufigen „Apropos-Bemerkungen" und spontanen Assoziationen ist es für den Gesprächspartner schwer, ihm zu folgen. Alles um ihn herum wird von ihm wahrgenommen und löst Assoziationen aus, die sofort geäußert

Abb. Nr. 14: Haltung des Vermeiders

werden. Er kann sie gar nicht unterdrücken, muss spontan alles, was ihm in den Sinn kommt, sagen.

Sein Auftreten ist auffällig, er ist charmant und witzig, tritt nur oberflächlich in Beziehung. Er versucht überall dabei zu sein und alles mitzubekommen. „Small Talk" ist sein Metier.

KÖRPERHALTUNG UND GEFÜHLE

Der ablenkende Typ fühlt sich überflüssig und ungeliebt. Die existentielle Annahme, keinen Raum für sich beanspruchen zu dürfen, drückt sich in einem leichten Schwindelgefühl aus, wie es bei einer langen Karussellfahrt erzeugt wird.

Die typische Körperhaltung ist eher eckig, nervös und unruhig. Oft lässt sich eine auffällige, ausgeprägte Gestik und Mimik beobachten, die theatralisch eingesetzt wird.

Charakteristisch sind außerdem Doppelbotschaften, bei denen die Körpersprache nicht zu den Worten passt. Er sagt zum Beispiel „Ich bin so gern bei Dir" und tritt dabei ein paar Schritte zurück.

Dieser Kommunikationstyp vermeidet es, dem anderen ins Gesicht zu schauen.

STIMME UND ATMUNG

Auch die Stimme drückt Unstetigkeit aus. Die Tonhöhe und die Lautstärke wechseln unmotiviert. Typisch sind auch eine grelle Stimme und eine schnelle Sprechweise.

Charakterstruktur und Kommunikation

Der Vermeider (Ablenker) nimmt weder sich selbst und seine eigenen Gefühle noch die anderer wahr. Auch das Thema und die Umgebung bleiben ausgeblendet.

S   das eigene Selbst, die eigene Person
A   der Andere, der Kommunikationspartner
T   das Thema, der Zweck des Gesprächs

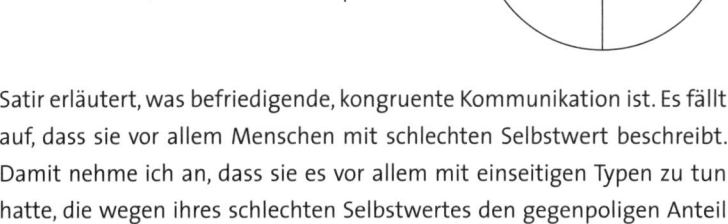

Satir erläutert, was befriedigende, kongruente Kommunikation ist. Es fällt auf, dass sie vor allem Menschen mit schlechten Selbstwert beschreibt. Damit nehme ich an, dass sie es vor allem mit einseitigen Typen zu tun hatte, die wegen ihres schlechten Selbstwertes den gegenpoligen Anteil zu wenig entwickelt haben. Was sie hier beschreibt, kommt mir wie eine Karikatur unserer Typen vor.

V. CHARAKTERSTRUKTUR UND STRESS

Das Wort Stress ist zu einem Modewort geworden, das in aller Munde ist und vielfach unsachgemäß gebraucht wird. Der Durchschnittsmensch spricht von Stress, wenn er an Überlastung, eigentlich Dystress denkt. In der Stressforschung haben wir eindeutige Kriterien, was dem Menschen schadet und was ihm nützt. Wir sehen im Stress ausschließlich einen Belastungsfaktor und bedenken nicht, dass Druck und Belastung, wenn sie ausgehalten werden und bewältigt sind, zu einem Hochgefühl führen können. Es gibt also auch **positive Auswirkungen von Stress.** Dies kommt in den Untersuchungen und Publikationen des amerikanischen Psychologen und Glücksforschers Michael Mikzentmichaly und in seinem Buch „**Flow**" zum Ausdruck. Er zeigt, dass es zu einem **Glücksgefühl** und zu Lebensfreude führen kann, wenn wir uns positiv auf eine besonders schwierige Lebenssituation einstellen und durch die Aktivierung all unserer Kräfte diese auch bewältigen. Je schwieriger die Situation ist, je größer der Stress ist, unter dem wir stehen, je größer die Belastung ist, die wir aushalten müssen und je weniger wir glauben, es zu schaffen, desto größer ist nachher die Freude. Er führt dabei Hochleistungssportler an, Menschen, die Außergewöhnliches geleistet haben. Er zeigt aber auch auf, wie wir uns im Alltag dieses Glückgefühl verschaffen können, wenn wir Belastungen gegenüber positiv eingestellt sind und diese zu bewältigen versuchen. Dieser Aspekt wird auch bei Stress-Seminaren und -Schulungen viel zu wenig beachtet. Es ist oft gar nicht die Belastung, die uns Schwierigkeiten macht, sondern die negative Einstellung Belastungen gegenüber, die uns Angst macht und blockiert. Bei positiver Einstellungen gegenüber Hochleistungen kann das eine **Motivation** darstellen, die uns Ungeheures leisten lässt und zu einem Gefühl der Kraft und Autonomie führt. Ich wundere mich immer wieder, wie Menschen, die ich gar nicht als außergewöhnlich eingestuft habe, durch eine neue Aufgabe, wo sie ihre Fähigkeiten entwickeln können, über sich selbst hinauswachsen. Sie entwickeln Aspekte in ihrer Persönlichkeit, die man nicht einmal erahnen konnte. Ich merke das auch bei alten Menschen, die eine neue Aufgabe bekommen, wie zum Beispiel jetzt Papst Benedikt XVI., der wahrscheinlich auf Grund seines Amtes Kräfte aktiviert, die ihm vorher nicht zur Verfügung gestanden haben (ganz gleich was man über seine persönliche Einstellung zu Neuerungen meinen mag).

Bevor wir uns daher den negativen Aspekten von Dystress zuwenden, musste ich die positive Seite von Stress hervorheben, da sie mir auch in meinem eigenen Leben wichtig ist. Wenn ich Belastung als Förderung meiner Qualitäten ansehe, bekommen viele Dinge eine andere Bedeutung und andere Gewichte. Ich selbst habe eine durchaus positive Einstellung zu Stress und habe einfach bemerkt, dass ich mich vor einigen Jahren noch selbst unnötig unter Druck setzte, indem ich bei meiner Planung zu wenig Zeitpolster einsetzte, indem ich überehrgeizig war und einen gewissen Perfektionismus hegte. Vor mehr als zehn Jahren habe ich zu Silvester beschlossen, mir selbst keinen Stress mehr zu machen und mir und den anderen gegenüber achtsam zu sein. Die Ratschläge, die ich gebe, habe ich selbst eingehalten und in diesem Jahr erstmals im Juni die erste Überlastung gespürt. Sie war auf Grund meiner Über-Verantwortung entstanden. Ich arbeite sehr viel und versuche einmal jährlich an die Grenzen meiner Belastbarkeit zu gehen, um zu erfahren, wie viel Kraft mir im Ernstfall noch zur Verfügung steht. Ich versuche sozusagen, meine Grenzen auszuloten. Dies darf ich aber nur für kurze Zeit und muss den Druck dann wieder reduzieren und eine Zeit der Rekreation einplanen.

Ich werde mich in meinen Ausführungen der Alltagssprache anpassen und nicht Dystress verwenden, da dieses Wort ungebräuchlich ist, sondern – so wie jedermann – Stress, Belastung und Druck anführen. Aus dem Zusammenhang wird dann ersichtlich, ob dies in seiner Auswirkung etwas Positives oder Negatives ist. Wenn wir von Stress reden, müssen wir prinzipiell zwei Arten unterscheiden. Es kommt darauf an, ob dies äußere oder innere Stressoren (Stress bewirkende Faktoren) sind. Handelt es sich bloß um äußere Stressoren, so genügt es mit Hilfe von entsprechenden Methoden und Strategien, den entstandenen Druck zu reduzieren. Viel schwieriger wird es, wenn es sich um innere Stressoren handelt. Es nützt uns nichts, unseren Terminkalender zu ordnen, wenn uns das ständige Bedürfnis nach Anerkennung und Akzeptanz Jagt und zu Leistungen anspornt, die wir nicht mehr bewältigen. Für inneren Stressoren gibt es andere Hilfe und Möglichkeiten, den Druck zu verringern und eine bessere Lebensqualität zu erreichen.

9.1 Äußere Stressfaktoren

Die äußeren Stressfaktoren sind uns hinlänglich bekannt: zu wenig Zeit, zu wenig Kraft und zu viel Arbeit. Wir werden von außen mit Dingen zugeschüttet und müssen sie bewältigen. Dazu werden relativ bekannte und exakte Hilfen angeboten, die den Druck fast sofort reduzieren.

Zu wenig Zeit

Man muss sich den geplagten Manager vorstellen, der mit seinem vollen Terminkaleder nicht mehr weiß, wo ihm der Kopf steht. Man kann aber auch an die Hausfrau mit vier Kindern denken, die im Haushalt und bei der Kindererziehung keine Hilfe hat, aber jeden Wunsch der Familie pflichtschuldigst erfüllt. Sie führt ihre Kinder mit dem Auto zu allen Nachmittagsaktivitäten. Bei beiden ist oft ein kleiner Fehler der Auslöser für den Überdruck im Alltag. Es ist eine **Fehlplanung**. Man setzt die Termine zu eng, plant keine Polster ein und bei einer einzigen unvorhergesehenen Zusatzaktion gerät das ganze Gebäude ins Rutschen. Sicherlich sind Menschen, die ihr Leben lang nach dem Terminkaleder leben, Profis, denen so etwas selten passiert, außer es werden ihnen von außen Termine aufgedrängt, die nicht änderbar sind – oder doch? Hier schleicht sich oft ein innerer Stressor ein, dass man sich nicht traut, Nein zu sagen oder zuzugeben, dass man schon am Rande der Belastbarkeit ist. Vor allem Mütter wagen oft nicht, ihren Kinder gegenüber Nein zu sagen, um vor der Umgebung nicht als schlechte oder untüchtige Mutter dazustehen. Die anderen schaffen es ja auch. Ist also nur der **Terminpolster** schuld an der Zeitüberlastung, ist es schnell getan, sich Luft zu verschaffen. Steckt jedoch mehr dahinter, muss man tiefer graben und versuchen, die eigentlichen Ursachen in den Griff zu bekommen.

Zu wenig Kraft

Wenn man zu sorglos mit seiner Kraft umgeht, wenn man glaubt: „Das ist ohnehin nicht so schlimm, das schaffe ich mit links", kann es zu einer **Überschätzung der eigenen Kräfte** kommen. Man nimmt zum Beispiel eine Arbeit an, um den anderen zu zeigen, wie tüchtig man ist, wie leistungsfähig, und plötzlich wird diese Arbeit unter unseren Händen immer mehr. Wir haben sie unterschätzt und uns überschätzt. Die eigenen Sachen bleiben liegen, türmen sich auf dem Schreibtisch. Und jetzt setzen wir uns unter Druck. Wir denken an den Abgabetermin, die liegen gebliebene Arbeit und auch noch an das eigene Image und den guten Ruf beim Chef.

In vielen Fällen machen wir uns selbst etwas vor, um mit den anderen mithalten zu können, obwohl wir eben weniger Kraftreserven haben. Es ist gefährlich, vor den anderen verschleiern zu wollen, dass man mit dem enormen Leistungs- und Zeitdruck nicht mithalten kann. Mit der Zeit kommt ohnehin heraus, dass wir das nicht können. Wir setzten auf diese Weise unsere Gesundheit aufs Spiel, was zu einem Brake Down führen kann. Vor allem, weil wir immer in der Angst leben, nicht genügend Leistung zu erbringen, hinter den anderen zurück zu bleiben, die Konkurrenz nicht auszuhalten. Wenn wir die eigenen Grenzen nicht kennen und akzeptieren, manövrieren wir uns in eine destruktive und schädigende Situation.

Es kann aber auch sein, dass die Arbeit, die wir zu erledigen haben, uns nicht liegt. Wir wissen, dass unsere Stärken ganz woanders liegen, müssen aber Dinge tun, die uns sogar zuwider sind. Hier wäre es wichtig, trotzdem eine positive Einstellung zu den Aufgaben aufzubauen, denn der Widerwille, mit dem wir dann unsere Pflichten erfüllen, wirkt sich als Blocker aus, der unsere Kräfte reduziert. Wenn wir uns beobachten werden wir merken, dass es gar nicht die Überlastung durch die Arbeit ist, die uns Kraft kostet, sondern der Widerwille gegen sinnlose oder auch aufgezwungene Tätigkeiten. Sinnloses raubt Kraft.

Lösungen: Seine Kraft exakt einschätzen
Sich nur kurzfristig überlasten
Positive Einstellung auch zu unangenehmen Arbeiten einnehmen
Entspannung und Rekreation nach der Belastung
Zu seinem subjektiven Kraftpotenzial stehen

ZU VIEL ARBEIT

Es gibt einfach die Situation der ständigen Arbeitsüberlastung. Auch hier finden wir wieder Parallelen in der Wirtschaft als auch im Privaten. Der unsichere Manager, der ins Schwimmen kommt, weil er die schwierige Situation der Firma nicht in den Griff bekommt und mit allen Mitteln versucht, das Ruder herumzureißen. Er ist nicht nur ständig überlastet, weil er sich zu viel aufhalst, sondern die innere Bedingung der Unsicherheit macht ihm zu schaffen. Dadurch kann er zu wenig delegieren, hat zu wenig Überblick und bleibt oft im Detail stecken, was sehr viel Zeit und Kraft kostet, oft viel unnötige Arbeit mit sich bringt. Eine Befreiung aus dieser Situation ist sicherlich nicht einfach, denn es sind ja innere Auslöser, die zu dieser Überlastung führen. Die äußeren Notwendigkeiten werden oft nur vorgeschoben, wenn man genauer hinsieht, merkt man die Quelle der Arbeitsüberlastung. Es geht sogar so weit, dass die negativen Gedanken und Gefühle, die sich aus dieser Überlastung ergeben, seine Träume vergiften und ihm den gesunden und entspannten Schlaf kosten, den er so dringend braucht. Für ihn wäre es wichtig, sich für einige Stunden einen Coach zu nehmen, der ihm die Situation aus einem neuen Blickwinkel zeigt, wodurch sich neue Aspekte und Lösungen ergeben.

Die wohl schwierigste Situation und die **größte Arbeitsüberlastung** aber habe ich bei **Alleinerziehern** mit mehreren Kindern und einem Ganztagsjob beobachten können. Es sind vor allem Frauen, die sich in dieser sehr schwierigen Situation befinden. Und hier gibt es kein Ausweichen; Arbeitsreduktion ist nicht möglich. Die einzige Chance für die Alleinerzieherin ist es, sich Hilfe zu holen, wo immer sie diese finden kann. Denn es ist für sie notwendig, ihre Kraftreserven immer wieder aufzufüllen und persönlich aufzutanken. Aber genau das meint die Alleinerzieherin nicht zu können. Wenn sie ohnehin schon im Stress ist, wenn die Arbeit zu viel, die Zeit zu kurz wird, lehnt sie es ab, sich noch unnötig mit Entspannungstechniken wie Autogenem Training, Meditation, Spaziergehen, Musik hören etc. auseinander zu setzen. Das raubt ihr ja nur Zeit. Sie übersieht dabei, dass man eine Batterie nicht immer nur anzapfen kann, dass sie von Zeit zu Zeit geladen werden muss. Ich wundere mich aber immer wieder, wie diese Frauen den Zustand jahrelang ohne größere gesundheitliche Schäden überstehen. Der wesentlichste Motivator ist das Wohlergehen der eigenen Kinder, es lässt sie Enormes aushalten. Das ist nicht verwunderlich, da wir schon in der psychologischen Forschung feststellen konnten, dass unter allen Trieben von Mensch und Tier gerade der Muttertrieb der Stärkste ist, stärker als der Sexualtrieb des Mannes. In den Müttern liegt eine psychische Kraft verborgen, die immer wieder alle ihre Reserven aktiviert.

Zu viel Arbeit, die man sich in einem Schwung und einer Freude am Thema aufhalst, kann kurzfristig sehr motivierend sein. Wenn es aber langfristig das eigene Potenzial übersteigt und man keine Gegenmaßnahmen ergreift, kann es gefährlich werden. Je nach Typ reagiert unser Körper bei extremen Belastungen anders. Typ Eins hat andere körperliche Erscheinungen bei Überlastung als Typ Zwei oder Drei (siehe unten). **Kurzfristig motivierende** Situationen können daher **langfristig zerstörerisch** auf unsere Gesundheit wirken. Man muss sich dann fundamentale Fragen stellen wie: „Zahlt sich diese Anstrengung für mich aus? Ist das alles, was ich im Leben noch habe? Ist mir das wirklich so wichtig, dass ich meine Gesundheit aufs Spiel setze?"

Wenn man sich diese Fragen ehrlich beantwortet, ist die Situation oft sehr rasch geklärt. Ich wurde von einem Bürgermeister in eine Gemeinde gebeten, wo ein Mitarbeiter von einem sehr guten, ihn befriedigenden Posten in die nächst höhere Ebene „befördert" wurde. Er bekam Führungsaufgaben, die ihm überhaupt nicht lagen, ihn maßlos überforderten. In einem Seminar mit der gesamten Belegschaft zeigte ich die Kriterien für Burn out auf. Ich ließ alle Beteiligten einschätzen, wo sie sich auf der Skala der negativen Erscheinungen befanden. Dieser Mitarbeiter hatte bereits alle Symptome einer extremen Erschöpfung und durch das Sichtbarwerden dessen, was er ohnehin schon wusste, wurde ihm klar, dass er den gegenwärtigen Zustand sofort ändern müsse, da sonst zu den Schlafstörungen, Depressionen und dem Apathiegefühl noch ärgere Symptome kommen würden. Er bat den Bürgermeister, ihn wieder in seinen alten Funktionen zu versetzen, da er die neue Situation nicht verkrafte. Ich kam dann nach einem halben Jahr wieder in diese Gemeinde und dieser Mann war stabilisiert und fühlte sich wohl.

Lösung bei Arbeitsüberlastung:
Analyse der Situation, handelt es sich um äußere oder innere Stressoren? Danach müssen dann die entsprechenden Maßnahmen gesetzt werden.

Achtung: Eine schlechte Analyse der Situation kann zu unbefriedigenden Strategien und schlechten Ergebnissen führen. Eventuell sollte man Hilfe von außen holen.

9.2 Innere Stressfaktoren

Wesentlich schwieriger ist es, den inneren Stressfaktoren beizukommen. Wir selbst machen uns oft etwas vor, wollen unsere eigentlichen Motive für unser selbstschädigendes Handeln nicht sehen, sondern projizieren dies oft auf andere. Sie sind schuld, dass es uns nicht gut geht. Außerdem ist es auch viel schwieriger, die inneren Stressoren aufzulösen. In vielen Fällen ist eine Kurztherapie, also psychotherapeutische Hilfe günstig und notwendig. Es kann aber auch sein, dass wir schon so unter Druck geraten sind, dass ein Satz, den wir in einem Seminar hören, ein Gespräch mit einem offenen Menschen, der uns ehrliches Feedback gibt, der Auslöser dafür sein kann, unsere innere Einstellung zu ändern.

Wenn wir uns nicht geschätzt fühlen, meinen, wir sind die ewigen Verlierer, dann sind wir oft nur allzu bereit, die anderen über uns verfügen zu lassen. Wir passen uns so an, dass wir unsere eigenen Bedürfnisse und Grenzen nicht mehr sehen. Ja, es gibt Menschen, die gar nicht wissen, welche Bedürfnisse sie eigentlich haben. Sie sind nur krampfhaft darauf bedacht, gut dazustehen, den anderen alles recht zu machen, nicht aufzufallen, sich nicht zu wehren. Daher werden sie in einem Betrieb hoffnungslos ausgenutzt. Man schiebt ihnen die unangenehmsten Arbeiten zu, das, was die andere nicht machen wollen, landet bei ihnen. Man merkt oft gar nicht, dass sie sich gar nicht wehren „können". Sie wirken so kooperativ und bereit, dass niemand auf die Idee kommt, dass sie schon nahe dem Erschöpfungszustand sind.

Selbstwert und das Gefühl, für den anderen wichtig zu sein, wird in der Kindheit aufgebaut. Wenn wir aber Eltern oder Geschwister haben, die uns vermitteln, dass wir nichts können, dass alles was mir machen falsch ist, glauben wir das als Kinder. Wir erleben uns als die ewigen Verlierer und Versager, auch wenn die realen Geschehnisse in eine andere Richtung weisen. Wenn diese Menschen Erfolg haben, bleiben sie misstrauisch. Sie selbst können sich den Selbstwert nicht aufbauen, ringen oft ein ganzes Leben lang damit, anerkannt zu werden. Im therapeutischen Setting können sie jedoch die Akzeptanz des Therapeuten spüren. Und da sie ihn als Fachmann schätzen und die Elternposition auf ihn projizieren, kann eine Umprogrammierung erfolgen. Der Mensch, der von einem anderen geschätzt wird, kann sich dann mit der Zeit selbst wertvoll fühlen. Man merkt das in der Therapiestunde, wenn diese Menschen sich schon auf die nächste Stunde freuen und meinen, hier fühlten sie sich wohl, es sei so etwas wie Wärme, die sie spürten.

Wenn diese inneren Bedingungen im Menschen verändert werden, ist er auch imstande, die äußeren Strategien durchzuhalten und sich abzugrenzen. Ich begleitete jahrelang eine tüchtige und sehr hübsche Unternehmerin in der Meditationsgruppe. Sie nahm von Zeit zu Zeit einige Einzelsitzungen bei mir, besuchte immer wieder psychologische Schu-

lungen und durchlief im Großen und Ganzen eine dynamische Persönlichkeitsentwicklung. Es kam dann ein Punkt, wo sie sich gegenüber einem
neuen Partner durchsetzen musste. Und das gelang ihr nicht. Sie hatte
in der Abgrenzungssituation das Gefühl, gelähmt zu sein. Mit Hilfe von
inneren Bildern und dem „Indianischen Chakrenheilen" zeigte sich, dass
diese Frau im dritten Lebensjahr von einer Biene in den Finger gestochen
wurde und schrie, weil es so schmerzte. Das hielt aber ihre Mutter nicht
aus und verbot es ihr. Und immer, wenn dieses kleine Mädchen etwas auf
dem Herzen hatte, das sie herausweinen wollte, oder wenn sie ihre Aggression ausdrücken wollte, sagte die Mutter das Zauberwort „Die Biene
kommt" und das Kind war sofort still. Meine Klientin hatte diese Bege-
benheit schon lange vergessen und sie spürte – als sie sich in diese Szene
hineinversetzte – die Bedrückung, die zurückgehaltene Wut und Zorn mit
sich bringt. Mit Hilfe von Imaginationen konnten wir diese eingefrorenen
Gefühle, die jahrzehntelang unterdrückt wurden, langsam auflösen und
so ihren Selbstwert und ihre Einstellung gegenüber unerwünschten Gefühlen total ändern. Sie meinte in einer Therapiestunde, sie hätte in ihrem Alter (45 Jahre) völlig neue und ungewohnte Erfahrungen. Es fiele ihr
immer leichter sich abzugrenzen, sich zu schützen und auch gegenüber
ihrem Partner in angemessener Form das auszudrücken, was sie von ihm
wollte oder aber nicht wollte.

PERFEKTIONISMUS

Ein weiterer innerer Stressor, der häufig mit dem geringen Selbstwert
einhergeht, ist der Perfektionismus: Die Angst, Fehler zu machen, sich zu
blamieren oder nachgewiesen zu bekommen, dass man unfähig ist. Dies
kann sehr quälend sein, denn es zwingt die betroffenen Menschen, keine
Präferenzen zu setzen, denn ein Fehler könnte sich ja überall einschleichen. Es gibt für sie keine Bereiche, die sie einfach überspringen, weil sie
nicht so wichtig sind. Im Gegenteil. Alles muss zweimal überprüft werden,
damit man ja sicher gehen kann, dass alles in Ordnung ist. Daher brauchen die Perfektionisten doppelt so lang für eine Arbeit wie andere, die

es entweder nicht so genau nehmen, oder ein Präferenzsystem haben, mit dem sie dort genau sind, wo sie es als wichtig einschätzen. Wenn sie die Arbeit fertig haben, vergessen sie diese, denken an etwas Anderes. Der Perfektionist aber denkt noch immer an die fertig gestellte Arbeit, denn es könnte sich ja ein Fehler eingeschlichen haben, ohne dass er es bemerkte. In einer meiner Meditationsgruppe habe ich einen 50jährigen Steuerberater, der diese Erscheinungen aufweist. Er hatte gezwungenermaßen den Betrieb seines Vaters übernommen, weil sein älterer Bruder dies nicht wollte. Die Macht hatte aber der Vater in der Hand behalten. Dieser gutmütige und liebenswürdige Mann musste immer alles machen, was der Familien-Clan von ihm verlangte: zuerst Vater und Brüder, später dann seine Frau und Tochter. Er konnte sich nicht wehren, weil man ihm immer vermittelte, dass seine Leistungen nicht entsprechen. Er glaubte das und ließ sich von seiner Familie manipulieren. Er lebte nie sein eigenes Leben, sondern versuchte immer nur seine Familie zufrieden zustellen, was ihm nie gelang. Im Laufe der Meditationsübungen in unserer Gruppe und einiger Einzelstunden wurde ihm dieser Zusammenhang erstmals bewusst; denn er klagte über ständige Zeitnot, weil er jedes kleinste Detail mit einem übertriebenen Perfektionismus behandelte. Er konnte sich nicht vorstellen, wie andere Personen mit dem gleichen Arbeitspensum so gut zurechtkamen, er war immer im Stress. Doch mit der Zeit lockerte sich der Überdruck. Er konnte mehr zu sich stehen, spürte die Akzeptanz und Wertschätzung der Gruppe und wurde auch in den speziellen Meditations- und Imaginationsübungen innerlich so mit Kraft aufgefüllt, sodass er sich wertvoll und geborgen fühlte.

EMOTIONALER STRESS

Die stärkste aller Belastungen ist aber ein emotionaler Stress, der von außen auf uns zukommt. Die Extremsituation ist das **Mobbing.** Für uns Menschen ist es fast nicht auszuhalten, von der Gruppe, in der wir leben und arbeiten, offensichtlich abgelehnt zu werden. Wir können nicht verstehen, was wir gemacht haben, dass andere so gemein und bösartig reagieren.

Charakterstruktur und Stress

In Untersuchungen konnte man feststellen, dass es bei den Mobbingopfern keine hervorstechenden Persönlichkeitsmerkmale gibt. Es gibt also keine Menschen, die sich als Mobbingopfer auf Grund ihrer Persönlichkeitsstruktur anbieten. Mobbing kommt vor allem in jenen Firmen vor, wo es große Spannungen und Ängste gibt, die dann über das Mobbingopfer abgeleitet werden. Man lässt sozusagen alle Wut und Angst am Mobbingopfer aus. Das einzige Merkmal, dass man feststellen konnte ist, dass gemobbte Personen entweder schwanger sind und bald in Karenz gehen oder aber Mitarbeiter, die in nächster Zeit die Firma verlassen. Ich habe den Eindruck, dass man diesen die gesamte negative Energie der Abteilung aufhalst und sie dann in die Wüste schickt, ein richtiges Sündenbock-Syndrom.

Personen vom oben geschilderten Typ Zwei (Personenzentrierte) sind in solchen Situationen besonders gefährdet, weil sie die Bosheit und Hintertriebenheit der anderen nicht zur Kenntnis nehmen wollen und oft überlang in einer solchen Situation ausharren, die sogar bis zum Selbstmord führen kann. Die meisten von uns haben viel zu wenig Fantasie für das Böse in uns selbst und im anderen, erfassen die Situation nicht richtig und können daher auch nicht rasch genug reagieren. In vielen Firmen ist es dann üblich, den Chef zu informieren, der eine Lösung anbietet, zum Beispiel den gemobbten Mitarbeiter in eine andere Abteilung, Filiale oder vielleicht in eine Tochterfirma zu versetzen. Der betroffene Mensch selbst muss aus dieser Situation herausgenommen werden, denn das Mobbing wirkt sich wie eine Gehirnwäsche aus. Die gemobbte Person weiß zum Schluss nicht mehr, ob sie überhaupt noch etwas leisten kann oder etwas richtig macht. Sie wird total irre an sich selbst, vor allem wenn die gesamte Gruppe sich gegen sie stellt. Es gibt dieses Mobbing aber nicht nur in Betrieben, sondern auch im Privaten, wenn zum Beispiel in einer Familie eines der Kinder von allen verachtet und aus der Gruppe ausgestoßen wird.

Ist das Mobbingopfer aus der traumatischen Situation entkommen, muss noch nachgearbeitet werden und der Selbstwert wieder aufgebaut werden. Man muss dem Menschen klar machen, dass er Opfer ist, für die so bedrückende Situation nichts kann oder man analysiert gemeinsam, welche Verhaltensweisen eventuell eine solche Front ausgelöst haben. Erst mit der Zeit beruhigt sich dann das Gemüt und eine neue Sicherheit zieht ein. Ehemalige Mobbingopfer, die gut betreut wurden, sind gegenüber solchen Situation besonders sensibel und resistent.

Auch Partnerschaften können eine solche emotionale Belastungssituation darstellen, die langfristig zu Erschöpfung und Krankheit führt. Eine von mir sehr geschätzte Freundin ist seit vielen Jahren in einer Ehesituation, die sie in ständige Spannung versetzt. Sie kann sich in Gegenwart ihres Mannes überhaupt nicht mehr entspannen. Dies hält sie nun schon lange Zeit aus, verändert die Situation aber nur so geringfügig, dass die Spannungssituation im großen und ganzen bestehen bleibt. Ohne Entspannungs- und Rekreationstechniken wäre sie schon „umgekippt". Sie hat sich für ihre Rekreation die Musik ausgesucht und auf ihre „alten Tage" noch mit viel Freude und Begeisterung ein neues Musikinstrument spielen gelernt. Da ich den Ehemann auch sehr gut kenne und schätze, glaube ich nicht, dass sich dieser der Reaktion seiner Frau bewusst ist. Da sie ihre Zustände nicht so ausdrückt, dass er ihre Spannung nachvollziehen kann, kommt es auch nicht zu einer gemeinsamen Lösung. Außerdem ist ihr Frauenbild noch immer davon geprägt, für die Familie alles zu tun und allen möglichst zur Verfügung zu stehen. Auch das ist eine Bedingung, die zu ständigem Stress führt.

Schlamperei und Verantwortungslosigkeit

Nicht nur krampfhafte Anstrengungen und Verleugnung seiner selbst führen zu Stress-Situationen, sondern auch Sorglosigkeit, Schlamperei und Verantwortungslosigkeit. Menschen, die meinen, sie werden schon alles schaffen, – kommt Zeit, kommt Rat –haben die Angewohnheit, **nicht sorgfältig zu planen.** Sie lassen die Zügel schleifen, kümmern sich nicht um eine Tagesstruktur, schätzen die Arbeitszeit zu ungenau ein und erzeugen bei sich selbst immer wieder Zeit- und Arbeitsdruck. Es sind vor allem die Chaoten, bei uns als Typ Vier eingestuft, die keinen Termin einhalten, Dinge schlampig machen, weil sie zu wenig Zeit haben, sich zu viel aufhalsen. Sie nehmen sich zwar vieler Dinge an, **lassen** diese aber dann **liegen.** Dadurch erhöht sich ihr Arbeitspensum laufend und sie vergessen auch, was sie sich alles vorgenommen haben. Sie drücken viele Dinge innerlich weg, sie schieben auf und erledigen vieles nur nach Lust und Laune. So wird der Berg der unerledigten Arbeiten immer größer. Auf diese Weise verärgern sie ihre Kollegen im Betrieb oder aber auch die Familienmitglieder zu Hause. Das setzt sie noch zusätzlich unter Druck, weil sich die Mitmenschen ein solches Verhalten auf die Dauer nicht gefallen lassen. Chaoten fangen Dinge oft mit großem Schwung und Begeisterung an, doch das Interesse erlahmt bald und nichts wird ordentlich fertig gemacht. Sie denken nur daran, das zu tun, was ihnen Spaß macht, Disziplin und Übernahme von Verantwortung sind ihnen eher fremd. Auf diese Weise manövrieren sie sich immer wieder in Situationen, die ihnen schließlich über den Kopf wachsen. Sie planen dann schnell, damit die anderen Ruhe geben, versprechen sich zu bessern und in kürzester Zeit ist alles wieder beim Alten. Diese inneren Bedingungen hängen mit der Charakterstruktur zusammen, die wir jetzt besprechen.

9.3 Charakterstruktur und Stress

Wenn wir alle besprochenen Erscheinungen in unser Charakterschema einpassen, finden wir ein durchgängiges Muster. Sowohl die Verhaltensweisen wie auch die Krankheitserscheinungen bei Stress sind von der dominanten Charakterstruktur abhängig. Wir kennen die Charakteristika der einzelnen Typen nun ausreichend und daher genügt ein kurzer Abriss. Außerdem füge ich dem noch die jeweiligen Krankheitserscheinungen bei, die durch Stress ausgelöst werden. Meine Nachfolgerin in der Arbeitsgemeinschaft für Präventivpsychologie, Dr. Brigitte Bösenkopf, hat sich damit beschäftigt und die häufigsten Schmerzsymptome bei den Burnout Typen, die unseren Charaktertypen entsprechen, aufgelistet. Burn-out bedeutet „ausgebrannt zu sein". Doch um auszubrennen muss man vorher brennen. Besonders stress- und Burn-out gefährdet sind Menschen mit großem Einsatz und Erwartungen. Sie haben viel Idealismus, hohe Motivation und stellen sehr große Anforderungen an sich selbst. Untersuchungen haben gezeigt, dass überall dort hohe Burn-out Raten vorzufinden sind, wo es sehr hierarchische, einengende Systeme gibt und hochmotivierte Mitarbeiter, die sich aber nicht in der erhofften Weise entfalten können. Dies trifft zum Beispiel auf Spitäler zu, wo Krankenschwestern die höchsten Burn-out Raten aufweisen. Sie können nicht so menschzugewandt arbeiten, wie sie wollen. Ebenso hohe Raten haben Lehrer, wenn sie anfangs einen hohen Idealismus aufweisen.

STRESS- UND SCHMERZSYMPTOME VON TYP EINS, DEM SACHZENTRIERTEN ODER „KÜHLEN DENKER"

Wir wissen bereits, dass bei ihm Denken und Sachorientierung oberste Priorität hat. Diese sind aber für die Stresserscheinungen nicht direkt ausschlaggebend. Bezüglich Stress ist seine überdurchschnittliche Genauigkeit der Auslöser. Er kann ein Thema nicht oberflächlich streifen, sondern muss immer in die Tiefe gehen, alle Seitenwege erkunden, jedes Detail genau untersuchen. Daher ist er für die naturwissenschaftlichen Forschung so hervorragend geeignet. Diese an sich positive Eigenschaft bringt ihn aber auch immer wieder in Zeit- und Arbeitsdruck. Es kann sein, dass er im Detail hängen bleibt, die große Linie aus den Augen verliert. Wenn der Einser jemandem ein Thema erklärt, fängt er möglichst bei Adam und Eva an, bis er zum Kern seiner Aussagen kommt, ist sein Gegenüber nicht mehr aufmerksam, kann ihm nicht mehr folgen und weiß eigentlich nicht mehr was Sache ist. Dadurch wird er mit seinen Arbeiten nie fertig beziehungsweise braucht so lange. Und wenn er dann alles fertig hat, erfasst ihn immer wieder die Unruhe, doch noch etwas übersehen zu haben. Er ist mit dem, was er tut, nie zufrieden. Das setzt sich ihn innerlich unter Druck.

Bösenkopf nennt ihn den **traditionellen Perfektionisten,** dessen häufigsten Scherzsymptome bei Burn-out sind:

* Schmerzen und Verspannungen im gesamten Körper
* häufig Spannungskopfschmerz
* Nackenschmerzen und Rückenprobleme

Da der „Kühle Denker" ja eigentlich wie ein Computer reagiert, alle Gefühle abwürgt, kann er seinen Körper nicht spüren. Er lässt die Verspannungen so lange auflaufen, bis er nur mehr den Schmerz wahrnimmt. Sein wichtigstes Organ ist der Kopf, daher finden sich in diesem Bereich auch seine Schmerzsymptome.

STRESS- UND SCHMERZSYMPTOME VON TYP ZWEI, DEM PERSONENZENTRIERTEN ODER „WARMEN MENSCHENFREUND"

Wir haben ihn ja schon beschrieben und wissen, dass er selbst den Stress erzeugt, weil er nicht Nein sagen kann, sich nicht abgrenzen und nicht kämpfen kann. Er will allen alles recht machen, das setzt ihn so unter Druck, dass er sich gar keine Zeit zum Auftanken nimmt, weil er immer in der Angst lebt, nicht genügend für andere zu machen, um beliebt zu sein. Auch wenn er die Erschöpfung schon spürt, bietet er selbst sich für Arbeit und Leistung an. Besonders anfällig wird er, wenn er jemanden leiden sieht, das hält er überhaupt nicht aus, versucht für den anderen Verantwortung zu übernehmen und dessen Leid zu tilgen, es sogar selbst zu übernehmen. Sein Mitleid kann so stark sein, dass er Herz- und Magenschmerzen bekommt. Er ist derjenige aller vier Typen, der am schnellsten somatisiert, weil er den Druck, den er innerlich und äußerlich selbst erzeugt, am meisten von allen vier Typen spürt. Bösenkopf nennt ihn den **hilfreichen Kumpel** und führt bei Burn-out Probleme im Magen- und Darmbereich an. Wir wissen aber, dass diese psychosomatischen Symptome dadurch entstehen, dass er alles hinterschluckt, weder Wut noch Angst oder Scham äußern kann. Diese Überliebenswürdigen, die uns immer heiter und positiv erscheinen, sind ja oft diejenigen, die unter starken Magenbeschwerden leiden.

Typ Drei ist der Leistungsbulle, der sich und andere ständig unter Druck setzt. Als Chef fordert er Übermenschliches von sich und seinen Mitarbeitern, als Kollege muss er immer besser und leistungsfähiger sein als die anderen. Er konkurriert ständig mit allen anderen, hat immer wieder Ziele, die er mit Verbissenheit und unter Vernachlässigung seines Körpers und seiner Seele anstrebt. So rücksichtslos wie er gegenüber sich selbst ist, so rücksichtslos ist er auch zu anderen sowohl im Beruflichen als auch Privaten. Ich kannte einen Topmanager in einem Konzern, mit dem mich eine oberflächliche, aber langfristige Freundschaft verband. Er erklärte mir einmal, dass er prinzipiell um sieben Uhr früh im Büro erscheine und täglich bis zehn Uhr abends bleibe. Frühmorgens und spätabends seien die Zeiten, wo er ungestört arbeiten könne. Ich fragte ihn, wie er es denn mit seinen Mitarbeitern halte, ob diese auch so viel wie er arbeiteten. Er meinte, diejenigen, die wirklich tüchtig sind, die er schätzt und die auch Aufstiegschancen hätten, machten es so wie er. Er gab deutlich zu verstehen, dass er von den anderen, die rechtzeitig nach Hause gingen, um für ihre Familie da zu sein, nichts halte. Er ist der typische Sklaventreiber, der sich selbst in gleichem Masse wie die anderen antreibt. Privatleben gibt es nicht. Ich kenne viele Unternehmer, die nach diesem Prinzip leben und sich an Körper und Seele schädigen. Sie gehen jahrelang bis zu ihrer Belastungsgrenze und übersehen Warnsymptome des Körpers. Es ist oft der erste Herzinfarkt, der zum Innehalten zwingt. Manche aber denken auch da noch nicht über sich und ihren Lebensstil nach und dann ist es der zweite oder dritte Herzinfarkt, der sie das Leben kostet.

Bösenkopf nennt diesen Burn-out Typen den **leistungsorientierten Workaholic** und schreibt ihm Herz-Kreislaufprobleme zu. Er hätte oft Schmerzen und ein Engegefühl in der Brust, habe Herzrhythmusstörungen und Panikattacken.

Beim Typ Drei genügt nicht nur eine oberflächliche Veränderung, weil der innere Druck zur Leistung oft überstark ist. Vielmehr ist es angezeigt, über Sinnfragen und das Überprüfen der eigenen Wertepräferenzen ein seelisches Innehalten anzuregen. Dieser Mensch muss sich fragen: „Ist das wirklich alles, was ich im Leben erreichen will? Ist es gut, meine Beziehungen meinem beruflichen Leistungszwang zu opfern? Was ist mir wirklich wichtig im Leben?" Auf diese Weise kann eine Veränderung der Einstellung erfolgen, nur muss er immer wieder auf der Hut sein, nicht wieder ins alte Fahrwasser zu kommen.

STRESS- UND SCHMERZSYMPTOME VON TYP VIER, DEM KREATIVEN UND „BUNTEN VOGEL"

Wir haben bereits erwähnt, dass der Sorglose durch seine Unbekümmertheit in Stress kommt. Er nimmt viele Dinge, die anderen wichtig sind, nicht ernst, schiebt Arbeiten überlang auf, erledigt sie dann schlampig und wird daher von seinen Mitarbeitern nicht geschätzt, was sie ihm nach einiger Zeit auch zeigen. Durch seine Oberflächlichkeit und das Fehlen jeglicher Ernsthaftigkeit und Verantwortung wird er in jedem Team zur Belastung. Es kann sogar sein, dass er ausgegrenzt wird, was ihn noch zusätzlich unter Druck setzt, da er ja sehr eitel ist und ihm die Bewunderung der Umwelt besonders wichtig ist. Er hat aber auch die Fähigkeit, alles Bedrückende von sich abzuschütteln. Daher hat der Vierer die wenigsten Stress-Symptome. Diese hat eher seine Umgebung, die seine Unverfrorenheit aushalten muss.

Bösenkopf meint, dass dieser **kreative Chaot** meist ein Hypochonder ist, der die Schmerzen der Umwelt übernimmt und sich in sie hineinsteigert.

9.4 Prävention gegen Negativerscheinungen durch Stress

Es geht darum, dass alle vier Typen, jeder in seiner Weise, lernen, mit ihrem Energiepotenzial ausbalanciert umzugehen. Das kann erlernt werden, dazu ist es aber zunächst notwendig, zu analysieren, wo die Wurzeln der Überlastung liegen. Sodann ist es wichtig, Spannung und Entspannung im richtigen Verhältnis in den Alltag einzubauen. Wir können ja nur im entspannten Zustand Kraft tanken. So wie wir im Schlaf auf den Parasympathikus (= absoluter Entspannungszustand) umschalten, können wir dies auch im Wachzustand mit bestimmten Techniken wie zum Beispiel der Meditation tun. Regelmäßige **Meditation** hat aber nicht nur einen Entspannungs- und Auftankeffekt, sondern man sieht die eigene Lebenssituation etwas distanzierter, die bedrängenden Gefühle rücken etwas ab und dadurch ist man eher imstande, Problemsituationen zu erfassen und Lösungen zu finden. Außerdem bieten Meditationen den Vorteil, dass der Betroffene seine Charakterstruktur ausbalancieren kann, da unsere inneren Bilder uns Anregungen dazu geben. Bei anderen Entspannungstechniken wie Autogenem Training steht im Vordergrund, das Element der Entspannung als Gegengewicht zu den alltäglichen Spannungszuständen zu üben. Die Meditation hingegen balanciert aus: ist jemand sehr angespannt, dann kommt es zur Entspannung, ist jemand aber sehr passiv, eventuell sogar depressiv, so wird er durch die Meditation aktiver, lebensfroher und leistungsfähiger. Außerdem ist bei meinen Meditationskursen die psychologische Information und der Erfahrungsaustausch der Teilnehmer ein wichtiges Element, wodurch der Persönlichkeitsentwicklung des einzelnen viel Raum gegeben wird. Oft kommen die Menschen in diese Kurse wie vertrocknete Knospen, wenig entfaltet und ohne richtige Lebenslust. Ich freue mich immer, wenn ich sehe, dass sie sich dann mit der Zeit gleichsam zu duftenden, schönen, bunten Blüten entfalten. Wir haben in uns eine Instanz, die uns zur Gesundheit und nicht zur Krankheit anregt. Wenn wir uns mit bestimmten Methoden dieser inneren Stimme stellen, führt sie uns – jeden in seiner Weise – zu mehr persönlicher Balance und einem gehaltvolleren und gesünderen Leben.

Bösenkopf hat einige Stressbewältigungsmodule in ihrem Stresscenter entwickelt, die ich ihnen nicht vorenthalten möchte:

* Biofeedback mit Analyse
* Psychologische Stresstests
* Ärztliche Untersuchung
* Entspannungsübungen
* Strategien und Techniken zur Stressbewältigung

Nicht bewältigter Stress ist nicht nur in Österreich zu einem wichtigen Gesundheitsthema geworden, sondern steht in der gesamten westlichen Welt mittlerweile im Vordergrund. Die Zeitschrift Trend listete im Jahr 2004 die Krankheitserscheinungen in Österreich auf und stellte folgendes fest:

- 20 Prozent der Erwerbstätigen erleben Burn-out-ähnliche Phasen
- 27 Prozent der Arbeitnehmer stehen unter ungesundem Stress
- 30 Prozent aller Erwerbstätigen sind psychosomatisch erkrankt
- 46 Prozent aller Krankenstände haben psychische Gründe
- 2,4 Milliarden Euro jährlicher Schaden durch Burn-out-Krankenstände
- 1,2 Millionen potenziell Betroffene.

Dies ist eine stolze Bilanz, daher wäre es gerade in der Gesundheitsvorsorge wichtig, dass wir schon in der Schule lernen, unsere eigenen dominanten Charakterstrukturen zu erkennen und schon früh Entspannungs- und Ausgleichstechniken für unsere Energiepotenzial zu trainieren.

VI. CHARAKTERSTRUKTUR UND KONFLIKT

Mit dem Thema Konflikt möchte ich zeigen, dass die vier Aspekte des Lebens (funktional, personal, ordnungszentriert und kreativ-flexibel) in alle Bereiche hineinwirken. Die Lösungsmethoden sind eng verknüpft mit unseren dominanten Charakterstrukturen. Problemlösungsmechanismen werden sowohl in der Kindheit in unserer Familie erlernt, als auch im späteren Leben. Je größer diese Familien sind, desto mehr individuelle Lösungsmethoden stehen dem Kind als Modell zur Verfügung. Wenn wir bedenken, dass noch 1864 64,4 Prozent der europäischen Bevölkerung in bäuerlichen Großfamilien lebte, kann man ermessen, wie viele Lösungsmöglichkeiten das Kind hatte. Es haben etwa 10–20 Personen in einem gemeinsamen Haushalt gelebt und gearbeitet. Natürlich hatte jede Familie traditionelle, über Generationen weitergegebene Problemlösemechanismen. Doch in diese Großfamilien kamen immer wieder hausfremde Personen, die neue Verhaltensweisen und Einstellungen mitbrachten.

Ich selbst komme aus einer Familie, die eigentlich nur aus meiner Mutter und meinem Stiefvater bestand. Beide waren nicht imstande, Konflikte zu lösen. Sie ließen Probleme so lange auflaufen, bis die Spannung so groß wurde, dass sie sich im Streit entlud. Dann war einige Zeit Ruhe, bis sich die Spannung wieder so weit aufgebaut hat, dass es zum neuerlichen Streit kam. Die Probleme selbst wurden nie aufs Tapet gebracht, daher auch nie gelöst. Es gab also in meiner Kindheit und Jugend eine Dauerspannung, was mich veranlasste, die Probleme für meine Eltern zu lösen, um diese unerträgliche Spannung zu reduzieren. Ich veranlasste meine Mutter, die Wohnung zu teilen und meinem arbeitslosen Stiefvater zu zwingen, für meine berufstätige Mutter und mich zu kochen. Er war ein Mensch, der das Wohlleben mehr liebte als die Pflicht und es als Muttersöhnchen selbstverständlich fand, dass meine Mutter ihn ernährte und versorgte. Dann drückte ich die Scheidung der beiden durch, die allen Beteiligten gut tat. Auf diese Weise musste ich schon sehr früh Verantwortung übernehmen und später wurde ich oft in den Gruppen, in denen ich arbeitete, zum Problemlöser. Der Nachteil ist, dass ich ein „problemseeker" bin, ich lasse keinen Konflikt aus, ich fühle mich bemüht, möglichst rasch reinen Tisch zu machen. Dabei gibt es Probleme, die sich von selbst lösen und auflösen, wenn man nicht vorschnell handelt. Außerdem werden die anderen Teamteilnehmer etwas „problemfaul".

Was ich in meiner Ursprungsfamilie kennen lernte, ist ein durchaus üblicher Zustand in zahlreichen Familien. Viele Menschen lösen ihre Probleme nicht, sondern jammern nur über die negativen Auswirkungen von Konflikten. Sie meinen, der andere müsse den Konflikt bereinigen, sie selbst nicht. Dadurch wird der Konflikt immer größer, wächst sozusagen im Untergrund. Es gibt dann Situationen, wo das Gewirr der ungelösten Probleme so groß ist, dass nichts mehr zu machen ist, man kann diesen Knoten nicht mehr entwirren. Bei Partnerschaften fällt mir auf, dass viele Frauen darauf warten, dass es besser wird, anstatt ihre Partnerprobleme zu lösen. Sie meinen dass sich das Problem in der Partnerschaft schon lösen wird, wenn sie sich nur ordentlich benehmen, ihre Pflicht erfüllen und guten Willens sind. Nach einigen Jahren und Jahrzehnten sind sie aber dann schon so tief verletzt, dass sie zu einer Auseinandersetzung mit ihrem Partner gar nicht mehr bereit sind. Bei Männern merke ich, dass sie die emotionalen Konflikte häufig gar nicht wahrnehmen, dass sie oftmals kein Sensorium für emotionale Störungen im Umgang mit ihrer Partnerin haben. Daher fallen sie aus allen Wolken, wenn diese sich von ihnen trennt, weil die wesentlichen Dinge in ihrer Partnerschaft nie zur Sprache gekommen sind und es eigentlich keine echte Kommunikation zwischen ihnen gegeben hat.

Schon allein das Wort „Konflikt" löst bei vielen Personen unangenehme Gefühle aus. Wenn ich einen Titel für einen Vortrag auswähle, muss ich das Wort Konflikt möglichst vermeiden oder positiv umdeuten, weil ich sonst keine Hörer habe. Doch jede Beziehung, jede Arbeit bringt automatisch Konflikte mit sich, sie gehören einfach zum Leben. Wichtig ist, sie möglich rasch wahrzunehmen und durch Lösungen zu lernen und Veränderungen und Konfliktlösung als Chancen zu begreifen. Konflikte und Auseinandersetzungen mit anderen geben uns die Möglichkeit des inneren Wachstums und der Vertiefung unserer Beziehung zu anderen Menschen. Reibung erzeugt Wärme, auch in menschlichen Beziehungen.

10.1 Verdrängung von Konflikten

„Konflikt" bedeutet wörtlich „Zusammenstoß", ferner „Widerstreit der Motive, Zwiespalt" und „Streit, Zerwürfnis" (Duden 1982). Es handelt sich um unterschiedliche Interessen, Anliegen, Bedürfnisse und Ziele, die aufeinander treffen (Zoche 1992). Diese Dinge sind wertneutral, wenn man aber an die Begriffe „Streit" und „Zerwürfnis" denkt, so wird es negativ. Daher meinen wir oft, dass „Konflikt" selbst schon negativ wäre, weil er mit Streit und negativ gefärbter Auseinandersetzung einhergeht. Wir denken an Schreien, an Beleidigungen und Beschuldigungen. Doch auch Streit und Zerwürfnis sind nur zwei Umschreibungen der Konfliktbewältigung und somit nur zwei von unzähligen Möglichkeiten, mit Konflikten umzugehen, sie zu lösen. Streit und Zerwürfnis liegen nur an einem Ende eines Kontinuums, das sehr viele andere Möglichkeiten in sich birgt.

Wir kennen bei Konflikten die „Vogel Strauß-Technik" des Kopf in den Sand Steckens. Wir tun dann so, als gebe es keine Konflikte, als würde sich das Problem schon von selbst lösen und verschwinden. Doch so einfach ist es nicht. Danaan Parry (1992) vergleicht das Verleugnen eines Konfliktes mit einer infizierten Wunde, die man – ohne sie zu desinfizieren – mit einem Verband dicht verbindet, um sie nicht sehen zu können. Unter dem Zellstoff wird sich die Infektion jedoch weiter ausbreiten, somit unseren Körper belasten oder gar schädigen und schließlich weitaus schwieriger zu heilen sein als zu Beginn. Unbewältigte, weggeschobene Konflikte können Beschwerden auslösen, die körperliches Unbehagen und Symptome hervorrufen wie Kopf- und Rückenschmerzen, Verdauungsbeschwerden oder Appetitlosigkeit. Wenn Konflikte übergangen werden, stellen sie eine psychische Belastung dar, die auch dazu führt, dass Entscheidungen und Reaktionen verzögert und blockiert werden. Außerdem sind durch die verdrängten, negativen Gefühle Kurzschlusshandlungen wie Wutausbrüche möglich (Zoche 1992). Weggeschobene Konflikte stellen für uns einen seelischen Rucksack dar, den wir mit uns schleppen und der zunehmend schwerer wird. Konflikte wahrzunehmen, sich mit ihnen zu beschäftigen und zu versuchen, sie zu bewältigen, ist die Möglichkeit, den Ballast in wertvolle Inhalte wie neue Erfahrungen und Begegnungen zu verwandeln.

Auseinandersetzungen stellen immer eine Chance der persönlichen und zwischenmenschlichen Entwicklung dar. Sie sind eine Herausforderung für uns, die zu einer Auseinandersetzung mit uns selbst führt, aber auch mit anderen Menschen und Situationen. Je mehr Konflikte wir lösen, desto mehr lernen wir. Es ist somit ein positiver Prozess, an dem wir selbst und andere wachsen, wodurch größere Tiefe und Intimität entstehen kann (Parry 1992). Trotzdem muss man bedenken, dass viele Konflikte von oft starken Gefühlen des Verletztseins, des Verlustes, der Angst, des Unmuts und des Zweifels begleitet werden (Parry 1992). Auch Gefühle der Leere oder Gefühlskälte können sich einstellen. Daher sind Konflikte eben nicht nur eine Herausforderung, sondern auch eine Bedrohung, eine Gefährdung unseres Selbstwertes und unseres Selbstbildes. Plötzlich stehen wir vor uns selbst und den anderen nicht mehr so gut da, wie wir möchten. Daher kommt es bei vielen zum Gefühl der Angst und Bedrohung, wenn Konflikte auf sie zukommen. Das alles kann sehr schmerzhaft sein und Kalil Gibran meint: Der Schmerz kann jedoch „ein zerbrechen der Schale" sein, „die unser Verstehen umgibt" (Gibran 1992, S. 42). Demnach können Konflikte – wie Parry (1992) betont – auch zu einem „Riss in der harten Schale" unseres Selbst werden, der es uns schließlich erlaubt, „eine Reise ins Zentrum unseres Selbst anzutreten" (S. 35).

Einstellungen gegenüber Konflikten

Unsere Einstellung gegenüber Konflikten ist ausschlaggebend dafür, ob sie für uns Lernmöglichkeiten oder Frustrationsmöglichkeiten sind. Vorerst ist wichtig, sie überhaupt **wahrzunehmen,** sie in sein Bewusstsein dringen zu lassen. Wir können dadurch die Anzeichen für einen Konflikt früh genug erkennen, uns auf die Situation einstellen und bereits eventuelle Strategien überlegen. Die Einstellung beeinflusst unsere emotionale Reaktion: wie stelle ich mich zum Konflikt? Sehe ich ihn als Herausforderung oder ist er für mich eine Bedrohung. Daraus ergeben sich die entsprechenden **emotionalen Reaktionen**: Sehe ich den Konflikt als Bedrohung, führt dies zu Gefühlen der Verunsicherung, Ängstlichkeit und Hilflosigkeit. Die positive Einstellung hingegen bewirkt Neugier, Aufmerksamkeit, Spannung und Mut. Daher sind wir nur dann gesprächsbereit und kooperativ, wenn wir eine positive Einstellung haben, sonst weichen wir aus, wirken verschlossen und eventuell sogar aggressiv.

Wahrnehmung und **Einstellung** bestimmen den Umgang mit Konflikten, ob wir sie bewältigen und Lösungen herbeiführen oder sie verdrängen und wegschieben (Berkel 1997). Wenn es zum Beispiel zu Spannungen zwischen Partnern kommt und der eine möchte dies nicht wahrnehmen, will den Auseinandersetzungen, die folgen würden, aus dem Wege gehen indem er betont, dass doch alles in Ordnung sei, wird die Spannung weiter zunehmen. Sie kann sich so weit steigern, dass die Situation eskaliert und ein Partner den Zustand nicht mehr ertragen kann. Er kann aus der Beziehung ausbrechen oder den anderen zwingen, eine Klärung herbeizuführen.

10.2 Konfliktformen

Bei Konflikten unterscheide ich prinzipiell vier Formen:

- Ich Konflikte: innerseelische Konflikte
- Du-Konflikte: Beziehung- und Paarkonflikte
- Wir-Konflikte: Konflikte in Gruppen
- Lebenswelten-Konflikte: wertebezogene oder gesellschaftliche Konflikte

Selbstverständlich gibt es auch andere Systematiken von Konflikten, doch diese scheint mir für den Laien einsehbar und logisch zu sein.

Diese können auftreten, wenn ein Mensch **mehrere Wünsche und Bedürfnisse** hat, die er jedoch nicht gleichzeitig erfüllen kann. Der Konflikt besteht darin, dass er eine Entscheidung treffen muss. Er muss sich fragen, was ihm im Moment das wichtigste ist, oder er fragt sich, was langfristig gesehen für ihn günstig ist. Wir sehen bereits an der Fragestellung, dass es schwierig sein kann, hier „richtig" zu entscheiden. Was für den einen richtig ist, muss es nicht für den anderen sein.

Die Wünsche und Bedürfnisse können aber auch gegenläufig sein, das heißt sie sind unvereinbar: „Zwei Seelen wohnen, ach, in meiner Brust" (Goethe). Jemand kann gleichzeitig den Wunsch nach Nähe und Intimität, aber auch nach Freiheit und Selbstständigkeit haben. Oder aber er hat in seiner Partnerschaft den Wunsch nach Treue und Beständigkeit und gleichzeitig reizt ihn aber das Abenteuer mit einem anderen Partner.

Eine andere Möglichkeit besteht darin, dass eine Person sich zwischen mehreren unangenehmen und belastenden Möglichkeiten entscheiden muss. Es wird ihm zum Beispiel ein sehr guter Job an einem anderen Ort angeboten und seine Familie will das derzeitige Heim nicht verlassen. Oder er hat die Möglichkeit, Karriere im Beruf zu machen, muss aber dann seine Familie vernachlässigen.

Diese Konflikte können sehr quälend sein und hier wird wahrscheinlich das Wertesystem des Menschen einen wichtig Beitrag zur Lösung leisten. Er kann sich zu einem Gewissenskonflikt ausweiten, der ihn Tag und Nacht beschäftigt, aus dem er keinen Ausweg weiß, wenn zum Beispiel beide Wünsche gleich stark sind. Wie sich jemand dann wirklich entscheidet, liegt in seiner alleinigen Verantwortung, dabei kann und sollte man ihn nicht beeinflussen. Ein Außenstehender kann ihm jedoch dabei helfen, die gegenläufigen Aspekte abzuwägen, indem er vielleicht andere Einstellungen, Werte und persönliche Erfahrungen einbringt.

Charakterstruktur und Konflikt

Du-Konflikte sind **Beziehungs- und Partnerschaftskonflikte**, die immer dann auftreten, wenn zwei Menschen unterschiedliche Bedürfnisse, Ziele und Vorstellungen haben, die eventuell gegenläufig sind oder einander widersprechen. Hier wird für die Konfliktlösung ausschlaggebend sein, wie die beiden Partner kommunizieren.

Wir haben bereits angeführt, dass zum Beispiel Einser-Typen gerne allein sind, sich zurückziehen und dies sogar in einem gewissen Maße zelebrieren. Wenn sie nun mit einem Zweier-Partner verbunden sind, der das Bedürfnis nach ununterbrochener Nähe hat, führt dies langfristig zu starken Spannungen. Partner vom Typ Zwei fühlen sich durch den Rückzug vom Einser-Partner verraten. Sie interpretieren die Situation so, dass die Partnerschaft zu Ende sei. Andererseits hält der Partner vom Typ Eins jedoch die ewige Enge, die der andere fordert, nicht aus. Mir erzählen immer wieder Männer vom Typ Eins, die mit Frauen von Typ Zwei verheiratet sind, dass sie nach einigen Jahren das Gefühl gehabt hätten, ihre Frau hätte sich ihnen wie eine Pythonschlange um den Hals gelegt und zugezogen. Sie bekämen schon seit langem keine Luft mehr.

Bei Beziehungskonflikten ist die **Kommunikation** von ausschlaggebender Bedeutung. Einerseits kann es sein, dass ein Partner sich überhaupt nicht mitteilen will und sich jedes Mal, wenn der andere ein Gespräch fordert, zurückzieht, etwas ganz anderes tut, vielleicht den Raum verlässt oder sogar während des Monologs des Gesprächspartners einschläft. Andererseits wissen wir, dass jeder Mensch in seinem eigenen Universum lebt und eigentlich keine Ahnung von den Einstellungen und Haltungen des anderen hat. Mein Kollege Peter Herdina, mit dem ich Paartherapien durchführe, meint: „Frauen und Männer können einander nicht verstehen, sondern nur tolerieren." Als ich dies erstmals hörte, meinte ich, es wäre übertrieben. Nach vielen Paargesprächen muss ich dem Kollegen zustimmen. Wir hören ein Reizwort und interpretieren es sofort aus unserer Sicht der Welt. Das kann aber gänzlich falsch sein und wir tun dann Dinge, die der andere weder wollte noch ausgedrückt hat. Daher ist es bei der Kommunikation immer wichtig, nachzufragen, die Dinge zu wiederholen, um sicherzugehen, dass man es im Sinne des anderen versteht. Ich glaube, dass viele von uns dies wissen aber nicht danach handeln. Ich nehme mich da gar nicht aus und erlebe in meiner Partnerschaft im Alltag immer wieder Konfliktszenen, die wir durch ungenaues Ausdrücken oder schlechtes Zuhören verursachen.

Wir-Konflikte

Wir-Konflikte entstehen sowohl innerhalb einer Gruppe als auch zwischen einzelnen Gruppen beziehungsweise Gruppenteilen. Wenn zwei oder mehrere Personen Führungsansprüche stellen, aber nur einer diese von der Funktion her innehat, sich jedoch vielleicht nicht gut durchsetzen kann und ein anderer ihm die Funktion streitig macht, kommt es zu Konflikten in der gesamten Gruppe. Es kommt zur Spaltung, die Gruppenmitglieder halten zu dem einen oder dem anderen und beteiligen sich am Machtkampf. Außerdem können zum Beispiel bei Völkern völlig unterschiedliche Zugänge zur Welt, zum Wertesystem – was sich in den unterschiedlichsten Ideologien ausdrückt – zu Konflikten führen. Oft werden Ideologien nur vorgeschoben, um den anderen ohne Schuldgefühle angreifen und vernichten zu können. Wir erleben das hautnah beim derzeitigen Konflikt zwischen Israelis und Palästinensern. Die umliegenden Völker beziehen Stellung und so weitet sich dieser Konflikt, der eigentlich zwei Staaten betrifft, aus. Er könnte einen Weltbrand verursachen, weil die Bereitschaft zu Gesprächen oder zur Klärung der Positionen schlecht erkennbar ist. Erst bis beide Völkergruppen diese Bereitschaft zeigen, ist die Möglichkeit einer Konfliktminderung vielleicht sogar Konfliktlösung möglich.

Lebenswelt-Konflikte

Zu den übergeordneten oder wertebezogenen Konflikten zählen solche zwischen individuellen Bedürfnissen, Lebensvorstellungen und Werten einerseits und sozialen Normen, Traditionen und Rahmenbedingungen andererseits. So kann es etwa dann zu Lebenswelt-Konflikten kommen, wenn eine Person den Wunsch nach einer rechtlich verankerten homosexuellen Lebensgemeinschaft hat, dies jedoch aufgrund der gesetzlichen Reglung nicht möglich ist.

Wie wir sehen, sind die vier Konfliktformen (Ich-Du, Wir- und Lebenswelt-Konflikt) nicht immer klar voneinander zu trennen. Oftmals überlappen sie sich oder gehen ineinander über. Diese Konflikte gab es in früheren Jahrhunderten nicht in dem Ausmaß wie in der Gegenwart, weil die Wertesysteme von Institutionen allen Bürgern „übergestülpt" wurden, die keine anderen Einstellungen, Verhalten und Menschenbilder zuließen. Denken wir nur an den strikten Umgang der katholischen Kirche mit andersartigen Einstellungen, sie wurden oft mit der Vernichtung (Inquisition) bestraft. Daher waren diese Konflikte nicht so offensichtlich wie heute, andererseits schwelten sie im Inneren des Menschen. Er verriet sich dann oft durch winzige, nicht kontrollierbare Aussagen und Handlungen.

Da wir in der westlichen Welt in einer pluralistischen Gesellschaft leben, sind diese Konflikte deutlicher sichtbar und treten auch im Alltag stärker hervor. Auch die Möglichkeit, dass Menschen unterschiedlicher Religionen und Kulturen einander treffen, ja zu Paaren werden, ist ein konfliktverstärkendes Element. Einerseits ist es lästig, mit derart vielen Konflikten ständig konfrontiert zu werden, andererseits werden wir dadurch gezwungen, konfliktfähig zu werden, was wir – als Durchschnittsmenschen – in den vergangenen Jahrhunderten nicht in diesem Ausmaß nötig hatten.

10.3 Konfliktebenen

Wir haben es mit unterschiedlichen Konfliktebenen zu tun, die jedoch nicht immer exakt zu unterscheiden sind:

- die Sachebene
- die emotionale Ebene
- die wertebezogene Ebene

Konflikte auf der **Sachebene** treten dann auf, wenn zwei Personen das-selbe Ziel haben, sich allerdings über den Weg und die Mittel, es zu errei-chen, nicht einig sind (Berkel 1997). Ein Beispiel aus dem Alltag: Ein Paar hat ein gemeinsames Reiseziel, ist sich aber nicht einig, ob sie mit dem Auto oder Zug fahren wollen. Natürlich können diese Wüsche auch von Ängsten, Einstellungen und persönlichen Motiven gefärbt sein. Angst vor zu viel persönlicher Anstrengung, Angst vor Unfallgefahr oder etwa der ungewöhnten Fahrweise im Reiseland.

Viele Konflikte, von denen wir meinen, sie wären auf der emotionalen Ebene situiert, befinden sich tatsächlich auf der Sachebene. Ich glaube zum Beispiel jahrelang, das Hausfrauensyndrom sei ein rein emotionales Problem, da die Frauen, die sich in der Isolation des Haushalts befan-den und keine entsprechende Kommunikation hatten, zu Depressionen neigten. Es ist aber eigentlich ein Sachproblem, denn sobald man die Si-tuation so verändert, dass die Frau „hinauskommt" und entsprechende Kommunikationspartner hat, beziehungsweise ihr Selbstwert gestärkt wird, ist das Problem der Depression gebannt. Das konnte ich in meiner jahrelangen Arbeit im Mütterseminar der katholischen Kirche beobach-ten. Die Hausfrauen, die oft wegen Depressionen in ärztlicher Behandlung waren, wurden nach einigen Semestern Schulung immer selbstsicherer, fingen oft eine neue Ausbildung an und die Depression nahm im gleichen Maße ab, wie die Außenorientierung zunahm. Die Lösung dieses Problem liegt daher nicht auf der emotionalen, sondern auf der Sachebene. Wenn man die systemischen Bedingungen dieser Frauen verändert, verändert sich automatisch ihre emotionale Befindlichkeit und ihr Gesundheitszu-stand.

Emotionale Konflikte sind die vielschichtigsten und kompliziertesten, da in ihrem Entstehen die persönliche Geschichte einer Person mitspielt, also Vergangenheit und Gegenwart einander überlappen. Es spielen Ver-letzungen in der Kindheit, schwere Verluste und unerwartete Trennungen mit hinein, von denen der Mensch oft selbst keine Ahnung hat, die sich aber in der Konfliktsituation auswirken. Das Bedürfnis nach Nähe kann sowohl von der Charakterstruktur gesteuert werden, aber auch von per-sönlichen Verlusterlebnissen geprägt sein. Hat ein Kind zu früh einen

Elternteil verloren, der ihm sehr wichtig war, kann das später bei einer Partnertrennung eine entscheidende Rolle spielen. Die Verlustangst kann so überstark werden, dass Partner jahrelange Qualen aushalten, nur um eine Trennung zu vermeiden. Ich konnte ein solche Situation bei einer guten Freundin vor mir erleben, deren Mutter sie in zartem Kindesalter – ohne Angabe von Gründen – verließ und sie einem unsensiblen, egozentrischen und übermächtigen Vater auslieferte. Diese Freundin heiratet einen Mann, der immer wieder zu außergewöhnlichen Eskapaden neigte. Sie ließ sich das schweigend gefallen, nur um nicht in die Gefahr einer Trennung zu geraten.

Wertebezogene Konflikte haben ihren Ursprung in unvereinbaren Zielen, Grundätzen, Prinzipien, Anschauungen oder Idealen (Berkel 1997). Alle weltanschaulich geprägten Einstellungen und Meinungen führen zu solchen Konflikten: wie man sich zum Beispiel zur Abtreibung stellt, zum Zusammenleben ohne Trauschein, zur Steuerhinterziehung, zu Bluttransfusionen etc. Diese Konflikte sind nicht lösbar, sie können lediglich „entschieden" werden (Berkel 1997, S. 20) indem sich die Beteiligten einander annähern oder die jeweils andere Einstellung tolerieren. Dort wo Toleranz nicht möglich oder vorhanden ist, kann der Konflikt nicht gelöst werden, ob beim Einzelnen, bei Gruppen oder Völkern ist nicht entscheidend. Wenn der eine Gegner meint, seine Ideologien seien wichtiger als ein friedliches Zusammenleben mit den anderen, ist eine Konfliktlösung nicht mehr möglich. Die Ideologien geben diesem Gegner scheinbar das Recht, destruktive Handlungen zu vollziehen, ohne ein schlechtes Gewissen zu haben, denn in ihrem ideologischen Bewusstsein handeln sie „richtig" und die anderen „falsch". Das können wir bei einem Volk vor einer Kriegserklärung an einen anderen Staat beobachten. Auch wenn der andere keinerlei provokante Handlungen vollzogen hat, wird sich der Angreifer auf Grund seiner Ideologie im Recht fühlen. Bei den Hintergründen des Terrorismus stellen wir den gleichen Mechanismus fest. Daher meine ich, dass Ideologien nicht nur psychische Abwehrmechanismen sind, sondern dem Destruktivem Vorschub leisten können und daher selbst eine destruktive Komponente haben.

10.4 Charakterstruktur und Konflikt

Auch in diesem Bereich können wir typische Reaktionsweisen erkennen, die auf Grund der einseitigen Ausprägung der Charakterstruktur gegeben sind. Es wundert mich, dass die Fachliteratur nicht stärker auf diesen Umstand eingeht. Wir würden uns leichter tun, wenn wir diese Grundmuster der Reaktionsmöglichkeiten kennen und daher danach streben würden, unsere individuellen Möglichkeiten auszuweiten.

Typ Eins: Der Sachzentrierte, der kühle Denker als kalter, unsensibler Kämpfer

Die Welt von Typ Eins ist ausschließlich durch Sachorientierung charakterisiert. Gefühle sind für ihn negative Erscheinungen schwacher und verachteter Menschen. Typ Eins reduziert jedes Problem auf die Sachebene und versucht, es dort zu lösen. In einer Firma kann sich das so auswirken, dass eine Führungspersönlichkeit, die ein reiner Zahlenmensch ist (Typ Eins), kein Sensorium für Personen, Spannungen, aber auch strukturelle Schwächen des Betriebes hat. Bei Krisen setzt er seine analytischen Fähigkeiten sogar noch verstärkt ein, lässt noch mehr Tabellen anfertigen, versenkt sich in die Analyse der Daten, sieht aber das eigentliche Problem nicht, weil er dafür keine Sensibilität besitzt. Er merkt zum Beispiel nicht, dass er selbst mit seinem von ihm geprägten Führungsteam der Energievernichter der Firma ist, indem er seine Mitarbeiter ständig mit brutaler Kritik demotiviert. Dadurch erzeugt er bei vielen führenden Mitarbeitern eine „innere Kündigung", sodass sie nur mehr Dienst nach Vorschrift machen. Sie kritisieren nicht mehr, interessieren sich auch nicht mehr für Innovationen, wollen sich eigentlich nur noch mit minimalem Aufwand einsetzen und verlegen das Schwergewicht ihrer Interessen ins Privatleben. All das entgeht dem Einser, der die persönlichen Hintergründe für Handlungen nicht verstehen kann.

Wenn er einen Konflikt wahrnimmt, so spricht er ihn an – aber eben nur in seinem Verständnis – und versucht, ihn mit seinen recht bescheidenen

Mitteln rücksichtslos zu lösen. Dabei hört er den Argumenten seiner Mitarbeiter nicht zu beziehungsweise versteht ihre Einwände gar nicht. Er fragt auch nicht nach, weil er von seiner Version der Argumentation völlig überzeugt ist. Er ist sogar entsetzt, wie unsachlich seine Führungscrew argumentiert und findet, dass sie völlig daneben liegt und dies beweist er ihnen auch sehr klar, logisch und stichhaltig – aber eben falsch. So kann der Einser seine eigene Firma relativ rasch in den Ruin treiben, indem er selbst die motivatorischen Kräfte der Firma, die er überhaupt nicht kennt, vernichtet. Er kennt einzig und allein die finanzielle Betrachtung der Firma und findet, dass alles andere nur unrealistische Spielereien sind. Es ist nicht möglich, ihm andere Gesichtspunkte nahe zubringen, da er nur auf der Sachebene der Kommunikation zugänglich ist. Emotionale Argumente existieren für ihn nicht, beziehungsweise sind in seinem Weltbild negativ besetzt. Er verhält sich in dieser Weise aber nicht nur gegenüber seinen Mitarbeitern, sondern auch gegenüber seinen Kooperationspartnern, Lieferanten und auch gegenüber seiner Familie. Dadurch kommt er mit der Zeit zwangsläufig in schwere Krisen.

Diese Männer sind entsetzt, wenn sich ihre Frauen scheiden lassen, nachdem die Kinder selbstständig geworden sind. Für ihn war diese Ehe ausgesprochen befriedigend, weil seine Frau ihm Sicherheit und Wärme gegeben hat und er nie daran gedacht hat, es ihr – außer mit Geld – zu vergelten. Es hat ihr jahrelang nicht zugehört, die spannungsgeladenen emotionalen Konflikte immer mit sachlichen Argumenten vom Tisch gewischt. Er fällt aus allen Wolken, dass sie die Welt anders gesehen hat als er. Oft ist eine solche Krise der Auslöser dafür, dass er den emotionalen Anteil in sich entwickelt und lernt, damit umzugehen.

Typ Zwei: Der Personenbezogene, der wahre Menschenfreund und Beschwichtiger

Im Gegensatz zum Kämpfer (Typ Eins) scheut der Beschwichtiger vor Konflikten zurück. Er versucht ständig, Auseinandersetzungen zu vermeiden, sie abzufangen und gar nicht erst entstehen zu lassen. Er will eine harmonische, kuschelige Welt, in der es weder Spannungen noch Probleme gibt. Daher kehrt er alles, was nach Unruhe aussieht, unter den Tisch. Seine Argumente lauten etwa: „Es ist ja gar nicht so arg, Du siehst nur schwarz, mach nicht einen Elefanten aus einer Mücke." Als Chef einer Firma hört er den Klagen seiner Mitarbeiter zwar zu, doch er verkleinert und verleugnet sie. Daher löst er die Probleme nicht, wenn sie noch klein sind, sondern lässt sie anwachsen, bis er ihnen nicht mehr gewachsen ist. Das ist im Betrieb so und auch in seinen Beziehungen. Obwohl er sensibel und warmherzig ist, kann er auf Grund seiner Konfliktscheu Probleme, die in einer Partnerschaft auftreten, nicht lösen. Diese schaukeln sich mit der Zeit auf und wenn es nicht mehr geht, geht der Partner. Das wirft ihn aus der Bahn. Nach seinem Verständnis hat er alles erdenklich mögliche für den Partner getan. Er hat ihn auf Händen getragen, ihm zugehört, in verwöhnt, ihm alles gegeben, was er hatte. Was sollte er denn noch mehr? Er versteht nicht, dass er kein einziges Sach- oder Beziehungsproblem gelöst hat und damit die Spannung in der Partnerschaft reduzieren konnte. Um in ständiger Harmonie zu leben, musste er alle negativen Aspekte der Partnerschaft ausklammern und dachte, dies wäre die richtige Strategie zum Glück.

Ich habe in meiner Meditationsgruppe eine schöne Frau, die nach diesem Prinzip gelebt hat. Immer, wenn negative Gefühle oder Spannungen in ihr Leben kamen, hat sie diese unter den Teppich gekehrt und eine dicke „Betondecke" darüber gelegt. Diese verdrängten und weggedrängten Dinge haben aber unter der Betondecke zu gären begonnen. Nach Jahren und Jahrzehnten hat sie eine tödliche Krankheit bekommen. Auch jetzt wollte sie noch nicht von ihrer grundlegenden Lebenseinstellung lassen. Doch die Todesangst und auch die Geborgenheit der Meditationsgruppe halfen ihr, sich diesem großen dunklen See ihrer negativen Gefühle zu stellen. Sie musste ihre Einserseite und auch ihre anderen charakterlichen Seiten entwickeln und damit auch ihre Lebenseinstellung ändern. Die Einseitigkeit ihrer Einstellung hatte sie krank gemacht.

Eine andere Frau kam ins Coaching, weil sie mit einer Kollegin an ihrem Arbeitsplatz nicht zu Rande kam. Sie fühlt sich von ihr überfahren, konnte sich nicht wehren, litt unter dem Gefühl der Hilflosigkeit und des

Ausgeliefertseins. Es stellt sich schon in der ersten Stunde heraus, dass sie die negativen Gefühle, die ihre Mutter durch ihr degradierendes Verhalten bei ihr ausgelöst hatte, immer unterdrückt hat. Sie erlebte bei der Kollegin nur das wieder, was ihr von der Mutter her schon vertraut war. Ich forderte sie auf, die negativen Gefühle, die sie Jahrzehnte unterdrückt hat, in einem Brief an die Mutter zum Ausdruck zu bringen, aber diesen Brief in die gemeinsame Sitzung zu bringen und nicht abzusenden. Sie wehrte sich anfangs und meinte, dies würde nichts bringen. Als ich ihr den Sinn dieser Übung erklärte, war sie einverstanden und brachte das nächste Mal sechs Seiten „Vorwürfe an die Mutter" mit. Gleichzeitig lösten sich die im Untergrund der Seele gestauten negativen Gefühle und sie wurde sowohl vom Mutterhass als auch von ihrer Hilflosigkeit gegenüber der Kollegin befreit.

Zweier setzen sich nicht zur Wehr, auch wenn sie angegriffen werden. Sie lassen sich alles gefallen aus Angst, den anderen durch eine Auseinandersetzung zu verlieren. Sie schlucken die negativen Gefühle, die sich aus dieser Unterwerfung ergeben, hinunter und stauen sie jahrelang auf. Der Beschwichtiger ist rasch zu Kompromissen bereit, verteidigt nie seinen Standpunkt und sein Motto könnte lauten: „Ich mache alles, was Du willst, nur bleib bei mir." Oftmals wird diese Grundhaltung mit einer falsch verstandenen christlichen Ideologie verbrämt.

Typ Drei: Der Ordnungszentrierte und unbestechlich Gerechte, der Abblocker

Wir haben den Dreier als Fels in der Brandung beschrieben und so ist er auch hinsichtlich seiner Probleme zu charakterisieren. Er reagiert auch auf Konflikte wie ein Fels und lässt nichts an sich herankommen. Um Probleme zu lösen, muss man seine eigenen Anteile, die zum Konflikt führen, sehen und eingestehen. Aber genau das kann ein reiner Dreier nicht. Ich denke da an meine Mutter, die immer meinte, sie wäre unfehlbar, nie einen Fehler eingestanden hat, alles auf andere projiziert hat und damit nie einen Konflikt lösen konnte. An ihr ist alles abgeprallt.

Der Dreier ist von seiner eigenen Auffassung völlig überzeugt und hält unbeirrt an ihr fest. Er ist nicht fähig, andere Informationen in sein System einzubauen. Dies macht ihm Angst, da er meint, den Boden unter den Füßen zu verlieren. Er kann keine Kompromisse eingehen. Entweder gehen die Dinge so, wie er will oder eben gar nicht. Diese Starrheit ist einerseits seine Stärke, bei Konfliktlösungsstrategien aber eine Schwäche. Er ist zu wenig flexibel und einfühlsam, um die innere Struktur eines Konfliktes zu erfassen und entsprechend zu reagieren.

Da er sehr machtorientiert ist und oft an der Spitze von Unternehmen steht, ist es sehr schwer, mit ihm zu verhandeln, weil er völlig unzugänglich ist. Sein Unternehmen ist das beste, seine Führung die effizienteste und er macht keine Fehler. Wenn jemand Fehler aufzeigt, ist das ein Querulant und muss nach Kräften bekämpft werden. Ja, er trachtet Mitarbeiter, die zu kritisch sind, aus seinem Umfeld zu entfernen. Er empfindet sachliche und gerechtfertigte Kritik als „Nestbeschmutzung". In allen extremen rechtsradikalen Strömungen, die ideologisch sehr festgezurrt sind, finden wir diese Haltung. Sie scheitern dann auch an dieser Starrheit, da sie nicht fähig sind, sich der Umwelt anzupassen und sich zu verändern.

Typ Vier: Der Kreative, der bunte Vogel und Ausweicher

Wo der Dreier zu starr ist, ist der Vierer zu flexibel. Er weicht allen Konflikten aus, stellt sich ihnen nicht, lenkt den „Angreifer" ab. An ihm gleiten die Konflikte ab. Am Dreier prallen Dinge ab, der Vierer hingegen lenkt sie ab. Mit Gegenmanövern wird er versuchen, den Konflikt zu meiden. Seine Devise ist: „viel Lärm um nichts". Statt den Konflikt auf den Tisch zu bringen, zu analysieren und nach Lösungen zu suchen, lenkt der Vierer auf ein anderes Thema ab, löst Verwirrung aus und der Konflikt kommt einem sozusagen abhanden. Man weiß zum Schluss nicht mehr, worüber man eigentlich so eifrig gesprochen hat. Er ist der Meister der Täuschung. Wenn man ihn auf ein ernstes und problematisches Thema festlegen will, rutscht er weg, entgleitet einem ohne dass man es gleich merkt. Er entwischt sogar dann noch, wenn man glaubt, ihn endlich festgenagelt zu haben. Sein Motto ist: „Es ist alles bestens, es gibt kein Problem."

Seine Lebensauffassung ist, man solle sich nicht unnötig Probleme machen, das Leben sei so kurz, dass man es nur genießen solle. Und so verdrängt er seine Probleme, schiebt sie weg, weicht einer Problemlösung aus und damit wachsen sie ihm mit der Zeit über den Kopf. In Unternehmen finde ich immer wieder Topmanager, die stets positive Stimmung um sich verbreiten, aktiv sind und die Erfolgreichen, Strahlenden verkörpern. Sie schließen immer neue Verträge ab, sind auf der Erfolgs- und Überholspur, doch wenn man die Zahlen ansieht, stimmen sie nicht mit diesem Eindruck überein. Das Unternehmen ist oft schon lange in den roten Zahlen und gaukelt den anderen noch immer einen großen Erfolg vor. Wenn man ihm nachweist, dass dies nicht so ist, wird er wütend und geht zum Gegenangriff über, wird ausfällig und beschuldigt einem der absurdesten Dinge.

Ebenso ist es im privaten Bereich, in Familie und Partnerschaft. Er bringt die Familie immer wieder an den Rand der Existenz. Doch leugnet er dies standhaft. Die anderen sind schuld, er hatte schlechte Partner, schlechte Startbedingungen, ungünstige Strömungen und einige Menschen haben gegen ihn intrigiert. Er meidet Selbsterkenntnis und projiziert Schwierigkeiten auf andere. Damit hat er keine Entwicklungs- und Entfaltungschance.

Wir sehen bei allen vier Typen eine Unfähigkeit, Konflikte zu lösen, die durch die Einseitigkeit bedingt wird. Die Entfaltung der gegenpoligen Anlagen stärkt hingegen die Konfliktfähigkeit. Wenn ich als Einser meine sensiblen Anteile zulasse und trainiere, wird meine Informationsmenge größer, ich werde mehr wahrnehmen und meine Kommunikation wird sich verändern. Wenn ich als Zweier die Sachorientierung zulasse und nicht alles auf mich beziehe, werde ich Konflikte nicht mehr nur als Bedrohung empfinden. Ich werde fähig sein, sie anzusehen und zu analysieren. Als Dreier werde ich durch die Akzeptanz meiner Flexibilität meinen Aktionsradius vergrößern und brauche daher vor Konflikten keine Angst mehr zu haben, weil ich unterschiedliche Strategien ausprobieren kann. Es wird mir sogar mit der Zeit Spaß machen, Konflikte aufzuspüren und zu lösen. Und schließlich werde ich als Vierer nur dann konfliktfähig, wenn ich meine Dreierkomponente akzeptiere, Disziplin lerne und bei der Sache bleibe.

10.5 Konfliktlösungen

Wir haben bei allen vier Typen – wenn sie nur einseitig ausgeprägt sind – beobachten können, dass Konflikte verleugnet und weggeschoben werden. Daher ist die wichtigste Voraussetzung für die Konfliktlösung: *Konflikte müssen auf den Tisch.*

Zuerst muss der Konflikt offen gelegt werden. Wenn jemand dies nicht gewohnt ist, sich nicht zutraut, einen Konflikt anzusprechen, ist es besser, den **Konflikt** zuerst **zu beschreiben**. Dabei wird man gezwungen, genau hinzusehen, denn das Formulieren des Konfliktes führt bereits zu einer Voranalyse. Wenn ich etwas aufschreibe, bekomme ich eine gewisse Distanz, und ich kann eher feststellen, auf welcher Ebene der Konflikt liegt. Handelt es sich um einen **Sachkonflikt** oder ist es ein **emotionaler Konflikt**? Dabei ist es einfacher, Sachkonflikte zu lösen, weil sie nur äußerer Veränderungen bedürfen. Auch wenn das für meinen Konfliktpartner momentan unangenehm ist, muss der Konflikt offen gelegt werden.

Als nächstes muss man sich mit dem Konfliktpartner über die Lösungsstrategie einigen und auch festlegen, wer was macht und welchen Zeithorizont man in Betracht zieht. Je präziser die Lösungsmodalitäten ausgehandelt werden, desto glatter wird der Konflikt zu aller Zufriedenheit gelöst. Dabei können uns die vier „Ws" helfen:

wer, was, wie, wann?

Viel schwieriger ist es hingegen, emotionale Konflikte zu lösen, vor allem dann, wenn sie schon jahrelang verdrängt wurden. Oft ist es gar nicht mehr möglich, sie alleine zu lösen, sondern es erweist sich als sinnvoll, einen **Mediator zu engagieren.** Der Mediator kann helfen, das eigentliche Konfliktthema herauszuschälen. Es geht folglich zu allererst darum, den bestehenden Konflikt „einzukreisen" (Zoche, 1992, S. 77). Der Konfliktlösung geht somit eine „Konfliktanalyse" voraus. Je besser und treffender diese Analyse ist, desto sauberer wird die Lösung.

Um den eigentlichen Konflikt klarer erfassen zu können, sind folgende Fragen hilfreich:

- Was sind meine Bedürfnisse?
- Was hätte ich gerne? – Was brauche ich?
- Wie sollte mein Leben, diese Beziehung, diese Situation etc. aussehen?
- Was sollte sich verändern?
- Wie muss die Situation aussehen, damit ich zufrieden bin?

Diese Fragen müssen sich beide Konfliktpartner stellen. Sie helfen uns nicht nur, unsere Konflikte zu erfassen, vielmehr können wir anhand dieser Fragen auch unseren jeweiligen Standpunkt, unsere Gefühle, unsere Wünsche etc. klären. Klarheit in diesem Bereichen trägt dazu bei, dass wir uns bei zwischenmenschlichen Konflikten (Du- und Wir-Konflikten) besser mitteilen und uns mit diesen besser auseinander setzen können. Klarheit und Offenheit sind dabei die oberste Maxime. Die Angst, den anderen mit den eigenen Vorstellungen und Forderungen zu verletzen, muss überwunden werden. Es ist besser, wenn der andere sich zwar momentan unwohl mit meinen Äußerungen fühlt, jedoch Bescheid weiß, als dass ich Dinge verheimliche, die dann doch herauskommen, wenn es schon zu spät ist.

Wichtig ist es auch, dass nach der Konfliktlösung **beide zufrieden** sind. Es muss immer zwei Gewinner geben. Wenn mein Konfliktpartner meint, dass ich ihn über den Tisch gezogen habe, trägt die Lösung bereits den weiteren Konflikt in sich. Dies zeigt sich oft bei Friedensverhandlungen nach einem Krieg (siehe das Beispiel des Ersten Weltkriegs), wenn die Sieger die Besiegten demütigen. In diesen schiefen Lösungen liegt bereits wieder die Wurzel für den nächsten Krieg. Und so wie es sich bei Völkern abspielt, ist es auch bei Individuen. Zumeist glauben wir, dass sich ein Konflikt nur dann lösen lässt, wenn einer der Beteiligten als Gewinner und der andere als Verlierer aussteigt. Wirkliche Konfliktlösung erfordert jedoch, dass alle Beteiligten als Gewinner daraus hervorgehen (Parry, 1992). Dies setzt allerdings voraus, dass wir erkennen, dass Auseinandersetzungen und Differenzen nur **gemeinsam zu lösen sind.**

Für das Austragen von Konflikten ist eine offene, freundliche und positive Gesprächsatmosphäre sehr hilfreich. Gerade wenn die Emotionen hochgehen, ist dies eine wichtige Voraussetzung. Zwischen Tür und Angel ist so etwas nicht möglich, man muss sich Zeit füreinander nehmen und um ein positives Klima aktiv bemüht sein. Das bedeutet, dass wir imstande sein müssen, unsere negativen Gefühle wie Wut, Angst, Traurigkeit und Enttäuschung auszudrücken. Dies sollte auf eine Weise geschehen, die den anderen nicht verletzt, indem wir bei uns bleiben und klare Ich-Botschaften senden wie „Ich fühle mich …" oder „ich habe das so erlebt …". Fangen wir aber an mit „Du hast schon wieder …" oder „Du bist immer …", wird das Gespräch nicht konstruktiv verlaufen können, weil sich der Konfliktpartner angegriffen fühlt.

Wir liefern uns zwar auf diese Weise unserem Gesprächspartner aus und sind verletzbar, was sicherlich ein Risiko darstellt. Doch nur so können emotionale Informationen ausgetauscht werden. Hört uns der Gesprächspartner nicht zu, verhöhnt er unsere Gefühle, demütigt er uns in dieser Situation, muss das Gespräch sofort abgebrochen werden, denn eine Lösung ist dann nicht möglich. Man muss akzeptieren, dass Problemlösungen nie einseitig sein können, sondern dass beide den Konflikt lösen wollen. Ist dies nicht der Fall, muss man eine Lösung ohne den Konfliktpartner suchen, die einem selbst Erleichterung und Hilfe bringt. Das kann zum Beispiel eine Trennung von diesem Partner sein oder andere harte Konsequenzen. Oft trauen sich aber vor allem Zweiertypen in einer solchen Situation nicht, tatsächlich konsequent zu sein, weil sie den harten Schnitt fürchten. Auf diese Weise leiden sie oft jahrelang unter den degradierenden Aktionen ihres Konfliktpartners. Die französische Analytikerin Hirigoyen hat dies in ihrem Buch „Die Masken der Niedertracht" recht treffend beschrieben. Dazu gehört auch, dass wir es vermeiden, Drohungen oder Versprechungen auszusprechen, die wir nicht einhalten können. Viele Frauen sagen etwa in Diskussionen mit ihrem Partner immer wieder: „Wenn Dir Dein Beruf weiterhin so wichtig ist, dann werde ich mir einen anderen Mann suchen." Nach dem dritten Mal ist dieses Argument schal geworden, wenn die Konsequenzen fehlen. Auch Manipulationen haben bei einem solchen Gespräch nichts zu suchen, wie zum Beispiel: „Wenn Du mehr auf den Haushalt schaust, werde ich öfter mit Dir ausgehen" (Berkel, 1997).

Wenn beide hingegen bereit für ein Konfliktgespräch sind, wenn sie offen in ihren Äußerungen sind und versuchen, Verletzungen, Drohungen und Manipulationen zu vermeiden, ist es unbedingt wichtig, dem anderen **zuzuhören**. Bei unseren Ausführungen über die Kommunikation haben wir festgestellt, dass jeder in einer völlig anderen Welt lebt und den Gesprächspartner eigentlich nicht versteht, wenn er nicht nachfragt, was dieser wirklich meint. Es kann dann vorkommen, dass die Konfliktlösung wieder auf dem Missverständnis einer Information basiert.

„Konflikte lassen sich besser besprechen und lösen, wenn wir dem anderen ,wirklich zuhören' und ,nicht nur Munition sammeln, um damit zurück zu schießen'" (Parry, 1992, S. 118). Dabei ist es wichtig, sich klarzumachen, dass es keine absolute Wahrheit gibt und meine eigene Sicht der Dinge nur eine von vielen ist. Dieselbe Sache kann auch ganz anders gesehen werden. Es gibt unterschiedliche Wege, die Welt zu betrachten und nicht alle Menschen müssen übereinstimmen. Können wir uns dessen bewusst sein, so gelingt es uns eher, ein Stück Distanz zu unserem Konflikt zu schaffen. Damit wird eine Lösung leichter.

Oft sind wir aber bereits so sehr in die Konflikte und die damit verbundenen Gefühle verstrickt, dass es uns kaum gelingt, die angeführten Aspekte zu beachten und umzusetzen. Wenn wir sehr aufgebracht, wütend oder traurig sind, können wir nur schwer offen und zugänglich sein und dem anderen wirklich zuhören. Dann ist es notwendig und sinnvoll, etwas Distanz zu schaffen, zu sich selbst, der Situation und dem anderen.

MÖGLICHKEITEN, DISTANZ ZU GEWINNEN

Dazu gibt es verschiedene Möglichkeiten, etwa das Innehalten, das Durchatmen oder das Lockerlassen. Ein Kollege von mir hat den Satz geprägt: „Willst Du ein Problem lösen, musst Du Dich vom Problem lösen". Eine verkrampfte Haltung gegenüber Konflikten und ihren Lösungen führt oft zum Gegenteil. Wenn wir unseren Partner zu zwingen versuchen und ihn in unser Schema pressen möchten, erzeugen wir nur Widerstand. Ich erlebe in vielen Paargesprächen, dass Frauen versuchen, ihre Männer in einer solchen Weise zu manipulieren, dabei aber nur Frust ernten, weil sich der Partner vergewaltigt und manipuliert fühlt. Lockerheit und Distanz gegenüber der Situation sind daher wichtig.

Wie kann man Distanz schaffen?

1. Sich und seinen Körper wahrnehmen

Im Moment der Anspannung nehmen wir uns nicht mehr wahr, sind nur mehr auf die negativen Gefühle in uns konzentriert. Daher ist ein „Wegfühlen" notwendig. Wir spüren unsere Beine, versuchen fest am Boden zu stehen, beobachten unsere Hände, ob sie verkrampft oder geballt sind. Und ich **atme tief ein und aus.** Im Stress wird die Atmung flach, ich sehe die Umwelt nicht mehr, spüre mich nicht mehr. Durch tiefes Atmen bekomme ich zur Situation sofort Distanz. Hilfreich ist hier die Yogaatmung, die leicht zu erlernen ist.

2. Wahrnehmen der Umwelt

Es ist wichtig, sich abzulenken, vom Konfliktstoff wegzudenken. Es gibt ja nur „einen" Gegenstand der Aufmerksamkeit. Wenn ich also in den Raum horche, ob die Uhr tickt, ein bestimmter Geruch in der Luft liegt, wenn ich die Temperatur spüre, wird mich das kurzfristig ablenken. Ich werde kurzfristig vom Konfliktthema befreit sein.

3. Den anderen ansehen

Wenn wir in unsere Gefühle verstrickt sind, sehen wir den anderen nicht an, wissen wir eigentlich nicht, wie es ihm geht, wir sehen nur uns selbst. Daher ist es wichtig, dem anderen in die Augen zu schauen, zu lesen, was sich darin spiegelt, ihm wirklich zuzuhören und sich selbst kurzfristig zu vergessen. Damit ist der Weg frei für neue Informationen. Ich erfahre

Dinge, die mir sonst verschlossen sind. Es ist nicht nur wichtig, was mein Konfliktpartner sagt, sondern auch wie er schaut, wie er sitzt und wie er sich bewegt. Die Körpersprache meines Konfliktpartners ist eine ebenso wichtige Informationsquelle wie seine Worte.

Nur die Distanz hilft uns, objektiv zu werden, den Konflikt in seiner Komplexität wahrzunehmen und dadurch leichter Lösungen zu finden.

Eine weitere Möglichkeit, bei Konflikten Distanz zu gewinne, ist ein gedankliches Aussteigen, sodass man die Situation gleichsam „von oben" betrachtet. Man kann sich etwa vorstellen, wie ein Adler die Situation von einer großen Distanz her zu beobachten. Diese Methode lässt sich sowohl für uns selbst als auch gemeinsam anwenden. Letzteres erfolgt, wenn zwei Menschen beschließen, genauer hinzusehen, wie sie miteinander umgehen und kommunizieren. Sie lösen sich von den Gefühlen und versuchen die Muster der Verstrickungen herauszufinden. Diese „**Meta-Kommunikation**" erlaubt es, mit etwas Abstand darüber zu sprechen, wie man miteinander umgeht (Schultz von Thun, 1988, S. 94).

Konfliktlösung gehört zum Leben. Leider lernen wir dies oft weder zu Hause, in unserer Ursprungsfamilie, noch in der Schule. Wir werden vielfach erst in unserem Berufsleben auf die Mängel aufmerksam, die dann mit Firmenschulungen behoben werden. Teamfähigkeit ist ohne effiziente, offene Kommunikation und Konfliktlösefähigkeit nicht denkbar. Die Wirtschaft leistet bei der Entwicklung unserer Persönlichkeit und der Ausweitung unserer Verhaltensmöglichkeiten einen wichtigen Beitrag.

VII. LEBENSGRUNDDIMENSIONEN (LGD)

Bisher haben wir uns ausschließlich mit dem Menschen, seiner Charakterstruktur und den daraus abgeleiteten Eigenschaften und Verhaltensweisen beschäftigt. Doch dieses Grundmuster ist auch auf viele andere Bereiche anwendbar wie zum Beispiel auf Betriebe, Reden oder Bücher. Wir können es dazu verwenden, die Balancen von Systemen zu überprüfen und haben ein wirklich brauchbares Werkzeug in der Hand. In Kapitel I.2 haben wir diese Polarität bereits beschrieben. Es gibt zwei Grunddimensionen mit zwei gegenpoligen Ausprägungen. Die Inhaltsdimension der Realität zeigt auf, welche Inhalte wir überhaupt wahrnehmen (Sachinhalte, emotional- personale Inhalte) und daher auch als Information speichern und verarbeiten. Das andere ist die Stildimension, wie wir mit diesen Inhalten umgehen: Entweder ordnungszentriert, genau, penibel, Strukturen bauend, System erhaltend oder aber kreativ, flexibel, expansiv.

Diese Lebensgrunddimensionen spiegeln unsere Welt wider. Sie sind bipolar und daher gegensätzlich. Wir leben in einer bipolaren Welt des Lichtes und Schattens, des Tages und der Nacht, des Mannes und der Frau, des Männlichen und Weiblichen in uns, des Guten und Bösen, des Weichen und Harten, des Friedens und des Krieges etc. Manche spirituell orientierte Menschen, die wenig Einsicht in ihre eigenen psychologischen Mechanismen haben, meinen, wir könnten schon auf dieser Welt dieser Bipolarität entgehen. Sie meinen, wenn sie sich nur genügend anstrengen auf ihrem spirituellen Weg, könnten sie schon auf dieser Welt alle Gegensätze einebnen und aufheben, die angestrebte Einheit aller Dinge bereits hier erleben. Es ist sicherlich einigen wenigen hoch entwickelten Menschen gelungen, dass sie die Gegensätze in sich selbst aufheben konnten, unsere Welt aber bleibt gegensätzlich.

Wir brauchen ein Instrumentarium, um Balancen für gesundes Wachstum zu schaffen und Gegensätzlichkeiten auszubalancieren. Einseitigkeit führt zu Blockaden, Krankheit und Tod, sowohl beim Menschen als auch bei anderen Systemen. Ich werden in dem nun folgenden Abschnitt versuchen, das uns schon bekannte Grundmuster funktional, personal, ordnungszentriert und kreativ auf einige Systeme, mit denen ich persönliche Erfahrung habe, anzuwenden. Diese Systeme sind: Betriebe, eine Rede und unsere europäische Gesellschaft. Dies soll dem Leser demonstrieren, wie brauchbar dieses Grundmuster für die Analyse von Balancen ist, ob diese seinen derzeitigen Bedürfnissen und Anforderungen entsprechen oder nicht.

11.1 Lebensgrunddimensionen (LGD) im Betrieb

In meiner über zwanzigjährigen Schulungs- und Begleitungsarbeit in Klein-, Mittel- und Großbetrieben haben sich die Analysemöglichkeiten mit Hilfe der Lebensgrunddimensionen bestens bewährt. Es ist möglich, in kurzer Zeit die Ungleichgewichte in jeder Firma klar und präzise festzustellen und auch ganz einfache Maßnahmen zur Verbesserung der Balancen und damit der Gesundheit eines Betriebes durchzuführen. Außerdem ist durch diese einfache Methode jedem Seminarteilnehmer der innere Zusammenhang zwischen Negativerscheinungen und Störungsvariablen einsehbar. Sowohl die Führungscrew als auch die Mitarbeiter aller Ebenen werden so motiviert, die Ungleichgewichte in ihrem Bereich auszubalancieren. Wenn wir nämlich Ungleichgewichte spüren und klar zuordnen können, möchten wir diesen Spannungszustand, der durch das Fehlen der Balance entsteht, beseitigen. Wir spüren oft dumpf, dass etwas nicht in Ordnung ist, dass ein gesundes Gleichgewicht fehlt, können es aber nicht benennen und bleiben daher ohne eine klare Sachargumentation auf der Strecke. Es nützt nichts, einem sachorientierten Chef zu sagen, dass das Betriebsklima schlecht sei, dass die Kollegen sich nicht wohlfühlen würden und daher nicht sehr motiviert seien. Es kann demgegenüber jedoch eine große Hilfe sein, wenn man die Dinge sachlich festmachen kann und klar argumentiert.

Der funktional Aspekt

Alles was mit Geld, Zahlen, Aufstellungen und Analysen zu tun hat, ist diesem Aspekt zuzuordnen. Zwar ist die materielle Grundlage eines Betriebes nicht die einzige, die beobachtet und gefördert werden muss, doch dort, wo die Sachorientierung zu kurz kommt, wird es bald existenzielle Schwierigkeiten für den Betrieb geben. Wenn die Bilanz nicht stimmt und eventuell verfälscht wird, um besser dazustehen, hat das immer arge Folgen. Es nützt einem Unternehmer nichts, wenn er die Augen vor den Konsequenzen verschließt, die Banken öffnen sie ihm dann drastisch.

Tab. Nr. 6: Die sachlichen Aspekte in einem Betrieb

- Hallen, Gebäude
- Technik
- Kapital
- Geräte/Computer
- Ausstattung, Maschinen
- Einrichtung
- Fahrzeuge
- Fachwissen
- Verträge
- Hardware/Software
- Produkte
- Fertigungstechnik
- Patente

Dies sind einige Beispiele für konkrete Messdaten, die man je nach Branche beliebig erweitern oder verändern könnte.

Die alleinige Konzentration auf Kapital und Bilanz greift jedoch zu kurz. Die Bilanz sieht immer so aus, wie die leitenden Angestellten, die den Betrieb führen. Ich war einige Jahre in einem Baukonzern als Trainerin tätig und die Bilanz wies die einzelnen Regionen der Firma aus: Österreich

Ost, Österreich Mitte und Österreich West. Der Generaldirektor hielt nicht viel von psychologischen Schulungen oder einer Förderung der Teamfähigkeit, doch der „starke Zweite" hatte mich engagiert. Ich kam zu einem Gespräch zum Generaldirektor, als er gerade die Daten der neuen Bilanz vor sich liegen hatte. Ich konnte ihm genau die Ergebnisse sagen, obwohl ich mir die Daten nicht ansah. Ich wusste, dass der Osten die größten Umsatzzuwächse, aber auch die größten Defizite aufwies, die Mitte zahlenmäßig im mittleren Bereich lag und der Westen bescheidene Zuwächse, zugleich aber die größten Gewinne hatte. Dies sagte ich diesem „nicht einmal sachorientierten Manager" und er meinte, das könne ich nicht wissen, da ich die neuesten Zahlen gar nicht kennen würde. Meine Angaben stimmten aber genau mit diesen Daten überein und er konnte sich das nicht erklären. Ich gab zu bedenken, dass ich die Regionalmanager seit Jahren schulte und ihre Stärken und Schwächen kannte, die Bilanz spiegle nur ihre Persönlichkeit wider. Der Verantwortliche im Osten, ein fast reiner Vierertyp, sehr charismatisch und am Markt sehr rührig, hat auf Grund seiner großen Beweglichkeit und Kontaktfreude große Umsatzzuwächse. Doch interessierten ihn Daten wenig und er verschleuderte das Geld, das er mit den seinem Team einspielte, sofort wieder. Außerdem nahm er nie Rücksicht auf die Arbeit im Back-Office und kalkulierte diese auch nicht. Der Manager im Westen war ein Dreiertyp, präzise, genau, verlässlich und sparsam. Dementsprechend waren auch seine Gewinne.

Der personale Aspekt
Theoretisch wird der personale Aspekt bereits in allen Firmen akzeptiert. Doch merke ich immer wieder, dass Manager sich in vielen Fällen noch immer nicht der Bedeutung ihres „Humankapitals" bewusst sind. Sie haben zwar die Methoden wie Mitarbeitergespräche oder die Förderung der Mitarbeiter durch Schulungen im Kopf, doch tief in ihrem Inneren halten sie Schulungen im Persönlichkeitsbereich noch immer für „moderne Spielereien" und unnötige Ausgaben. Sobald eine Firma in eine Krisensituation kommt, sind es dann diese Bereiche, die in der Schulung sofort gestrichen werden. Wenn aber dieser Sektor in einer Firma vernachlässigt wird, geht eine wichtige Energiequelle verloren. Diese ist jedoch unverzichtbar für

den langfristigen Erfolg. Die Ablehnung des personalen Aspektes geht sogar so weit, dass gerade die Führenden diese Energiequelle vernichten. Ich nenne sie daher auch die **„Energievernichter"** einer Firma. Sie tun zwar so, als ob ihnen der Mensch wichtig wäre. In Wirklichkeit aber zählt nur ihr eigener Erfolg, ihre Macht und die Expansion der Firma beziehungsweise der in der Bilanz ausgewiesene Gewinn. Wie dieser erreicht wird ist ihnen ziemlich egal. Und das spüren die Mitarbeiter. Menschen lassen sich durch Worte nicht täuschen, sondern spüren die „oft unbewusste" Absicht hinter den schönen Worten sehr gut.

Wie wirkt sich der personale Aspekt in der Firma aus, was versteht man darunter?

Tab. Nr. 7: Der Personale Aspekt in einem Betrieb

- Unternehmenskultur
- Motivation
- Betriebsklima
- Arbeitszufriedenheit
- Fluktuation
- Krankenstände
- Kommunikation
- Informationsfluss
- Innere Kündigung
- Personalentwicklung
- Fortbildung
- Sozialleitungen (Mensa/Freizeit)

Wir alle erleben in unserem Berufsalltag – und auch in unserem Privatleben –, wie wichtig eine offene und konstruktive Kommunikation ist. Kein Team kann gute Arbeit leisten, ohne dass Informationen frei, positiv und rasch fließen können. Werden dafür nicht entsprechende Strukturen geschaffen, kommt es zu Missverständnissen, Intrigen und Energieverlust in der Firma. Ich selbst konnte das in einem kleinen Betrieb erleben, als die „Neue Managerin" alle Kommunikationsplattformen sofort abschaffte. Es gab keine Teambesprechungen mehr, keine Informationen von Kooperationspartnern und Kunden. So wurde das „Stille Post"-Spiel aktiv. Es entstanden sehr bald Gerüchte und Intrigen, die Atmosphäre in der Firma wurde immer schlechter. Dadurch nahm die Motivation vor allem im Sekretariat ab und viele Dinge, die rasch zu erledigen gewesen wären, blieben liegen. Gerade im Sekretariat befindet sich die Drehscheibe der Informationen. Bei den Mitarbeitern war nicht mehr der richtige „Biss" vorhanden. Die Aufträge wurden weniger, die Zahlen in der Bilanz zeigten diese Entwicklung ganz deutlich. Die Verluste wuchsen an. Der Topmanager des Betriebes sah diesen Zusammenhang jedoch nicht ein, bis die Angestellten selbst nach Kommunikationsstrukturen verlangten.

Motivation sollte in einem Betrieb nicht erst geschult werden, sondern die Art der Führung sollte so beschaffen sein, dass die Balance zwischen funktionalen und personalen Aspekten, ein ständiger Kommunikationsfluss und die Aufforderung, Verantwortung in entsprechenden Umfang zu übernehmen, die Mitarbeiter von selbst motiviert. Das konnte ich bei einer Apotheke in Niederösterreich beobachten, wo 14 Frauen zusammenarbeiten und die Führung so gestaltet ist, dass die Mitarbeiterinnen das Gefühl haben, als Menschen geschätzt und gefördert zu werden. Ich hatte die Aufgabe, ein Leitbild mit ihnen zu entwickeln und war erstaunt, wie initiativ und wach die Mitarbeiterinnen waren. Dabei waren die Akademikerinnen genauso engagiert wie die „Helferinnen". Einige Mitarbeiterinnen kamen aus anderen Betrieben und hatten den Unterschied zu anderen Führungsstilen erkannt, sie kannten keinen Betrieb, wo der Mitarbeiter so im Mittelpunkt stand. Sie werden geschult und gefördert, zugleich aber auch gefordert. Es entstand bei ihnen der Wunsch, für ihren Betreib ein eigenes Leitbild zu erstellen und dieses wurde von ihnen selbst formuliert. Ich begleite seit Jahren die Leitbildarbeit in Klein-, Mittel- und Großbetrieben. Normalerweise wird Leitbildarbeit „top down" durchgeführt. Der Chef oder die Chefin bildet eine kleine Arbeitsgruppe mit den führenden Angestellten und formuliert ein Leitbild für die Firma. Dieses wird dann den Angestellten vorgelegt und sie können es in ihrem Bereich adaptieren. Veränderungen sind aber kaum noch möglich. In dieser Apotheke ging es umgekehrt. Die Crew überlegte sich etwas und legte es der Chefin vor. Das

Leitbild entstand an der Basis und wurde daher von allen mitgetragen. Erstmals habe ich erlebt, dass ein Leitbild „bottom up" installiert wurde. Wobei sich der Führungsstil der Inhaberin auch im Leitbild widerspiegelte. Die Mitarbeiter versuchten in ihren Vorschlägen, die Balance zwischen sachlichen und personalen Aspekten zu halten. Auch in der Behandlung der Kunden hatte diese Balance Priorität. Es geht also nicht nur um den Verkauf von Medikamenten, sondern auch um den Zusatznutzen der Beratung. Dadurch hat der Kunde einen umfassenderen Service als bei anderen Apotheken. Dem reinen Verkaufsjob der Mitarbeiterinnen gibt dies einen zusätzlichen Sinn, ein im Großen und Ganzen besseres Betriebsergebnis ist die Folge.

Ein leitender Angestellter sollte daher diese Dinge nicht nur als Methode lernen, sondern er muss diese Balance in sich selbst haben und sie leben. Wenn jemand zu unsachlich ist, wird er die entsprechenden Zahlen nicht bringen. Kann er aber seine emotionale Seite nicht akzeptieren und entwickeln, wird er immer führungsschwach sein, die Komponente der psychischen Energie in der Firma zu wenig beachten und dadurch wichtige Kräfte in seinem Betrieb ausschalten.

Der ordnungszentrierte Aspekt im Betrieb

In diesem Bereich geht es um Strukturen, Regeln, eine gute Verwaltung, kurz gesagt um Ordnung und Klarheit. Wenn ein Betrieb noch so sachorientiert und personenorientiert ist, aber seine Strukturen jedes Jahr verändert, wenn nie Ruhe in die Teams kommt, wenn unklare Strukturen vorhanden sind und Kompetenzen nicht geklärt werden, kann dieser Betrieb trotzdem schlecht funktionieren. Genaue Arbeitsabläufe, Nahtstellen zwischen den Abteilungen und Kompetenzen müssen genauso beachtet werden. Je größer ein Betrieb, desto mehr Gewicht muss man auf diesen Aspekt legen. Es ist gleichzeitig falsch, zu eng und rigoros vorzugehen, da die Mitarbeiter sich sonst auf „ihren Bereich" zurückziehen und einem Kollegen, der unter Druck gerät, nicht helfen, da dies ja nicht „seine Aufgabe" ist. Auch hier ist Balance wieder angesagt. Klare Grundkompetenzen und genügend Flexibilität ermöglichen damit Kooperation und gegenseitige Hilfe.

Tab. Nr. 8: Der ordnungszentrierte Aspekt in einem Betrieb

- Statistik
- Buchhaltung
- Planung
- Kontrolle/Controlling
- Anweisungen
- Regeln
- Verwaltung
- Organigramm
- Stellbeschreibung
- Vertragsformen
- Rechtliche Grundlagen

In verkaufsorientierten Betrieben wie zum Beispiel dem Baustoffhandel oder dem Baugewerbe, in Architekturbüros, Banken oder beim Autoverkauf, kurz überall, wo der Verkaufserfolg die Einnahmen der Firma prägt, sind die Verkäufer oder Außendienstmitarbeiter (meist sind es Männer) die Stars der Firma. Sie geben den Ton an, benehmen sich wie allein verdienende Väter in Familien und glauben, dass nur sie wichtig sind. Sie behandeln die Verwaltung (meist Frauen) mit Herablassung und meinen, dass nur sie das Geschäft machen, das Back Office ist ihnen nicht mehr wichtig. In meinen Schulungen habe ich immer versucht, die Außendienstler in einem Rollenspiel den Innendienst übernehmen zu lassen und umgekehrt. Dies zeigte sehr rasch, wie viel Kompetenz, Konzentration und Stressresistenz der Innendienst für die tägliche Arbeit benötigt. Die Innendienstdamen behandelten die Außendienstmänner genauso, wie sie es täglich von ihnen gewöhnt waren. Für beide Parteien war das Rollenspiel eine überraschende, gesunde Übung, die Zusammenarbeit funktionierte nachher wesentlich besser und auch die gegenseitige Wertschätzung stieg.

Ohne den Aspekt der Struktur und Ordnung kann kein System existieren. Wir sehen das an unserem Körper, wie alles in Mitleidenschaft gezogen wird, wenn ein winziger Teil krank wird und seine ihm zugedachten Aufgaben nicht mehr erfüllen kann. Gerade unser Körper ist ein Wunder an Präzision, Zusammenspiel und festgefügter Ordnung, wo jedes Organ, jedes Zelle ihre genaue Funktion hat und diese auch ausfüllt. Reisst eine Zelle aus, will sie ihre Funktion nicht mehr erfüllen, wächst sie ohne Maßen, sind Krankheit und Tod die Folge (siehe Krebszelle).

Der kreative Aspekt im Betrieb

Dieser Aspekt kommt in vielen Firmen zu kurz. Man hat sich jahrelang in ausgetretenen Pfaden bewegt und Erfolg gehabt. Warum soll man etwas ändern, warum ständig an Neues denken. Viele österreichische Unternehmer denken noch immer so, obwohl sich ihr Umfeld ständig ändert und die Kunden mit neuen Bedürfnissen an sie herantreten. Im Computer-Geschäft ist es eine Selbstverständlichkeit, dass man bereits an Neues denkt, wenn das neueste Produkt gerade auf dem Markt ist. Dort beträgt die Lebensdauer eines Produktes nur mehr ein Jahr, früher waren es sieben bis acht Jahre. Während man sich dort an den Druck zur Kreativität gewöhnt hat, träumt man in vielen anderen Branchen noch vor sich hin, vor allem wenn eine Firma das Glück hat, eine Marktnische zu bedienen. Man wird erst aktiv, wenn ein Konkurrent die Bühne betritt. Oft ist es dann aber schon zu spät. Gute Ideen sowie Kreativität auch für Kundenbedürfnisse und -lösungen sind heute wichtiger denn je. Wir haben viele ermutigende Beispiele von Personen, die Bedürfnisse von Kunden erkannt und darauf reagiert haben. Diese Innovativen sind von einem Einmann-Betrieb in kürzester Zeit angewachsen. Eine Studentin beispielsweise suchte einen Job, inserierte in Zeitungen, fand jedoch nichts. Da hatte sie die Idee, für Berufstätige und alte, gehschwache Menschen einen Dienst für Behördenwege einzurichten. Bald konnte sie den Ansturm nicht mehr persönlich bewältigen und ihr Team wächst ständig weiter.

Eine Hausfrau kaufte sich ein Elektrogerät, las die Gebrauchsanweisung und verstand sie nicht. Sie ging zur Herstellerfirma und bot ihr an, die Beipackzettel für den Laien zu übersetzen und diesen Text nicht von einem Techniker formulieren lassen. Sie hat heute ein gut gehendes Büro, das auch für andere Firmen „gut verständliche" Formulierungen produziert.

Tab. Nr. 9 Der kreative Aspekt in einem Betrieb

- Kreativität
- Innovation
- Image
- Firmendynamik
- Marketing
- PR/Werbung
- Expansion
- Firmenphilosophie

Wir denken oft in ausgefahrenen Bahnen. Wir meinen, die Arbeit sei nur der 40-Stundenjob in einer Firma. Das wird in Zukunft nur noch für ein Drittel unserer Gesellschaft gelten. Ich konnte mir noch vor 15 Jahren diese kommende Ein-Drittelgesellschaft nicht vorstellen. Heute sind wir schon so weit, dass in Österreich 1,3 Millionen Menschen keine traditionelle Beschäftigung mehr haben, sondern Mischarbeit bevorzugen: Es handelt sich zum Beispiel um Einmann-Betriebe, Teilzeitjobs und ehrenamtliche Tätigkeiten, die harmonisch verbunden werden. Es gibt heute schon genügend Menschen, die ihre Arbeit als sinnvoll erleben wollen. Dafür sind sie bereit, Verantwortung zu übernehmen, das Abenteuer der Unsicherheit in Kauf zu nehmen und auch weniger zu verdienen. Sie wollen nicht mehr Sklaven eines Betriebes oder eines unverständigen Managers sein. Sie schaffen sich einen Raum, in dem sie ihre Kreativität und Kompetenz unter Beweis stellen können. Natürlich stellen sie sich das leichter vor als es ist. Aber es gibt mehr Begabte in diesem Bereich, als wir gemeinhin annehmen. Wichtig wäre es, dass Institutionen wie Industrie- und Handelskammern ihnen Hilfestellung geben, was erst teilweise geschieht.

Vielen Menschen ist es heute wichtiger, ihre persönlichen Qualitäten im Berufs- und Privatleben entfalten und ausleben zu können, als in einem sinnlosen Job viel zu verdienen. Ein Kollege von mir, Prof. Dr. Kaiser von der Wirtschaftsuniversität in Wien, hat ein neues Coachingverfahren entwickelt, das nur wenige Stunden umfasst: das **Berufungscoaching**. Er war nicht nur sofort ausgebucht, sondern Prof. Kaiser musste rasch viele

Experten ausbilden, weil der Ansturm so groß ist. Es kommen Menschen ganz unterschiedlicher Altersstufen und Schichten zu ihm, die sich verändern möchten, die spüren, dass ihr bisheriges Leben nicht ihren inneren Anforderungen entspricht. Oft geht es schnell und sie wissen, wohin ihr zukünftiger Weg geht.

Der Einzelne reagiert somit schon auf die neuen Erfordernisse, alteingesessene Firmen hingegen können oft nicht schnell genug umschalten. Flexibilität und Kreativität sind jedoch heute ein Erfordernis der Zeit. Natürlich leiden wir unter der enormen Schnelligkeit, mit der Veränderungen vor sich gehen. Das Tempo wird immer rascher, was uns Angst macht, zumal unsere Ausbildungen uns darauf nicht vorbereitet haben. Die Schulen unterrichten noch in einem veralteten Stil, wo Innovation und Kreativität nicht gefördert werden, sondern oft unnötiges Wissen in die Schüler hineingestopft wird. Im Föhrenbergkreis beschäftigen sich einige Manager, Wissenschaftler und Unternehmer mit diesen Themen und versuchen, Neues zu denken. Ich gehöre seit über sieben Jahren dieser Einrichtung an und habe in mehreren Arbeitskreisen mitgearbeitet. Im Arbeitskreis Bildung („Auf der Spurensuche nach einem neuen Bildungsideal", 2003) haben wir die oben angeführten Umstände berücksichtigt und Vorschläge für ein „Neues Lernen" gemacht und eine neue Definition von Bildung erarbeitet:

„Bildung ist die Befähigung zu Lebensbewältigung, Lebensbereicherung und zu aktiver Lebensgestaltung. Bildung umfasst Wissen und Können sowie Persönlichkeitsentwicklung. Der Mangelfaktor Persönlichkeitsbildung ist gegenüber der Überbetonung von Wissen und Können auszugleichen. Bildung ist ein lebenslanger Prozess."

Die Veränderungen in der Wirtschaft sind massiv, die Reaktion des Einzelnen und der Firmen noch oft ungenügend. Die Revolution im sozialen Bereich wird von vielen noch gar nicht wahrgenommen, doch sie wird dazu zwingen, unsere Einstellungen und unser Verhalten deutlich zu verändern.

Die Balancen in unseren Firmen werden sicherlich alle vier der oben angeführten Aspekte umfassen müssen. Man kann die Balance nicht einfach vorschreiben, sie wird je nach der individuellen Situation des Betriebes unterschiedlich ausfallen, bei Dienstleistungsfirmen anders als bei Produktionsbetrieben. Doch alle müssen sich immer wieder fragen:

- Wo gibt es bei uns Ungleichgewichte, die uns schaden?
- Welche Komponenten in unserem Betrieb müssen wir mehr stärken?
- Was wird wo und von wem vernachlässigt?
- In welchen Bereich sind wir unterbelichtet?

Diese und ähnliche Fragen sollten sich die Betriebe immer wieder stellen und sie sollten immer wieder eine Energiebilanz machen, damit man sieht, wo Energie vernichtet, nicht entsprechend ausgeschöpft oder auch gefördert wird. Dabei meine ich Energie in der unterschiedlichsten Form, sowohl als Kapital als auch als Humankapital. Wir werden in Zukunft viel mehr Achtsamkeit lernen müssen, ein Prinzip, das im ZEN (einer östlichen Meditationsform) oberstes Prinzip ist. Einseitigkeiten werden wir uns in einer Zeit des raschen Wandels und der sehr hohen Anforderungen nicht mehr leisten können.

11.2 Lebensgrunddimensionen (LGD) und Rhetorik

In vielen Firmen wird „Rhetorik" geschult. Meist sind es männliche Trainer, die versuchen, den führenden Angestellten beizubringen, wie sie bei Präsentationen und Vorträgen eine gute Figur machen. Ich erlebe oft, dass die Seminarteilnehmer dann zur mir kommen und sich über die Methoden, die man ihnen beibringt, beklagen. Man zeigt ihnen, wie sie stehen sollen, wie ihre Mimik und Gestik günstig wirkt und wie sie ihre Sprache modulieren sollten, kurz gesagt, wie sie sich am besten präsentieren. Auf den Inhalt ihrer Rede achtet man hingegen viel zu wenig; es ist klar, dass dieser sich am Zuhörer und nicht am Präsentator orientiert. Es geht vielen Trainern in diesem Bereich nicht um die Motivation der Hörer oder die um überzeugende Vermittlung von Inhalten, sondern vor allem die Wirkung des Redners. Doch dies greift meiner Meinung nach zu kurz. Jeder Redner strahlt nach meiner Erfahrung ohnehin seine Persönlichkeit aus, er kann sie nicht hinter angelernten Gesten und Tricks verbergen. Wüssten viele Redner, wie gut man ihre Person auf Grund ihres Referats analysieren kann, würden sie vielleicht nie mehr aufs Podium steigen.

Die Lebensgrunddimensionen geben uns ein gutes Instrument in die Hand, um Inhalte so beim Publikum zu präsentieren, dass sie nicht nur einen bleibenden Eindruck machen, sondern zum Nachdenken und eventuell sogar zur Verhaltensänderung anregen. In der Präventivpsychologie geht es uns nicht nur um Wissensvermittlung, sondern darum, die Eigenkompetenz zu stärken. Wenn wir wissenschaftliche Inhalte leblos und lediglich sachorientiert vortragen, hat das fast keine Wirkung auf die Person. Die Inhalte werden zwar im Hirn gespeichert, auf die Persönlichkeitsveränderung haben sie jedoch fast keinen Einfluss. Daher habe ich in langen Jahren eine Form der Rhetorik entwickelt, die motivierend für Lebensveränderungen ist. Vorträge in unserem Bereich sollen nicht nur Wissen vermitteln, sondern dazu anregen, sein Leben selbst in die Hand zu nehmen. Viele Menschen, die zu unseren Vorträgen kommen, meinen, dass sie ihrer Umgebung und ihrem Schicksal ausgeliefert seien. Sie leiden jahrelang und meinen, sie könnten ihre Situation nicht verändern. Daher müssen unsere Vorträge so beschaffen sein, dass der Mensch den Zusammenhang zwischen seinem Leiden und den systemischen Bedingungen seiner Umgebung erfasst. Es muss ihm während des Vortrages klar werden, dass er selbst eine Veränderung der Situation in der Hand hat.

Wir haben 1992 eine Untersuchung für das Wissenschaftsministerium durchgeführt – nach zehn Jahren Präventivpsychologie –, um die Wirkung dieser Vorträge objektiv zu prüfen. Die Universität Klagenfurt hatte sowohl die Fragebögen entwickelt als auch die Auswertungen der Daten vorgenommen. Die Ergebnisse waren selbst für mich verblüffend. Denn es zeigte sich, dass bereits durch einen einzigen Vortrag die Eigenkompetenz der Zuhörer signifikant angestiegen war. Die Menschen, die sich zuvor ausgeliefert gefühlt hatten, bemerkten, dass sie ihre Situation sehr wohl verändern und dadurch verbessern können. Ich bekomme auch immer wieder Rückmeldungen von Frauen und Männern, die meinen: „Angefangen hat alles mit ihrem Vortrag, den sie vor Jahren in meinem Ort gehalten haben. Da habe ich das, was ich vorher nur dumpf fühlte, ganz klar erkannt. So konnte ich meine Situation in die Hand nehmen. Jetzt geht es mir viel besser und ich habe einen neuen Weg eingeschlagen.“

Es ist ja nicht so, dass wir Psychologen und Psychotherapeuten den Menschen etwas Neues und Bedeutsames sagen. Wir müssen nur das heben, was sie ohnehin schon fühlen, doch noch nicht wissen. Man muss die verschwommenen Vorstellungen des Hörers in sein Bewusstsein heben und ihm auf Grund einer zusammenhängenden Struktur erkennbar machen, wie Mechanismen ablaufen. Gerade wenn sich ein Mensch im emotionalen Chaos befindet, ist er nicht mehr imstande, klar zu denken und daher Lösungen für seine Alltagsprobleme zu schaffen. Wenn wir nur die Theorie bringen, wie die Dinge sein sollten, ist der Einzelne oft nicht imstande, dies in seinem Alltag umzusetzen. Daher haben wir als Experten die Aufgabe, dies für ihn zu tun. Das bedingt natürlich, dass wir selbst Erfahrungen weitergeben müssen, denn die reine Theorie, also der rein sachliche Aspekt, kann diese Wirkung nicht hervorbringen.

Ich arbeite seit Jahren mit graduierten Psychologen, die auch eine psychotherapeutische Ausbildung haben. Gleich nach der Beendigung ihres Studiums sind sie nicht imstande, einen psychologischen Inhalt den Hörern so zu präsentieren, dass diese nicht nur Theorie, sondern auch praktische Beispiele und Anregungen zur Umsetzung im Alltag erhalten. Womöglich ist die dargebotene Theorie dann noch mit Fremdwörtern gespickt. Je unverständlicher sich ein Vortrag anhört, desto gescheiter schätzen ihn die Menschen ein und desto unangreifbarer wird der Vortragende.

Mein Ausbilder im psychotherapeutischen Bereich erzählte uns bei einer Schulung folgende amüsante Geschichte: Er war bei einem Psychiaterkongress in Europa mit einigen Kollegen als Referent eingeladen. Sie hatten vereinbart, bei einer Präsentation im Plenum nur Fachausdrücke sinnlos aneinander zu reihen und zu warten, bis die Zuhörer es bemerkten. Es dauerte ganze fünf Minuten, bis sich jemand meldete und meinte, was für einen Unsinn er denn erzähle.

Ich habe also bei der Ausbildung von Präventivpsychologen immer wieder damit zu kämpfen, dass die jungen Experten meinen, ein wissenschaftlich exakter Vortrag dürfe keinen Unterhaltungswert haben. Sie orientieren sich damit an vielen Universitätsprofessoren, die ihre Fachvorträge so halten, dass ihre Zuhörer nur deshalb nicht einschlafen, weil sie den Inhalt für die nächste Prüfung benötigen.

DER SACHLICHE ASPEKT EINER REDE

Jede Rede hat vor allem die Aufgabe, sachliche Inhalte zu transportieren. Es ist mir wichtig, dass ein psychologischer Vortrag immer die **neuesten wissenschaftlichen Erkenntnisse** aufweist und die Hörer nicht mit „alten Hüten" abspeist, nur weil der Redner zu bequem ist, sich mit den neuesten Entwicklungen in seinem Fach vertraut zu machen. Dabei ist es mir völlig gleich, ob die Zielgruppe Bäuerinnen, Unternehmer, Manager oder aber Kollegen sind. Die fachliche Information eines Vortrags hat – unabhängig vom Zuhörer – ein Maximum an Qualität zu beinhalten. Dabei ist es nicht wichtig, ob die Zuhörer mit dem Thema vertraut sind oder nicht. Der Dienst am Kunden hat oberste Priorität, ganz gleich um wem es sich handelt. Junge Kollegen und Kolleginnen neigen dazu, sich für privilegierte Gruppen und Kollegen, vor denen sie sich fürchten, sorgsamer vorzubereiten, als für Gruppen, deren Intelligenz und Bildungsniveau ihrer Meinung nach nicht so hoch ist. Das halte ich für falsch, ja sogar für menschenverachtend.

Weiters muss der Vortrag so gestaltet sein, dass **Zusammenhänge und Entwicklungslinien** klar hervortreten und Details, die einen Experten vielleicht interessieren, in den Hintergrund treten. Der Zuhörer muss sich des Zusammenhangs zum Beispiel seines Leidens, seines Unbehagens und der Struktur, in der er lebt, klar werden. Auch Fehlhaltungen in seinen eigenen Einstellungen sollten ihm dämmern, wenn er zuhört. Die Inhalte dürfen aber nicht zu Schuldgefühlen führen. Die Zusammenhänge und

Einstellungen müssen so präsentiert werden, dass **Muster** für den Laien erkennbar sind und er selbst entdeckt, wie man diese Muster verändern kann. Der Redner sollte den Zuhörer sozusagen mitnehmen, wenn er „in einem Adlerflug über dem Land seiner Befindlichkeiten kreist". Er sollte Dinge, in die er bisher verstrickt war, von der Distanz sehen und die Gesetzmäßigkeiten von Einstellungen, Haltungen, den dazugehörigen Verhaltensweisen und deren Auswirkungen erkennen. So kann er zu einer nüchternen, sachlichen Problemanalyse angeregt werden, was ihm nicht gelingt, wenn er sich im Strudel seiner eigenen Gefühle befindet. Es geht also um die Objektivierung seiner Situation.

Wie ich schon oben erwähnte, ist es ja nicht so, dass der Zuhörer eine „Tabula Rasa" ist, also überhaupt nichts weiß. Er ahnt in seinem Inneren, wie die Dinge laufen sollten, wie er sich zu verhalten hätte, wie er Dinge ändern könnte. Er braucht oft nur einen Impuls durch den Vortragenden, um lange Geahntes in die Tat umzusetzen. Es gibt aber auch Zuhörer, die wirklich Neues erfahren, die ganz gebannt sind und das Gebotene gierig aufsaugen, weil sei merken, dass die angebotene Information ihnen bei der Bewältigung ihrer Alltagsprobleme helfen könnte.

Wichtig ist es mir auch, den Zuhörer zur weiteren Informationsaufnahme anzuregen. Man kann auf Bücher hinweisen oder einen Schriftenstand mit Skripten bereithalten, damit der Zuhörer sich nochmals in Ruhe mit dem Inhalt des Vortrages beschäftigen kann. Besonders möchte ich hier auf die Schriften amerikanischer Psychotherapeuten und Psychotherapeutinnen hinweisen, die ihre Bücher in einem lebendigen Stil mit vielen praktischen Beispielen schreiben, sodass dem Leser wirklich geholfen wird. Es sind Bücher, die sowohl die Selbstreflexion der Leser stärken, ihn im Inneren berühren und auch praktikable Lösungen anbieten.

Leider ist es noch immer so, dass wir in unseren Schulen im Psychologieunterricht zwar über berühmte Psychologen und Psychotherapeuten erfahren, doch einfachste Grundgesetze des Lebens nicht lernen. Wir wissen daher weder über unseren Charakter, die Möglichkeit der Ausbalancierung oder die eingefahrenen Rollenvorstellungen noch über schädliche und destruktive Einstellungen Bescheid. Wir werden oft mit unnötigen Theorien voll gestopft ohne dass darauf Rücksicht genommen wird, ob sie für unsere Lebensbewältigung brauchbar sind. Eigentlich sind unsere präventivpsychologischen Vorträge daher Nachschulungen, die in der Ausbildung versäumt wurden.

DER EMOTIONALE UND PERSONALE ASPEKT EINER REDE

Bisher haben wir immer die Balance zwischen funktional und personal beim Menschen hervorgehoben. Gleiches gilt auch für eine Rede, die motivierend sein soll. Es gehören daher zu den Informationen immer auch Beispiele, die das Herz rühren. Der bekannte und berühmte Hamburger Psychotherapeut Tausch meint dazu, dass reine Information niemals zur Verhaltensänderung beitragen kann, sondern, dass es bei der Prävention vielmehr wichtig ist, das Herz zu rühren. Nur dann werden Kräfte im Menschen aktiviert, die zur Änderung des Verhaltens und zur Verbesserung der Situation führen.

Je nach Zielgruppe sollten diese Beispiele so gestaltet sein, dass sich der Zuhörer selbst darin gespiegelt sieht. Ich habe bei meinen Vorträgen immer wieder erlebt, dass nachher Menschen teilweise weinend zu mir kamen und meinten, ich hätte ihr Leben beschrieben, so wie ich es geschildert hätte sei es ihnen gegangen, nur hätten sie die Information 20 bis 30 Jahre zu spät erhalten. Vor allem alte Bäuerinnen, die unter ihren Schwiegermüttern zu leiden hatten und nach der damaligen Sozialisation alles hinuntergeschluckt haben, waren für die offenen Worte und Beispiele sehr dankbar. Die Jungen können die Dinge präventiv bereits anders angehen.

Die **Beispiele** können aus verschiedenen Bereichen und Ebenen kommen. Ist ein Redner noch jung und hat noch wenig Erfahrung, kann er nicht aus dem Erfahrungsschatz des eigenen Lebens auswählen. Außerdem sind junge Kollegen und Kolleginnen oft bemüht, nicht allzu viel von sich selbst zu zeigen, weil sie sich hinter ihrem Expertenwissen verstecken wollen, damit sie unangreifbar sind. Ältere Kollegen und Kolleginnen sind eher bereit, **aus ihrem eigenen Leben** zu berichten, vor allem, wenn sie sichere und gefestigte Persönlichkeiten sind. Diese selbst erlebten Beispiele sind die wirksamsten, weil die eigene Energie in den Berichten über sie mitschwingt. Es ist außerdem sehr wirksam, wenn man Beispiele **aus der therapeutischen Arbeit** auswählt. Man muss allerdings die berufliche Verschwiegenheitspflicht beachten. Ich selbst lasse daher meine Patienten eine Erklärung unterschreiben, in der sie sich bereit erklären, dass ich für Vorträge und Schulungen eventuell Begebenheiten aus der Arbeit mit ihnen – selbstverständlich anonymisiert – verwenden darf.

Wir können auch **unser Alltagsleben** beobachten und Beispiele aus unserer Umgebung auswählen. Auf jeden Fall sollte man die präsentierten Geschichten selbst erlebt haben. Ich halte nichts davon, wenn Beispiele konstruiert werden, ihnen fehlt das Leben, die innere Beteiligung. Wenn einem überhaupt nichts einfällt und man in diesem Bereich keinerlei Erfahrung hat, kann man sich auch von einem Kollegen oder einem Freund etwas erzählen lassen. Das sollte man redlicherweise auch im Vortrag erwähnen und die Geschichte nicht als Selbsterlebtes ausgeben. Schwindel und Lüge haben in einer solchen Präsentation keinen Platz, denn der Zuhörer merkt, wie authentisch ein Vortragender ist und welche innere Beteiligung er ausstrahlt. Natürlich können Vierertypen, die in der Regel gute Schauspieler sind, lange Zeit ihr Publikum verführen. Doch irgendwann schimmert das eigene Wesen durch und die Adressaten, die lange Zeit Fans des Vortragenden waren, werden dann seine Feinde, weil sie von ihm enttäuscht wurden.

Beispiele sind auch deshalb wichtig, weil in ihnen die Theorie zum Leben erweckt wird und vom Experten gezeigt werden kann, wie eine Anwendung eventuell erfolgen könnte und welche Wirkungen eine Veränderung aufweisen kann. Es motiviert nichts so sehr, als wenn jemand eine verfahrene und hoffnungslose Situation schildert und man durch eine Veränderung eine Verbesserung des Zustandes erreicht.

Dabei ist immer zu bedenken, dass es ungünstig ist, konkrete Ratschläge und Hilfen zu geben. Es kann sich immer nur darum handeln, Gesamtzusammenhänge aufzuzeigen und zu verdeutlichen, dass die Änderung der Einstellung zur Änderung des Verhaltens und somit der Situation führt. Es geht darum, Gesetzmäßigkeiten aufzuzeigen und die Auswirkungen vorherzusagen, wenn etwa bestimmte Einstellungen sich breit machen. Ein

Beispiel: Viele Frauen sind noch immer so sozialisiert, dass sie alles für die anderen, vor allem für die Familie, tun und sich selbst vergessen. Sie unterdrücken jahrelang ihre eigenen Wünsche und Bedürfnisse. Da sie sich eine heile Familie wünschen und harmoniesüchtig sind, vermeiden sie es auch, Konflikte anzugehen, den Kindern und dem Partner Grenzen zu setzen. Wenn sie älter werden, merken sie dann, dass sie eigentlich Egozentriker erzogen haben, die wie selbstverständlich von ihnen die Selbstaufgabe fordern. Ihnen wird dann klar, dass die eigene Depression, die psychosomatischen Symptome oder Ärgeres vielleicht damit zusammenhängen, dass sie immer „zu gut" waren. Ein Vortrag kann sie mit ihrer – vielleicht von der Mutter übernommenen – destruktiven Lebenseinstellung konfrontieren und das Unbehagen, das sie schon lange haben, begründen und ihnen mit einer oft grausamen Klarheit aufzeigen, dass der bisherige Weg nicht so gut war, wie sie bisher dachten. Das kann sie anfangs unglücklich und unsicher machen, doch wenn sie ihre Einstellung sich und den anderen gegenüber ändern, kommt es rasch zur Erleichterung.

Es geht also vor allem um die Ausgewogenheit des funktional sachlichen und personal emotionalen Aspektes. Wenn man zu internationalen Kongressen fährt, kann man Folgendes beobachten. Am Vormittag und im Plenum kommen die „bedeutsamen" Wissenschafter zu Wort. Ihre Rede ist vor allem funktional, sie bringen neueste theoretische Ansätze, meist sehr trocken und mit Zahlen belegt. Als ich noch in der epidemiologischen Forschung tätig war, habe ich die wissenschaftlichen Ergebnisse unseres Institutes immer im Plenum und am Vormittag präsentieren dürfen. Man hat mich auch immer mit „Herrn Prof. Dr. Fuchs", also als Mann, angeschrieben. Ich bin dann nachmittags in die Gruppenpräsentationen gegangen und da konnte ich das Gegenteil erleben. Die Vortragenden haben oft unstrukturiert, sehr emotional und berührend, einen Fall nach dem anderen dargebracht. Diese Fälle wurden aber oft nicht genügend mit einer Theorie unterlegt. Wenn man dann die Gruppe verlassen hat, war man zwar sehr bewegt, hatte aber zu wenig sachliche Zusammenhänge geboten bekommen. Ich musste oft sehr intensiv nacharbeiten, um diese Erlebnisse in das Theoriekonzept einfügen zu können.

Auch dieser Aspekt spielt eine entscheidende Rolle, denn an ihm liegt es, ob ich mir den Inhalt merke und ob ich überhaupt – außer einem nebulosen Gefühl – etwas vom Vortrag mitnehme. Zunächst geht es um eine gute, **übersichtliche Strukturierung**. Meine Schüler lernen alle, wie man einen Vortrag so gestaltet, dass der Zuhörer einen guten Überblick bekommt. Man darf sich nicht in zu vielen Unterpunkten verlieren und muss immer wieder die gesamte Zusammenhangslinie dem Hörer vorstellen. Der Redner sollte die einzelnen Teile des Vortrags immer ins Gesamte einordnen können. Schließlich sollte ich die Inhalte entsprechend klar und einfach und übersichtlich strukturiert – möglichst mit Folie oder Power point – präsentieren. Verliert man sich in zu vielen Unterpunkten, ist das nicht mehr möglich. Weniger ist hier meist mehr.

Die *Einleitung* soll den Hörer fesseln, seine Aufmerksamkeit einfangen. Das kann man zum Beispiel mit einem Witz, mit einem persönlichen Erlebnis, das zum Inhalt des Vortrags passt, oder mit einem Überblick über die gebotenen Inhalte erreichen. Wenn ich zu einem Vortrag fahre und mir auf der Fahrt etwas passiert, das zum Thema passt, verwende ich es. Begegne ich etwa einer Rücksichtslosigkeit im Straßenverkehr, kann ich das bei einem Vortrag zum Thema Stress sicherlich gut verwenden.

Der *Hauptteil* sollte nach Möglichkeit nicht mehr als drei große Teile umfassen. Dabei ist es dem Referenten überlassen, ob er zuerst die theoretischen Zusammenhänge erklärt und diese dann mit einem Beispiel lebendig werden lässt und in den Alltag des Zuhörers transponiert, oder ob er an Hand eines Beispiels die Theorie entrollt.

Ich selbst ziehe die Dreiteilung bei Vorträgen immer vor und setze oft so an: Vergangenheit (wie war es früher), Gegenwart (was erleben wir heute) und Zukunft (wie könnte es sein, was wollen wir nicht). Erst wenn man die Vergangenheit und damit die Wurzeln seines Handelns kennt, kann man die Gegenwart mit ihren Mechanismen analysieren und einschätzen, was man in Zukunft verändern sollte und zwar sowohl im individuellen als auch im gesellschaftlichen Bereich. Die Unterpunkte dieser Einteilung sollten ebenfalls einfach und erkennbar sein und den Inhalt nicht verschleiern, sondern erhellen.

Der *Schluss* eines Vortrages hat die Aufgabe, nochmals zusammenzufassen und vor allem die Conclusio deutlich zu machen. Was folgt daraus? Was ist zu tun? Welche Wege ergeben sich daraus? Der Schluss sollte wie eine Speerspitze sein, die alles nochmals bündelt und den letzten, entscheidenden Impuls zur Motivation gibt. Ich selbst bin im Einstieg recht gut, kann während eines Vortrages fesseln, meine Schwäche ist der Schluss, der viel zu unvermutet kommt und meist zu wenig ausgeführt ist.

Die kreative Seite einer Rede

Ob es sich um eine politische Rede, einen Fachvortrag oder eine Präsentation handelt, der Zuhörer hat ein Recht auf Unterhaltung. Die bunte, lustige und schauspielerische Seite muss ein routinierter Redner nicht scheuen. Wenn einem ein Gedanke kommt oder ein Witz einfällt, sollte man ihn in seine Rede einzubauen. Das macht die ganze Sache lebendig und das Zuhören wird zum Vergnügen. Ich kenne einen sehr guten Redner, der wirklich brillant ist, wenn er locker, möglichst ohne viel Vorbereitung als Hausherr einer großen Organisation die Gäste begrüßt und auf das gebotene Thema eingeht. Es ist dann ein wirkliches Vergnügen, ihm zuzuhören. Wenn es aber um „Ernstes" geht, sei es, dass er in seinem Fach wissenschaftlich fundierte Informationen bringt, dann liest er teilweise von der Vorlage ab und bekommt einen gespreizten Stil, dem man leider nur sehr schwer folgen kann. Dies bedeutet für viele Redner: unwichtiges kann man mit Charme und Humor bringen, bei Wichtigem muss man ernst bleiben sich möglichst gestelzt ausdrücken, da dies dem bedeutsamen Inhalt viel mehr entspricht.

Fragen an das Publikum können den Effekt einer Verlebendigung hervorrufen. Bei einer Bäuerinnentagung, bei der mehr als 150 Frauen anwesend waren und die männlichen Honoratioren in der ersten Reihe saßen, hatte mein Vortrag die Unterschiede zwischen weiblicher und männlicher

Sexualität zum Thema. Da ich mir zu diesem Zeitpunkt gerade in einem interdisziplinären Forschungsteam über die Unterschiede zwischen Mann und Frau zahlreiche neue Informationen aneignen konnte und auch die damals neuesten wissenschaftlichen Ergebnisse parat hatte, fragte ich die Frauen, ob sie wüssten, wie viele Orgasmen eine Frau hintereinander haben könne. Wir hatten ja schon über die Orgasmushäufigkeit der Männer gesprochen, die auf Grund der Produktion von Samen höchsten zwei bis drei hintereinander aufweisen. Die Frauen rieten zehn oder 20 Orgasmen. Als ich die Ergebnisse referierte, wo Frauen im Experiment bis zu 50 Orgasmen hintereinander hatten, sprangen die anwesenden Frauen von den Sitzen, stampften mit den Beinen auf den Boden und schrien. Die davor sitzenden Honoratoren wurden blass.

Nicht, dass ich derartige psychologische Experimente, die im Sexualbereich gemacht wurden, befürworte. Ich hatte das Beispiel gebracht, weil die Ergebnisse so neu und sensationell waren. Den zuhörenden Frauen haben sie ein neues Selbstverständnis gebracht. Sie werden diesen Tag niemals vergessen und damit prägen sie sich auch die Inhalte ein. Denn dort, wo viel emotionale Energie vorhanden ist, wird die langfristige Einprägeleistung des Hirns unterstützt.

Die kreative Seite kann aus einem Fachvortrag ein Erlebnis machen, das bewegt, sodass man Erkenntnisse und auch bewegende Momente mit nach Hause nimmt. Dabei ist sicherlich das schauspielerische Element des Vortragenden eine wichtige Säule.

Eine meiner persönlichen Erfahrungen aus 25 Jahren Vortragstätigkeit im gesamten deutschen Sprachraum ist, dass die Einfälle während eines Vortrages, wenn man die Zuhörer betrachtet, besonders kostbar sind. Ich bereite mich für jeden Vortrag exakt vor, bereite auch die Beispiele vor und dann fällt mir – wenn ich jemandem betrachte, ihm ins Gesicht schaue – etwas ganz anderes ein. Das baue ich dann sofort in meine Rede ein. Oft kommt dieser Mensch nachher zu mir und meint, dieses Beispiel hätte ihm am meisten geholfen. Es scheint in dieser Situation eine Art Gedanken- oder Energieübertragung stattzufinden.

Natürlich kann man das nicht praktizieren, wenn man noch Anfänger ist und in dieses Metier erst einsteigt. Da hat man zu viel Angst und Lampenfieber, weicht keinen Handbreit von seinem Text ab, weil man befürchtet, nicht mehr weiter zu können. Doch Übung macht den Meister und man wird immer lockerer und kreativer. Und dann haben Redner und Hörer Spaß an der Sache.

RHETORIKTECHNIKEN, DIE MAN BEACHTEN SOLLTE

In jedem Fall strukturiere ich den Vortrag, bevor ich ihn bis ins Detail schreibe. Durch das Schreiben präge ich mir alles ein und kann dann fast **völlig frei reden**, eine besonders wichtige Technik. Es gibt viele Redner, die vom Blatt lesen, weil sie Angst haben, nicht exakt zu sein und angreifbar zu werden. Dabei sind das gesprochene und das geschriebene Wort etwas ganz anderes. Geschriebene Sätze sollten klar und präzise sein und eine exakte Wortwahl beachten. Ganz anders ist es beim gesprochenen Wort, hier können unvollendete Sätze im Raum stehen bleiben. Je spontaner der Ausdruck, desto leichter ist es für die Hörer, dem Vortrag zu folgen. **Vorlesen** ist für mich die **Todsünde eines Rhetorikers**. Der Zuhörer ermüdet rasch, wenn er den geschriebenen, exakt formulierten Text hört. Außerdem wird meist mit einer monotonen Stimme vorgelesen. Der Vortrag lebt jedoch vom Lebendigen, wie wir noch sehen werden.

    Humor ist auch ein wichtiges Element, wovor Kollegen bei einem Fachvortrag meist Angst haben. Sie meinen, wenn sie immer ernst und möglichst im Fachvokabular bleiben, wären sie wissenschaftlich bedeutsam. Doch die wirklichen Könner stehen über den Dingen, können schwierigste Zusammenhänge mit so einfachen Worten erklären, dass auch weniger gebildete Menschen sie verstehen. Sie scheuen sich daher nicht, humorvoll, witzig und locker zu sein. Besonders habe ich das bei einer Podiumsdiskussion mit Dr. Holl als Podiumspartner genossen, wo auf sehr hohem wissenschaftlichem Niveau mit Kollegen unterschiedlicher Fachrichtungen „geblödelt" wurde. Auch Einstein meinte einmal, wenn seine Theorien nicht auch ein „Straßenkehrer" verstehe, habe er sie falsch vorgetragen.

Ein Vortrag ist eine hohe Kunst und eine Aufgabe, die nie Selbstzweck sein sollte. Nicht der Hörer ist für mich da, sondern ich bin für den Hörer da. Ich habe mich in seine Sprache, seine Lebensumstände und in seine Art zu denken einzufühlen; ich sollte möglichst in einer für ihn verständlichen Sprache zu sprechen. Die Sprache wird daher für die unterschiedlichsten Zielgruppen verschieden sein. Wenn ich vor Hörern spreche, die noch keine Ahnung von Psychologie haben, werde ich eine andere Sprache verwenden als bei Fachexperten. Das scheint zwar logisch, wird aber zu oft übersehen, sodass Laien mit Fachausdrücken überfordert werden.

Was für einen Vortrag gilt, kann man in gleicher Weise auch auf **Fachbücher** anwenden. Sie sollten gute Theorie bringen, allerdings so, dass auch ein Laie sie versteht. Die Inhalte sollten an Hand von lebendigen Beispielen, die dem Leben des Lesenden nahe sind, angereichert sein. Die Struktur muss so übersichtlich sein, dass man sich nicht im Dschungel des Fachwissens verliert; von Zeit zu Zeit darf sich daher Eigenerlebtes oder ein Witz einschleichen. Außerdem ist es schön, wenn auch in einem Fachbuch literarisch ansprechende Formulierungen verwendet werden. Große Vorbilder in dieser Hinsicht sind Sigmund Freud und Alfred Adler, die ihre Fachbücher so geschrieben haben, dass sie auch für Laien lesbar wurden. Die amerikanischen Psychologen und Psychologinnen, sind im personalen, strukturellen und kreativen Bereich sehr gut. Ich vermisse aber oft den funktionalen beziehungsweise theoretischen Hintergrund. Sie legen zu wenig Wert darauf, ihre Ausführungen in einem größeren theoretischen Zusammenhang zu präsentieren. Im europäischen Raum hingegen wird die Theorie oft überbordernd präsentiert, so dass diese Bücher für den Laien nur schwer lesbar sind.

11.3 Lebensgrunddimensionen (LGD) und Gesellschaft

In der heutigen Gesellschaft geht es um neue Balancen. Wir kommen historisch gesehen aus einer Welt der Einseitigkeiten, die deshalb funktioniert hat, weil die Gegensätzlichkeiten auf verschiedene Institutionen und Rollenbilder verteilt waren. Es ist bereits Allgemeingut, dass wir seit ungefähr 7.000 Jahren in einer patriarchalisch organisierten Welt leben. Unsere Gesellschaft hatte im öffentlichen Bereich gewisse Wertepräferenzen, zu denen wir alle erzogen wurden. Im Privatleben sind eher die gegenläufigen Werte hochgehalten worden. So ist in der Gesellschaft von gestern alles vertreten gewesen, was ein System braucht, um zu überleben: das sachorientierte Männliche im Außenbereich und das personenzentriert Weibliche im familiären oder privaten Bereich. Es war nur sorgsam voneinander getrennt.

Wie hat dies in der Praxis ausgesehen und funktioniert?

Die Außenbereiche – Staat, Wirtschaft und Politik – werden seit mehr als 7.000 Jahren von Männern organisiert, die seit Jahrtausenden eine spezifische Sozialisation erhalten haben. Sie haben sich dieses Außenbereiches angenommen, weil gewisse biologische Tatsachen und Überlebensbedingungen diese Entwicklung gefördert haben. Männer sind schon seit der Steinzeit außenorientiert, das heißt wahrscheinlich seit mehr als 40.000 Jahren. Sie waren dafür verantwortlich, Nahrungsergänzung in Form von Fleisch und Fisch für die gesamte Gruppe des Clans zu beschaffen. Frauen haben 75 Prozent der Nahrung durch Sammeln herbeigeschafft. Doch die Beschaffung von Fleisch war in dieser Zeit eine Überlebensfrage. Es war nur möglich, sie zu lösen, indem sich Gruppen von Männern zusammenschlossen und gemeinsam jagten und oft wochenlang unterwegs waren.

Der **Mann** war im **Außenbereich** tätig und mit seinen Gefährten unzähligen Gefahren ausgesetzt, musste daher Kampf und Durchsetzung üben. Für diesen Überlebenskampf waren Einfühlsamkeit, Mitleid zum Beispiel mit einem gefährlichen Tier oder ein Zögern zur unrechten Zeit ein Todesurteil. Er hätte mit seinem Tod aber auch das Überleben der gesamten Gruppe gefährdet. Daher haben Männer immer andere Werte gelebt und unbewusst gepflegt als Frauen. Diese Einstellung haben sie in der Erziehung an die Söhne – nicht aber an ihre Töchter – weitergegeben.

Die **Frau** hingegen war immer bestimmt von ihrer Fähigkeit, Kinder zu bekommen. Dadurch hatte sie einen ganz anderen Aktionsradius, aber auch völlig andere Aufgaben als der Mann. Sie war einerseits für „alles Lebendige" verantwortlich, was wir auch heute noch im bäuerlichen Bereich nachprüfen können. Sie fühlte sich für Menschen, Tiere und Pflanzen zuständig. Sie **hütete das Feuer und das Leben**. Die Frau schützte das Lebens, das sie gebar. Daher fiel es ihr schwer, zu töten. Sie pflegte die Kinder, die Alten, Kranken und Gebrechlichen. Es gibt eine schöne Geschichte von Rudyard Kipling, die zeigt, wie die Frau in der Steinzeit die Tiere zähmt. Sie, die in der Höhle und Umgebung bleiben musste, um das Feuer zu hüten und damit auch das Leben, hatte von Anfang an andere Aufgaben als der Mann. Allein schon dadurch, dass sie sehr oft schwanger war und in diesem Zustand nicht hart arbeiten oder wochenlang unterwegs sein konnte, hatte sie einen anderen Aktionsradius. Daher haben die Frauen der Emanzipationsbewegung gemeint, dass die Familie und mit ihr die Schwangerschaft die Frau hindere, sich dem Mann gleichwertig zu fühlen und die gleichen Tätigkeiten wie er auszuführen. Denn moderne Frauen merkten früh, dass die vom Mann geschaffene Industriegesellschaft auf das Privatleben und die Familie keine Rücksicht nimmt. Wenn ich als Frau etwas in unserer Gesellschaft werden will, muss ich die männlichen Werte akzeptieren und die personale, kreative Seite in mir abtöten. Ich muss ein Mann in einem Frauenkörper werden.

Diese Fixierung der Rollen reicht in die Anfänge der Menschheit, in die Zeit des Nomadentums und der frühen Sesshaftigkeit und vor allem in die Zeit des Ackerbaus zurück. Wir haben also seitdem wir die Geschichte der Menschheit erforschen die Situation, dass Mann und Frau nach völlig unterschiedlichen Vorstellungen und Rollenbildern lebten und daher völlig verschiedene Aufgaben für die Familie, den Clan und später für die Gesellschaft erfüllten.

Als die Männer vor ungefähr 7.000 Jahren die Erfindung der Frau, Getreide und Früchte anzubauen, systematisch organisierten und durch die Erfindung des Pfluges effizient machten, übernahm der Mann den Ackerbau, der bis dahin der Frau oblag. Die Frau, die als Schwangere den Pflug nicht mehr führen konnte, war nun von der Feldarbeit befreit, sie verlor aber auch Ansehen und Einfluss. Sie wurde in den Haushalt zurückgedrängt, die Außenbereiche waren ihr nicht mehr zugänglich.

Nicht nur die Jagd sondern auch der Ackerbau wurde nun von Männern organisiert. Dies ist auch der Beginn eines Staatswesens: Da der eigene Besitz geschützt werden musste, war ein Zusammenschluss von Menschen mit gemeinsamen Interessen wichtig für den Schutz des Eigentums. Dies ist sozusagen der Beginn des Patriarchats. In diese Zeit fällt das Auftreten der ersten Kriege und statt des Tauschhandels wurde nun Geld eingeführt. Für alle diese Aktivitäten eigneten sich die bisherigen Werte und Verhaltensweisen, die die Männer schon seit Jahrtausenden geübt hatten.

Die Wertepräferenzen der Männer – Informationen beschaffen, organisieren, kämpfen, das Eigene schützen – haben sich daher durchgesetzt. Die **Anteile eins und drei** sind die **dominanten Aspekte**, die im Außenbereich wirksam werden. Auch unser Berufsleben ist in hohem Maße von diesen Einseitigkeiten geprägt. Es stellt sich die Frage, ob dies heute in dieser Form noch sinnvoll ist.

Gegenläufige Werte in einer einseitigen Gesellschaft

Aus diesen Einseitigkeiten der beiden Geschlechter ergibt sich einerseits eine lebensnotwendige Funktionsteilung und andererseits die „alte Geschlechterrolle". Dabei ist zu bedenken, dass die Anlagen des Einzelnen nicht immer mit den Anforderungen von Gesellschaft und Familie – was die Funktionen und Werte der Rolle betrifft – übereinstimmten. So wie wir hormonelle Unterschiede bei beiden Geschlechtern kennen, wo Frauen oft viele männlicher Züge aufweisen und in mancher Weise männlicher als mancher Mann sind, gibt es Männer, die sehr „weiblich" wirken. Es ist für die Gesellschaft von gestern unbedeutend gewesen, ob sich ein Mensch in seiner Rolle wohlfühlte oder nicht. Um die Gesellschaft als Ganzes im Gleichgewicht zu halten, war es notwendig, diese Funktionsteilung strikt durchzuhalten. Institutionen achteten darauf, dass die Menschen die ihnen zugeteilte Rolle exakt lebten. Alle anderen Aspekte des Menschen, die er vielleicht gerne ausgelebt hätte, wurden unterdrückt. Das Ziel der Sozialisation war nicht, ein glücklicher und zufriedener Mensch zu werden, sondern dass die Gesellschaft funktionierte. Vor allem die Kirchen haben viel zu dieser strikten Rollenteilung beigetragen. Die so genannte „christliche Frau" wurde dazu erzogen, aufopfernd, fürsorglich und selbstvergessen zu sein, da der Mann diese Aspekte weder in sich förderte noch lebte, und sie ein gesellschaftliches Gegengewicht darstellen musste.

Es ging früher nie um die Entwicklung und Entfaltung des Einzelnen, sondern ausschließlich um das Überleben der Familie, der Gruppe, des Clans und der Gesellschaft. Der Einzelne wurde erst im Zuge der Aufklärung, später dann der Emanzipationsbewegung und unseres modernen Individualisierungsstrebens von Bedeutung. Man muss auch bedenken, dass das Wissen für das Überleben des Menschen bis ins 19. Jahrhundert nicht wesentlich war. In Österreich führte erst Maria Theresia 1775 die allgemeine Schulpflicht ein. Wissen und Bildung waren nur einem sehr kleinen Kreis von Menschen überhaupt möglich, nämlich dem Adel und dem Klerus. Diese Schichten hatten die Führung der Gesellschaft in Händen. Der einfache Mensch musste nur die ihm zugewiesene Pflicht tun. Und diese wurde von den Mächtigen mit allen Mitteln eingefordert. Ich zähle aber nicht nur die weltlichen Herrscher zu den Mächtigen, sondern auch die Vertreter der Katholischen Kirche, die sich in den Dienst dieser gesellschaftlichen Aufgabe stellten und die alten Rollenvorstellungen mit großer Vehemenz unterstützten.

11.3.1 Rollenmuster und Werte

Wir haben im Männlichen und Weiblichen Gegensatzpaare von Einstellungen, Verhaltensweisen und Werten zu gewärtigen. Die Kirchen sprechen bei dieser gegensätzlichen Betrachtung der Realität von „naturrechtlichen Gegebenheiten". Damit versuchen sie, dem Aufkeimen des wissenschaftlichen Denkens den Wind aus den Segeln zu nehmen. Doch die Dinge liegen nicht so einfach, wie man es Jahrtausende geglaubt hat. Die extreme Rollenfixierung und schließlich Unterdrückung nicht nur der Frau, sondern auch des weiblichen Elementes in der Gesellschaft, hat beim Einzelnen und ganzen Gruppen von Menschen zu sehr viel Leid geführt.

Rolle des Mannes und das Männliche
Ausgehend von der Entwicklungsgeschichte des Menschen beruhen die Außenorientierung, die Kampfbereitschaft und auch der Tötungswille des

Mannes auf einer Jahrtausende alten Tradition, zu der jeder Mann verpflichtend erzogen wurde. Die Frau hatte keinen Anteil an diesem Training (eventuelle Ausnahme: die Sage der Amazonen). Wir kennen im Mittelalter die Erziehung zum Ritter, wo Tötungsmethoden zur Ausbildung eines Mannes gehörten. Um diesem Handwerk gerecht zu werden, mussten aber bestimmte psychologische Voraussetzungen geschaffen werden, damit die Verletzungs- und Tötungshandlung rasch und effizient erfolgen konnte. Mitleid, Einfühlsamkeit und Empathie wurden abgetötet. Nur so war es möglich, Männer zu Arbeits- und Tötungsmaschinen zu programmieren. Gefühle wurden unterdrückt, eingemauert, durften keine Rolle spielen, da Männer sonst ihrer gesellschaftlichen Aufgabe nicht gerecht werden konnten. Ob Bauer, Handwerker, Herrscher oder Krieger, der Mann musste leistungsfähig, gehorsam gegenüber Autoritäten, ausdauernd und unbeeindruckt von den eigenen Handlungen sein. Wenn er nach einem Krieg nach Hause kam, wenn er ein Gemetzel hinter sich hatte, durfte dies seinen Arbeitsalltag nicht stören.

Man kann sich gut vorstellen, dass eine solche Prägung bestimmte Anteile im Wesen von Männern lahm legte: Die Gefühle, die Sorge um den eigenen Körper und die eigene Seele sowie die ihm Anvertrauten durften in seinem Alltag kaum eine Rolle spielen. Die materielle Absicherung der gesamten Gruppe stand immer im Vordergrund und dafür setzte er auch sein Leben ein. Wir finden diesen Ansatz auch in der chinesischen Philosophie. Dort heißt die männliche Ausprägung **Jang** und entspricht ungefähr den oben erwähnten Zügen. Jang ist die Kraft, die sich im Außenbereich auswirkt, die nach außen wirkt. In der modernen Psychologie finden wir nur bei C.G. Jung eine Beschäftigung mit diesem Thema. Er kennt sowohl das chinesische Vorbild, nennt aber den männlichen Anteil im Mann **Animus**. Er beschreibt ihn als einen, der Kampf und Konkurrenzverhalten zeigt, wobei er die körperliche Kraft höher einschätzt als seelische Qualitäten; Außenorientierung sowie Herrschaft wichtiger sind als Beziehung. Jung meint nun, dass die Animus-Ausprägung beim unentwickelten Mann vorzufinden ist, der noch unausgewogen ist, weil er seinen weiblichen, seinen Anima-Anteil noch nicht entdeckt hat. Dem Animus-Mann kommt also auch in unserer Gesellschaft die Außenorientierung im

Berufsleben zu und in der Familie noch oft die Sorge um äußere Bedingungen, die das Überleben der Familie sichern, zum Beispiel um das Geld und eine gute Ausbildung der Kinder. Ob seine Kinder Beziehungen leben können, Freunde haben, mit ihrer Ausbildung und ihrem Beruf glücklich sind, ist ihm nicht so wichtig. Dieses einseitige Rollenbild, das seit Jahrtausenden in Männern wirksam ist, kann auch heute noch oft aufgefunden werden.

Wenn wir nun in den Dimensionen der Charakterstruktur denken und die Lebensgrunddimensionen hinzuziehen, so können wir beim Männlichen den Zug zur **Sachorientierung (Typ Eins)** feststellen. Männer sind eher dazu geneigt, den Verstand zu gebrauchen, als auf ihr Gefühl zu horchen. Sie analysieren lieber als zu fühlen. Wie wir gesehen haben, entspricht dies einer Jahrtausende alten Sozialisierung, die einstmals sinnvoll war. Daher stammt auch sein Interessen an allen sachlichen Dingen wie der Physik, der Mathematik oder der Technik. An innere Aspekte der Seele geht er oft mit sehr sachlichem Interesse heran. Dadurch kommt er mit der heutigen Partnerschaft und den Anforderungen der Frau nach Gefühl, nach Einfühlsamkeit und entsprechender Kommunikation oft nicht zurecht. Dazu wurde er bisher nicht erzogen. Im Gegenteil, eher hieß es: „Ein Indianer kennt keinen Schmerz und zeigt kein Gefühl, das ist etwas für Frauen". Wenn man einen Konkurrenten ausschalten möchte oder einen Privatkrieg führt, kann man sich Gefühle nicht leisten. Daher haben viele Männer meiner Generationen ihre Zweierdimension nicht entwickelt und unterdrücken ihre Gefühle, bis sie diese nicht mehr spüren. Zwar ist der Macho-Mann, der alle diese Eigenschaften in Übermaß hatte, nicht mehr modern, doch wir sehen uns noch immer gerne die alten Filme mit Clint Eastwood an, wo der Held schweigend und ungerührt den gerechten Rächer spielt.

Zugleich kann man einen Zug zu Organisation und Macht feststellen. Reiche aufzubauen, Verwaltungen zu organisieren, im großen Stil zu expandieren, andere zu unterwerfen, alles dies sind Charakteristika des **Ordnungszentrierten (Typ Drei)**. Männer waren schon immer daran interessiert, große Reiche zu schaffen oder den Gegner zu töten, um ein größeres Revier zu haben und damit die Überlebensfähigkeit zu sichern. Wir kennen das auch heute noch aus der Wirtschaft, wo im Zuge der Globalisierung versucht wird, weltweite Netzwerke aufzubauen, so wie das in der Geschichte etwa schon bei den Persern, den Römern oder auch der Katholischen Kirche geschehen ist. Dies kann aber nur durch die Unterwerfung und eventuell die Vernichtung des Schwächeren erreicht werden. Es gibt und gab sicherlich immer wieder einzelne Männer, die auch die weiblichen, sensiblen und emotionalen Anteile in sich entwickelt haben. Doch dies waren Ausnahmen, die im gesellschaftlichen Geschehen nur eine untergeordnete Rolle spielten. Denken wir nur an bedeutende Künstler, wo die Sensibilität eine große Rolle spielt.

Als Kind und Knabe sind die sensiblen und emotionalen Anteile noch in hohem Ausmaß vorhanden. Doch spätestens im Berufsleben kommt es entweder sehr rasch zu einer Verflachung des Emotionalen, um die geforderten Verhaltensweisen zu entwickeln, oder der Mann leidet unter seiner sensiblen, zarten Seite und versucht sie zu verstecken, was oft seinem Magen und Darm nicht gut tut. Rücksichtnahme auf den Einzelnen und Fürsorge für den Schwächeren sind im Berufsleben wenig gefragt. Bei Untersuchungen über die unterschiedlichen Führungsstile von Mann und Frau stellte sich heraus, dass der Mann den Stärkeren stützt und fördert. Frauen jedoch kümmern sich eher um den Schwächeren und stützt ihn.

Männer sind durch diese Einseitigkeit zwar effizienter in der Durchsetzung, legen aber Teile ihres Wesen lahm und bleiben halb, können Beziehung und Partnerschaft nur mehr schwer leben. So berauben sie sich der Möglichkeit der Ganzheit und der entsprechenden Zufriedenheit. Wenn wir in unserer Gesellschaft die Balancen beim Einzelnen nicht zulassen, fördern wir sein Unbehagen und damit Anfälligkeiten für bestimmte Schwierigkeiten und Führungsfehler, für Unzufriedenheit und schließlich Krankheit. Auch heute noch werden Männer, die nach dieser Ganzheit streben, von mächtigen Animus-Männern verachtet und eventuell sogar verspottet. Doch die Krankheitserscheinungen von Männern, die sich im Außenbereich aufreiben, reden eine deutliche Sprache: Herz- und Kreislauferkrankungen stehen in der Rangliste der Krankheiten von Männern in Europa ganz oben, er ist eben am „Herzen krank".

Rolle der Frau und das Weibliche

Damit die Gesellschaft entsprechend funktioniert, muss auch der sorgende, pflegende, aufopfernde und einfühlsame Anteil gelebt werden. Sonst nehmen Effizienz, Kälte und Brutalität überhand. Das persönliche Überleben ist in einer ausnahmslos kalten, harten und effizienten Gesellschaft nicht mehr möglich. Der Mensch braucht zu seiner Entwicklung und Entfaltung Wärme, Geborgenheit und Zuwendung, die durch das Männliche – wie wir es beschrieben haben – nicht gegeben ist. Daher muss der Gegenpart des Männlichen besonders gestärkt und hervorgehoben werden, um das Gleichgewicht des Ganzen zu erhalten. Dies geschieht durch die Tradierung der weiblichen Rolle. Diese hat sicherlich mehrere Wurzeln. Einerseits scheint das Pflegeverhalten nicht nur beim Menschen, sondern auch im Tierreich an die Östrogene (weibliche Geschlechtshormone) gekoppelt zu sein, wie auch das Kampf- und Konkurrenzverhalten mit dem männlichen Hormon, dem Testosteron, einhergeht. Bei Experimenten hat man pubertären männlichen Primaten weibliche Hormone injiziert, sie zeigten dann typisch weibliche Züge. Sie trugen ihre kleinen Geschwister herum und lausten sie, etwas, was sie sonst nie gemacht hätten. Andererseits injizierte man weiblichen Primaten männliche Geschlechtshormone. Auch diese veränderten ihr Verhalten und fingen an, mit ihrem männlichen Geschwistern zu raufen und bei den weiblichen aufzureiten. Das entspricht auch der Beschreibung der chinesischen Tradition des Weiblichen im **Jin,** das als innenorientierte Kraft beschrieben wird. Sie ist die fürsorgliche, pflegende und nährende Komponente, C.G. Jung nennt sie **Anima.** Wir haben aber außer den biologischen Grundlagen auch die menschheitsgeschichtliche Entwicklung zu berücksichtigen, die über Jahrtausende gerade diese Aspekte in den Frauen – nicht aber im Mann – gestärkt hat und so ein Garant für die Fixierung der weiblichen Rolle wurde. Frauen wurden aber trotz dieser Rollenfestlegung von ihrem Umfeld nicht nur auf das Pflegeverhalten fixiert. Sie hatten bis zur Industrialisierung einen großen Anteil an den Produktionsprozessen der Gesellschaft; sie produzierten Kleider, veredelten Lebensmittel, bemalten und schmückten Möbel und Einrichtungs- beziehungsweise Gebrauchsgegenstände.

Erst im 19. und 20. Jahrhundert entzog die Industriegesellschaft der Frau alle Funktionen, wie die Produktion von lebensnotwendigen Gütern, die Pflege der Alten in der Familie, die Krankenpflege, die Begleitung der Sterbenden und die Ausbildung der Frauen in der Familie. Alle diese Dinge wurden ausgelagert und vom Mann in außerhäuslichen Institutionen nach seinem Verständnis organisiert: funktional und ordnungszentriert. So wurde die „Nur-Hausfrau" – eine Ausgeburt der Industriegesellschaft – vom Partner finanziell und emotional total abhängig. Eine Scheidung war dadurch gar nicht möglich, da sie keine eigene Pension und somit keine finanzielle Absicherung hatte. In der Weltstatistik fällt auf, dass in allen Ländern, in denen Frauen eine eigene Pension haben, die Scheidung ab den 14. Ehejahr erst möglich ist. Wenn die Frau sich selbst erhalten kann, durch die eigene Pension unabhängig wird, ist es ihr möglich, ihr Leben zu ändern, wenn die Kinder aus dem Haus sind. Dann kann sie endlich ein eigenes Leben anfangen. Sie wurde im 19. und 20. Jahrhundert auf ganz wenige Funktionen reduziert und hatte keinerlei gesellschaftlichen Einfluss. Sie hatte ihre reproduzierende Funktion unter Verleugnung alle ihrer Eigenschaften und Fähigkeiten auszufüllen. Die Kirchen hatten einen großen Anteil daran, sie in dieser Reduktion zu halten, indem sie ihr einredeten, sie sei nur dann wirklich „fromm", wenn sie alles, was eigennützig sei, aufgebe. Frauen wurden von allen Kirchen – die ja von Männern regiert werden – zur Selbstlosigkeit, Aufopferung für die Familie und Selbstverleugnung erzogen. Dies wurde ihnen als Ideal hingestellt und in vielen katholischen Kreisen wirkt sich dieses „krankmachende Ideal" noch immer aus. Aus dem christlichen Grundsatz „Liebe Deinen Nächsten wie Dich selbst" wurde ein „Liebe den anderen mehr als Dich selbst, vergiss Dich." Damit wurden die Frauen auf das **Personale (Typ Zwei)** reduziert – wir haben ja oben bereits ausgeführt, wie sich Einseitigkeiten auswirken: Sie führen zu Blockaden und machen letztlich krank. Wir dürfen uns daher nicht wundern, dass unsere gebildeten „Töchter", die junge Generation, nicht daran denkt, sich zu binden oder Kinder zu bekommen. Sie wollen das Schicksal ihrer Mütter nicht leben. Sie wollen dem Mann gleichgestellt sein und sie machen dabei oft den Fehler, ihn mit allen seinen Negativaspekten zu kopieren, denn auch der Mann ist ja nicht ausbalanciert, sondern lebt ebenso einseitig wie die Frau. Nur ist seine Lebensweise mit dem Prestige behaftet, das er sich selbst gibt.

Da Frauen früher weniger Bildung erhielten als Männer und immer vom Diktat und den Gedanken der Männer abhängig waren, funktionierte diese Reduktion so lange, bis sich die Frauen selbst den Zugang zu den Bildungseinrichtungen erkämpften. Als die Frau auf Grund ihrer Bildung die gesellschaftlichen Mechanismen zu durchschauen begann, funktionierte die Reduktion auf Gefühl, Duldung, Demut, Einfachheit und Selbstlosigkeit nicht mehr. Sie begann sich aus den Klammern der männlichen Vorherrschaft zu befreien und ihren männlichen Part, den Verstand und ihre Durchsetzungskraft, zu entwickeln. Sie entwickelte ihre **Sachorientierung (Typ Eins)** und ihre **Durchsetzungskraft (Typ Drei)**. Die Emanzipationsbewegung ist ein Garant dafür, dass Frauen den anderen Teil – den männlichen – in sich stärken und so überhaupt die Chance auf Ausgewogenheit haben. Sie wollen nicht mehr einseitig sein, sie wollen ganz werden. Das hat natürlich auch mit Spiritualität zu tun, der die Frau mehr zugeneigt ist als der Mann. Der derzeitige Erfolgsautor Eckhart Tolle meint dazu in seinem Buch „Lebendige Beziehungen JETZT": *„Im Allgemeinen ist es für eine Frau leichter, in ihrem Körper zu sein und ihn zu fühlen, und so ist sie dem Sein gewiss näher und möglicherweise auch der Erleuchtung, als es ein Mann ist" (S. 57).*

Moderne Frauen wollen nicht mehr nur zu Hause sein, Heimchen am Herd spielen, für alle da sein und sich selbst vergessen. Viele von ihnen wollen aber auch nicht nur im Beruf aufgehen, sich ganz wie ein Mann im äußeren Bereich verlieren, ihre emotionalen Anteile verkümmern lassen und Beziehungen nicht mehr leben. Man muss allerdings darauf hinweisen muss, dass es eine ansehnliche Anzahl von Frauen gibt, die jedoch genau dies nicht tun und sich im Gegenteil völlig am männlichen Vorbild orientieren, zu Männern in Frauenkörpern werden, mit allen positiven und negativen Auswirkungen. Viele Frauen aber wollen beides, Leben und Arbeit, wollen eine Work–Life-Balance. Es gibt aber auch schon eine Reihe von Männern, die dies anstreben. Auch wenn im Allgemeinen der Mann in dieser Entwicklung noch 150 Jahre Emanzipationsbewegung nachzuholen hat, begreifen einige Männer schon, dass es nicht um eine Veränderung des Äußeren, sondern ihres Inneren geht. Es geht darum, in sich selbst – ob Mann oder Frau – eine neue Balance zu schaffen, um reif zu werden und die Einseitigkeiten der Vergangenheit als Mensch zu überwinden. C.G. Jung hat schon im vorigen Jahrhundert darauf hingewiesen, dass wir im 20. Jahrhundert in ein Zeitalter menschlicher Reife gehen, wo es in jedem Menschen – in unterschiedlichen Ausformungen – möglich sein wird, sowohl das Männliche als auch das Weibliche entsprechend zu entwickeln und damit neue Balancen zu schaffen, wodurch eine neue Vielfalt entsteht.

Der kreative Anteil des Menschen in unserer Gesellschaft
Wenn nun der Mann Jahrtausende lang den Typ Eins, die Sachorientierung und den Typ Drei, die Ordnungszentriertheit und Machtorientierung, gelebt hat, die Frau jedoch den Personenzentrierten Anteil (Typ Zwei), bleibt noch die kreative und flexible Seite des Menschen. Sicherlich haben Frauen immer das Kreative in ihrem Leben zugelassen. Sie haben im Mittelalter die Kleidung von Mann und Frau sowohl entworfen als auch produziert, sie haben Möbel und Geschirr bemalt. Doch in der Industriegesellschaft wurde auch dieser Teil von der Familie ausgelagert und vom Mann organisiert beziehungsweise die Freiräume für Kreatives wurden vor allem dem Mann zur Verfügung gestellt. Wenn wir nur von der Kleidung ausgehen, so hat man den Frauen die bunte Erscheinung in unserer Gesellschaft zugeteilt. Doch auch hier bestimmt der Mann, wie dies auszusehen hat. Noch immer sind unter den Modeschöpfern wenige Frauen zu finden. Maler, Bildhauer, Architekten, Dichter etc. sind immer noch vorwiegend Männer. Es gibt zwar schon hie und da Frauen in diesem Bereich, doch insgesamt sind es relativ wenige. Es sind vor allem Frauen, die keine Familie haben oder sehr viel Unterstützung erhalten, sodass sie Beides leisten können. Gleichberechtigung gibt es nur auf der Bühne als Sänger und Sängerin oder Schauspieler und Schauspielerin. Bei berühmten Orchestern wie den Philharmonikern und den Symphonikern wird es bereits schwieriger, denn deren Arbeitstag ist schwer mit dem einer Hausfrau und Mutter zu vereinen. Außerdem stellen die unzähligen Auslandsverpflichtungen eine Schwierigkeit dar, Familie zu leben. Doch dem Mann

hat sich bis vor kurzem die Frage nach der Vereinbarkeit von Familie und Beruf gar nicht gestellt. Er hat aber auch nicht nach seiner charakterlichen Vervollständigung gefragt. Er hat nur das ausgebildet, was er für seinen Beruf und für sein Leben außer Haus gebraucht hat. Zu Hause meinte er, ohnehin alles zu wissen und zu können. Es ist ihm oftmals nicht aufgefallen, wie „daneben" er tatsächlich in seiner eigenen Familie war und dass er eigentlich in einem umsorgten Vakuum gelebt hat.

Vielen Männern ist entgangen, dass sie die Eigenschaften für Beziehungen und vor allem ihren personalen Anteil völlig verkümmern ließen. Auch die Kommunikation zu Hause war oft mehr als dürftig. So waren sie dann sehr erstaunt, als die Frauen – nach Auszug der Kinder aus dem gemeinsamen Haushalt – die Scheidung einreichten, um vieles, was ihnen bis dahin entgangen war, nachzuholen. Wenn wir die Scheidungstrends in den deutschsprachigen Ländern ansehen, so werden 75 Prozent der Scheidung von Frauen eingereicht. Die meisten Männer fallen aus allen Wolken, weil sie überhaupt nicht verstehen können, was hier vor sich geht.

Auswirkung einseitiger Rollenvorstellung und Charakterausprägungen
In unserer Gesellschaft erleben wir die offensichtliche Polarität von Privat- und Berufsleben als eine fast unüberwindliche Kluft. Das was beruflich anerkannt ist, höhlt unser Privatleben aus. Noch immer ist die Außenorientierung im Beruf prestigebehafteter als das Familienleben. Zwar wünschen sich alle eine harmonische und schöne Familie, doch wenn man nur für das Private lebt, verliert man jegliches gesellschaftliches Ansehen. Davon können Hausfrauen, aber auch Behinderte, Sozialempfänger und Arbeitslose ein Lied singen.

Es geht also darum, beide Teile im Einzelnen und in der Gesellschaft zu verbinden und darum, ein weiteres Auseinanderdriften nicht zu forcieren. Das Individuum hält die Spannung zwischen Privat und Beruf heute schon oft nicht mehr aus. Es geht um uns alle, um Männer und Frauen, und es geht darum, unser Leben möglichst sinnvoll und befriedigend zu gestalten.

In der Wirtschaft und auch in vielen Teilen der Gesellschaft haben die männlichen Werte und Einstellungen noch immer Vorrang. Gerade in Betrieben, die nach Expansion streben, steht vor allem die Gewinnorientierung und die strukturelle Sicht auf den Betrieb im Vordergrund. Je größer ein Unternehmen ist, desto mehr Eigengesetzlichkeit bekommt es. Die gesamte Konzentration und Kraft wird auf das Wohl des Systems abgestimmt, nicht auf das Wohl der dort arbeitenden Menschen. Die Wünsche, Ziele und Fähigkeiten der Mitarbeiter kommen auf diese Weise unter die Räder. Gerade Manager, die nur funktional und organisatorisch ausgerichtet sind, erlebe ich als die Energievernichter der Firma, die ihre eigenen Mitarbeiter demotivieren, weil sie zwar freundlich mit ihnen reden, doch in ihren wichtigen Entscheidungen keine Rücksicht auf sie nehmen, sondern nur den Betrieb und sein Wohlergehen im Auge haben. Die Fusion mit einem anderen mächtigen Unternehmen ist wichtiger als die Sicherung der Arbeitsplätze von Vätern und Müttern. Ob die Mitarbeiter sich in ihrem Aufgabenbereich wohlfühlen und daher ihr Bestes leisten, fällt für diese Manager so gut wie gar nicht ins Gewicht. Das Wohlergehen der Mitarbeiter steht hinter dem Wohlergehen des Betriebes zurück. Somit ist der Mensch für den Betrieb da und nicht der Betrieb für den Menschen – auch wenn dies in Reden noch so oft behauptet wird. Dies ist ein eindeutig männlicher Zugang zur Welt.

Sicherlich hat sich schon in vielen Betrieben herumgesprochen, dass zufriedene Mitarbeiter weniger krank sind, eine höhere Motivation haben und somit mehr Leistung erbringen. Es ist modern geworden, die personale Seite des Menschen im Betrieb zu schulen, damit er dem Betrieb noch mehr zur Verfügung steht als bisher. Gerade das Zusammenspiel der Mitarbeiter hat die Schulung von Kommunikation und Teamfähigkeiten notwendig gemacht. Da wir diese personalen Dinge nicht in der Familie lernen, müssen sie im Berufsleben nachgeschult werden und dies geschieht vor allem zum Nutzen der Firma.

Auf diese Weise leistet die Wirtschaft, die eigentlich an rein männlichen Kriterien ausgerichtet ist, eine wichtige Nachschulung von Menschen und trägt auf diese Weise dazu bei, die Balance in uns zu fördern und genau das, was sie vorher ausgeklammert hat, zu forcieren, nämlich den personalen Anteil. Das, was wir gleichsam zum Fenster hinauswerfen, kommt somit zur Türe wieder herein. Zwar geschieht dies nicht aus Nächstenliebe oder gesellschaftlicher Verantwortung, doch es ist wichtig, dass es überhaupt geschieht. Es macht Hoffnung für die Zukunft.

Auch die Beziehungen am Arbeitsplatz sind oft intensiver und enger, als die Beziehungen zu Hause, schon allein wegen der Zeit, die man miteinander verbringt. Viele Menschen arbeiten acht bis zwölf Stunden an ihrem Arbeitsplatz, sind so mit ihren Kollegen und Kolleginnen mehr zusammen als mit ihren Partnern. Während der Woche sehen sie ihre Familienangehörigen seltener als die Kollegen, daher kann man nachvollziehen, dass sich viele Partnerschaften am Arbeitsplatz ergeben.

In der Familie erleben wir hingegen immer noch eine Überemotionalisierung. So sehr der Mann im Außenbereich die Macht hat, so sehr hat die Frau sie in der Familie. Untersuchungen zufolge haben Mütter Zugang zu 75 Prozent der Information in einer Familie, Väter oft nur zu 25 Prozent – und diese erhält er teilweise auch nur durch seine Partnerin. Im Familiensystem stehen Emotionen, Beziehungen, Geborgenheit und Harmonie im Vordergrund. Hier werden aber auch – so wie in der Wirtschaft – unerfüllbare Anforderungen gestellt. Gerade in der Partnerschaft sehen wir die Einseitigkeit und Überforderung am deutlichsten. Alles, was wir uns emotional wünschen, erwarten wir vom Partner und den Kindern: Ewiges Glück, Zufriedenheit, Geborgenheit und Verständnis. Oft werden daher Kinder von den eigenen Eltern unbewusst für ihre Bedürfnismankos missbraucht, wenn der Partner nicht das bringt, was man sich erträumt. Andererseits erwarten die Kinder gottgleiche Eltern, die ihnen jeden Wunsch von den Augen ablesen und möglichst keine Grenzen setzen. Diese Übersteigerung der eigenen Wünsche überfordert die Familie restlos. Außerdem sind alle organisatorischen Aufgaben auf die Haufrau und Mutter beschränkt, auch wenn diese berufstätig ist, und Kinder lernen keine Teamarbeit, sondern werden verwöhnt. Entweder, weil die Mutter zu Hause ist und „sonst nichts zu tun hat", wie ihr die eigenen, vorlauten Kinder zu verstehen geben. Oder sie hat bei ihrer Berufstätigkeit ständig ein schlechtes Gewissen, das noch von der Umgebung verstärkt wird. Man gibt ihr zu verstehen, sie sei eine schlecht Mutter, da sie nicht ständig zur Verfügung steht und sich nicht um alle kümmert. Nicht nur die Mütter bleiben da auf der Strecke, auch die Ehe und die Eltern-Kind-

Beziehung. Es gab noch nie so viel Aufmerksamkeit für die Beziehungen in der Familie, trotzdem haben wir mehr gestörte Kinder als bisher und so viele Scheidungen wie noch nie. Sicher sind noch eine Reihe anderer Faktoren entscheidend, auf die ich hier nicht eingehen kann. Ich glaube aber, dass auch in der Familie ein Ungleichgewicht herrscht. Das Emotionale wird zu stark in den Vordergrund geschoben und die Familie wird nicht als gemeinsamer Betrieb gesehen, für den alle, Mutter, Vater und Kinder verantwortlich sind. Jeder hat Rechte und Pflichten, jeder ist eingeladen, Konflikte zu lösen, voneinander zu lernen, Emotionales und Sachliches zu verbinden und so die für uns so notwendige Soziale Kompetenz aufzubauen. Woher sollen wir unser soziales Training erhalten? Die Schule ist schon lange nicht mehr dazu imstande, Gruppen für Kinder und Jugendliche zerfallen immer stärker und der Computer ist nicht imstande, uns diese Qualitäten beizubringen.

Eigentlich müsste man meinen, dass jeder Mensch nach Balance und Ausgewogenheit strebt. Die Praxis lehrt uns jedoch, dass oft das Gegenteil der Fall ist. Viele Menschen nehmen die Einseitigkeiten, die sie sich im Laufe der Kindheit und des Lebens antrainiert haben, gar nicht wahr. Sie meinen, dass mit ihnen ohnehin alles in Ordnung sei und dass nur ihre Umwelt schwierig wäre und daher Veränderung nötig hätte. Wir haben die Tendenz, unsere Umwelt und die Menschen, mit denen wir zu tun haben, so ändern zu wollen, dass es uns gut geht. Viele Beziehungen scheitern an dieser Einstellung. In der Psychologie beschäftigen wir uns mit diesen Mechanismen, die alle dazu angetan sind, unseren Selbstwert aufrechtzuerhalten. Wir nennen einen von vielen Ausweichmechanismen Projektion. Wir sehen und verurteilen in unserem Gegenüber das, was wir bei uns selbst nicht sehen wollen. Daher verharren wir oft Jahrzehnte lang in Einseitigkeiten, die weder uns noch unserer Umgebung gut tun. Ich habe oben bereits angeführt, was die möglichen Ursachen dafür sein können, Veränderungen abzulehnen. Im Kapitel „Schattenarbeit" (siehe oben III.) habe ich die Widerstände gegen Veränderungen angeführt: Verlustangst, geringer Selbstwert, Angst vor Blamage, Faulheit und zu wenig Mut für Neues. Doch auch eine unbewusste Angst vor schmerzhafter Selbsterkenntnis im Hintergrund, kann wirksam werden. Denn wer sieht schon gerne seinen Schatten, seine unangenehmen Züge und Eigenschaften? Selbsterkenntnis tut bekanntlich weh. Und wir Menschen tendieren dazu, Schmerzen aus dem Weg zu gehen.

11.3.2 Gesellschaftliche Widerstände gegenüber Veränderung

Eine der größten Veränderung der letzten 200 Jahre ist durch die Emanzipationsbewegung der Frauen hervorgerufen worden. Sie fingen an, die Geschichte ganz anders zu sehen als die Männer und ihre Jahrtausende lange Unterdrückung durch die männliche Herrschaft wahrzunehmen. Sie begannen langsam, das Joch des Mannes abzuschütteln und gleichzeitig die männlichen Aspekte in sich zu stärken. Aus den vorwiegend personal orientierten Frauen, die teilweise schon im Ordnungszentrierten verhaftet waren, kam noch das sachliche und kreative, flexible Element hinzu. Sie wurden kreativ bezüglich ihrer Lebensgestaltung, probierten ganz neue Formen von Partnerschaft, Familie und eigener Lebensgestaltung aus. Dadurch kam die bisher so stabile Familienform ins Wanken. Frauen waren in den letzten zweitausend Jahren für die Stabilität der Familie verantwortlich. Dieses Joch schüttelten sie im Zuge ihrer Emanzipation ab und gingen völlig neue, nie da gewesene Wege. Dadurch zwangen sie den Mann, über manches nachzudenken, was er sonst nie gemacht hätte. Er ist viel mehr in den alten Rollenvorstellungen und Machtmechanismen der Gesellschaft gefangen. Frauen haben nur unter dem Druck des eigenen Leidens und der eigenen Unfreiheit den Mut zur Veränderung gefunden. Dadurch haben sie aber die Männer – vor allem im privaten Bereich – gezwungen, sich mit der Problematik der Veränderung auseinander zusetzen. Die hohen Scheidungsraten und die Unzufriedenheit in den Familien geht ja nicht vom Mann aus, sondern von der Frau. Sie üben – bewusst oder unbewusst – Druck in allen Bereichen auf den Mann aus. Sie beginnen langsam, die Wirtschaft, die Politik und viele gesellschaftlich relevante Institutionen zu erobern. Verglichen mit der Menschheitsentwicklung ist ohnehin in den letzten zweihundert Jahren viel geschehen. Frauen haben einen großen Vorteil bei ihrer Entwicklung, wenn sie sich an die männlich orientierte Gesellschaft anpassen. Sie erhalten nicht nur mehr Freiheit und mehr Macht durch mehr Geld und Autarkie, sondern sie erhalten auch mehr Anerkennung durch diese Männergesellschaft, als sie es als Hausfrau und Mutter je hatten. Sie sind die eigentlichen Gewinner dieser gesellschaftlichen Veränderung.

Ganz anders beim Mann. Wenn er endlich bereit ist, sich dem Gegenpol in sich selbst (dem personalen Aspekt) zuzuwenden, das Gefühlhafte in sich zu entwickeln und zu fördern, fällt er aus allen Sicherheiten und jeglicher Akzeptanz. An seinem Arbeitsplatz wird er von anderen Männern als „Weichei" tituliert und jene Frauen, die ihn zu dieser Entwicklung gedrängt haben, wenden sich nach kurzer Zeit von ihm ab: denn so wollten sie ihn nicht! Er geht ihr nach kürzester Zeit auf die Nerven.

Machverlust und Machtgewinn

Ein Hindernis für unsere Veränderung und die Integration des Gegenpols ist sicherlich die Angst vor dem Verlust von Macht. Der Mann sieht ganz richtig, dass die bisherige Animus-Macht langsam schwindet, wenn er sich auf diesen Veränderungsprozess einlässt. Er ahnt aber nicht, dass er eine viel stärkere Macht und auch eine andere Tiefe des Lebens und der Zufriedenheit erhält. Fühlt er sich als erfolgreicher Mann mit 50 oder 60 Jahren leer und ausgelaugt, so besteht noch die Chance für ihn, neue Wege zu gehen, neue Dimensionen zu entdecken. Ich erlebe immer wieder Manager, die in diesem Altersabschnitt zu mir kommen, weil ihr Körper ihnen Warnzeichen gibt: entweder meldet sich das Herz, das Hirn oder der Kreislauf. Sie kommen, weil sie mit ihrem Körper Schwierigkeiten haben, was sie bisher nicht kannten. Auch die Depression hat sie erstmals fest im Griff. Die bisherigen Erfolgsrezepte greifen nicht mehr, sie sind orientierungs- und hilflos. Wenn sie sich jedoch auf ganz neue Horizonte einlassen, ihre bisherigen Präferenzen verändern, ihre Lebenseinstellung zu sich selbst und zu ihrer Umwelt neu überdenken, reagiert auch ihr Körper rasch. Die Depression verschwindet, der Körper erhält ein ganz neues Gleichgewicht, weil auch die Seele diese Balance sucht und langsam erobert. Diesen „Suchenden" gehen ganz unvermutete Zusammenhänge auf, sie lernen neue Dinge kennen und ihr eigentlich schon langweiliges Leben, von dem sie sich nichts mehr erhofft haben, bekommt einen unerwarteten Zauber. Sie begeben sich erstmals in ihrem Leben in das „weite Land der Seele" und lassen sich von diesem Abenteuer faszinieren.

Ein Beispiel, das für viele andere stehen kann: Ein von mir sehr geschätzter, erfolgreicher Manager, mit dem ich seit Jahren zusammenarbeite, kommt wegen einer schweren Depression zu mir, die ihm völlig unverständlich ist. Außerdem hatte er schwere Herzprobleme, etwas, was ihn aus der Bahn warf, weil er eigentlich immer gesund war. Er ist 58 Jahre alt, erfolgreich auf der ganzen Linie, hat ein gutes Familienleben, war bisher immer gesund und von allen geschätzt. Er kommt völlig verwirrt und versteht überhaupt nicht, was mit ihm los ist. Schon in der ersten Sitzung merkt er, dass er an Grenzen stößt, die ihm so noch gar nicht bewusst waren. Nach der dritten Sitzung ist die Depression weg und nach fünf Sitzungen kann ich ihn entlassen. Wir machen nur noch – je nach Bedarf – Kontrolltermine aus. Was ist mit ihm passiert? Er hat nicht nur die personale Seite erstmals in seinem Leben so deutlich erlebt, sondern wurde auch auf seine kreative, flexible und expansive Seite von mir aufmerksam gemacht.

1. Er hat gesehen, dass in der Krankheit nur mehr die wirklich engen menschlichen Beziehungen bleiben, alles andere fällt weg. Dadurch kam es ziemlich rasch zu einer Umwertung seiner Präferenzen.
2. Er merkte, dass die bisherigen Ziele schal geworden sind und nicht mehr greifen. Er konnte sich aber Neues und Anderes nicht vorstellen, weil er bisher in ziemlich engen Bahnen gedacht und sein Leben gestaltet hat.
3. Er hatte in seinem Berufsleben alles erreicht und hatte keine neuen Perspektiven. Als ich ihm klarmachte, dass er sich auf das Alter mit seinen vielen Möglichkeiten einstellen muss, begann er umzudenken. Er erinnerte sich alter Träume, die er jetzt verwirklichen könne. Er begann sich mit geistigen Dingen zu beschäftigen, las mehr als die letzten 20 Jahre, plante Kurse zu Erweiterung seines Horizonts.
4. Er akzeptierte den neuen Lebensabschnitt „Alter", der bis jetzt für ihn ein Schreckgespenst war, bei dem er bloß den Prestigeabbau, aber nie die neuen Chancen gesehen hat.

Durch die Erweiterung seiner Möglichkeiten, die bisher in ihm geschlummert haben und nie wirksam wurden, ist es rasch zu einer Verbesserung seines Zustandes gekommen. Er meinte abschließend: „Ich habe sehr rasch mein Alter akzeptieren gelernt und sehe jetzt erst, dass ich meine Frau und eigentlich auch die Kinder links liegen ließ. Außerdem habe ich mich nur um mein Geschäft und nicht um meine eigenen Qualitäten und auch die spirituelle Dimension gekümmert. Eigentlich ist das Leben jetzt spannender als bisher."

In diesem Fall hat ein Mann, der vor allem die Dreier-Dimension ausgelebt hat, viel dazu gewonnen. Einerseits den Zweier-Aspekt des Personalen und der Beziehung, aber auch den Vierer-Aspekt, der ihm bis jetzt völlig fremd war. Sowohl die Erweiterung seiner eigenen Interessen als auch die Hinwendung zum Spirituellen, die Möglichkeit, die bisherigen Grenzen zu überschreiten und „Neuland'" zu betreten, hat Kräfte in ihm aktiviert, die bisher undenkbar waren.

Bei der Frau ist die Angst vor dem Machtverlust nicht so groß. Sie hat in unserer Gesellschaft sehr wenig Macht, ihre Bastion ist die Familie. Sie bemerkt zwar bei Veränderungen, dass die Dinge anders laufen, dass sie nicht mehr alles in der Hand hat und nicht mehr alles kontrolliert. Doch sie wird voll entschädigt durch die gesellschaftliche Anerkennung und eine neue Autarkie. Sie kann sich von ihrem männlichen Partner emotional und finanziell abkoppeln und ein eigenständiges Leben führen. Eine Möglichkeit, die Frauen bisher in der Geschichte der Menschheit nicht hatten. Diese Befreiungsbewegung, die in der westlichen Welt schon seit mehr als 120 Jahren dynamisch vor sich geht, drängt den Mann ins Abseits. Sie erweitert den Aktionsradius der Frau; sie bekommt überall mehr Einfluss, vor allem in jenen Bereichen, die dem Mann vorbehalten waren und die er mit Geld und Prestige ausgestattet hat. Sie drängt jetzt – ebenso wie der Mann – in die außerhäuslichen Berufe und macht ihm dort Konkurrenz. Doch sie zahlt auch für diese Ausweitung ihrer Möglichkeiten. Sie lehnt die alte weibliche Rolle ab, ohne Menschlichkeit und Beziehung zu vergessen. Sie will nur nicht mehr in die alten Abhängigkeiten und Kerker zurückkehren. Sie kopiert den Mann teilweise. Dann zahlt auch sie seinen Preis an Stress und Einsamkeit, die sich angleichenden Herzinfarkt- und

Krebserkrankungsraten sprechen eine deutliche Sprache. Doch es gibt bereits eine ganze Reihe von Frauen, die im Ganzwerdungsprozess schon weiter fortgeschritten sind und versuchen, beides zu vereinen. Klarheit im Sachlichen, Herzlichkeit im Personalen, Disziplin und Struktur sowie Flexibilität und Kreativität in der Lebensgestaltung. Eine fast übermenschliche Anforderung. Doch viele schaffen es schon, merken aber nicht, dass wir für diese völlig neuen Balancen auch neue und andere Strukturen in Wirtschaft und Familie benötigen. Die alte Form des Berufsleben, so wie der Mann sie Jahrhunderte lang definiert hat, indem er nie auf die Familie Rücksicht genommen hat, ist für diese Ziele unbrauchbar. Wir werden also in Zukunft unsere Kreativität nicht nur dazu brauchen, um Bilder zu malen, Skulpturen zu formen, Musik zu komponieren oder Literatur zu schreiben, sondern wie benötigen sie, um völlig neue Formen der Lebensgestaltung und der Work-Life-Balance zu entwickeln.

11.3.3 Die Zukunft hat schon begonnen

C.G. Jung hat schon vor Jahrzehnten diese Entwicklung vorhergesagt. Er meinte, dass wir bisher nur „halbe Menschen" waren, da wir unsere gegenpoligen Anteile nicht entwickelt hätten und daher nie die Möglichkeit hatten, „ganz" zu werden. Er meinte, dass wir in eine Gesellschaft gehen, wo dem Menschen endlich die Chance zur persönlichen Reife offen stehe. Erstmals in der Geschichte der Menschheit haben alle die Möglichkeit, diese Entwicklung zu durchlaufen, nicht nur eine kleine Gruppe von Auserwählten. Wir müssen uns dessen nur bewusst werden und zugreifen.

Je mehr Männer und Frauen sich auf dieses innere Abenteuer wagen, desto freier und angenehmer wird unsere Gesellschaft. Wir werden nicht mehr so stark zwischen Beruf und Privatleben trennen, Dinge mehr ineinander laufen lassen, in beiden Bereichen unsere Möglichkeiten ausleben und Befriedigung erhalten – und zwar als Mann und als Frau. Dass sich diese Entwicklung schon in großem Maße von vielen unbemerkt abzeichnet, sieht man an einer Untersuchung, die Prof. Gehmacher in Hinblick auf neue Arbeitsformen 2006 gemacht hat. Über 1,3 Millionen Menschen in Österreich sind bereits in atypischen Arbeitsformen tätig, aber nicht nur – wie im Kurier August 2006 geschildert – weil man keine feste Anstellung mehr findet. Es gibt genügend Menschen, die ihre „Berufung" leben möchten, die nicht nur einige wenige Funktionen ihrer umfangreichen Fähigkeiten an eine Firma verkaufen, sondern sich verwirklichen möchten und vor allem etwas Sinnvolles tun wollen. Gerade wenn sie in einem Job jahrelang Dinge machen mussten, die sie als sinnlos erlebt haben, aber der Druck immer größer wurde, steigen sie aus. Es sind mehr als wir meinen, die diesen Schritt freiwillig machen. Sie nehmen Risiken und finanzielle Verluste in Kauf, entschließen sich, neue Ausbildungen zu machen und ganz neue Teile ihrer Persönlichkeit zu entwickeln. Das reine Sicherheitsdenken geht zurück und man will persönlichen Freiraum, ist bereit zu ganz neuen, ungewöhnlichen Tätigkeiten und zum persönlichen Abenteuer, sowohl im Berufsleben als auch im Privaten.

Die alten Strukturen und Formen des Zusammenlebens verändern sich dramatisch und viele Menschen verlassen die rein männlich orientierten und dominierten Institutionen, um als Einzelunternehmer, als Alleinerzieher oder in anderen Formen des Zusammenlebens ihre Befriedigung zu finden. Selbstverständlich kann man heute keine allgemein gültigen Richtlinien aufstellen, wie Leben gelingen kann; jeder muss aus der Fülle von Möglichkeiten jene auswählen und durchprobieren, die ihm ein Maximum an persönlicher Befriedigung, aber auch die Möglichkeit zum Überleben geben. Wir sind ja noch nicht darauf eingerichtet, dass wir das Glück und die Befriedigung in unserem Leben suchen. Unsere Institutionen sind nicht so sehr für den Menschen da, sondern eher Selbstzweck beziehungsweise Einrichtungen zur Befriedigung einer Minderheit. Wichtig ist es dabei, nicht außer acht zu lassen, dass Systeme, die wir schaffen, einige Aspekte in uns fördern und andere unterdrücken.

Das Zusammenspiel von System und Mensch
So wie Menschen oft nur einige Aspekte der vier möglichen in sich fördern, so geschieht dies auch bei Systemen, sei es ein Betrieb, eine Institution oder ein Verein. Ich habe jahrelang mit unterschiedlichen Branchen und unterschiedlichen Berufsgruppen gearbeitet und von ihnen den Charakterstruktur-Fragebogen ausfüllen lassen. Es haben sich eindeutige Trends

herausgestellt. Je nachdem wie ein System strukturiert war, hat es in den Menschen, die darin gearbeitet haben, bestimmte Anlagen in ihrem Charakter gefördert, andere hingegen blockiert. Bei Managern und Mitarbeitern von Banken, die ich trainierte, sah man eindeutig, dass der Dreier-Typ am stärksten ausgeprägt war. Sicherlich zieht es einen Kreativen nicht ins Bankgeschäft. Doch je nach Tätigkeit fiel auch die Ausprägung des Charakters anders aus. Nach einigen Jahren Tätigkeit im Management des Bankbereichs sind die personalen (Typ Zwei) und vor allem auch die kreativen Elemente (Typ Vier) verkümmert. War aber ein Mitarbeiter im Beratungs- und Kundenbereich tätig, wies er ganz gute Anteile im personalen Bereich auf.

Verblüffend waren die Daten bei Frauen, die in einem funktionalen Job tätig waren und durch ihre Ausbildung und ihre Tätigkeit sehr gut in der Analyse, Organisation und den sachlich-klaren Aspekten waren. Bekamen sie Kinder, blieben sie zu Hause, dann kamen ganz andere Anteile ihres Wesens zum Vorschein und manifestierten sich. Da Kleinkinder durch ihr Kindchenschema in uns Erwachsenen das Pflege- und Sorgeverhalten verstärken, werden wir als Betreuende auf unsere emotional einfühlsamen Anteile hin programmiert. Diese so sachlichen, klaren Frauen sind nach einigen Jahren Haushalt und Kindererziehung unsachlich und überemotional geworden. Sie bezogen alles auf sich, waren oft unrealistisch und fühlten sich leicht von ihren eher rationalen Männern unverstanden. Erst wenn sie wieder in den Beruf einsteigen, kommen die sachlich- nüchternen Anteile aufs Neue zum Tragen. Es ist also wichtig, sich bewusst zu sein, in welcher Struktur ich mich bewege, welche Aspekte die Struktur selbst verkörpert, denn diese Anteile werden dann auch in mir selbst gestärkt.

In meiner Arbeit mit Bäuerinnen habe ich ein ganz klares Bild von ihren gelebten Möglichkeiten bekommen. Sie haben vor allem Anteile von Typ Drei – Organisation, Leistung, Disziplin – und Typ Zwei – Sorge um Menschen, Tiere und Pflanzen – am stärksten ausgeprägt. Sachliche Aspekte von Typ Eins und Kreatives sind völlig unterentwickelt. Dadurch kann man dann die Machtkämpfe zwischen Müttern und Schwiegertöchtern verstehen, weil die Dreierdimension ja auch etwas mit Macht zu tun hat.

Die vier Lebensgrunddimensionen, die sich im Charakter des Menschen manifestieren, zeigen sich also auch bei allen Systemen, in denen wir leben. Man kann nun bewusst, nach der Analyse eines Betriebes oder einer Institution, die Balancen verändern und verbessern. In vielen Betrieben wird die Kommunikation vernachlässigt, werden die personalen Aspekte zu wenig beachtet und im System verankert. Eine Schulung, die hierfür sensibilisiert, kann eine große Verbesserung bewirken. Es ist wichtig, dass diese Veränderung nicht von oben angeordnet wird, sondern vom Team selbst erarbeitet wird.

Wir befinden uns in einer Zeit des Umbruchs, sowohl im Beruflichen als auch im Privaten. Das ist einerseits bedrohlich, weil wir den Eindruck haben, dass alles wegschwimmt und nichts Beständiges mehr da ist. Andererseits kann es für uns alle eine Chance zum Besseren hin sein, wobei dies natürlich mit Risiko und Anstrengung verbunden ist. Viele Frauen ergreifen diese Chance und gründen Kleinunternehmen, sodass sie Familie und Beruf besser als bisher vereinen können und sich die Struktur so schaffen, dass die Flexibilität gewahrt bleibt und trotzdem das Überleben gesichert ist. Ein schwieriger Balanceakt, bei dem Frauen Hilfe und Beratung benötigen, der aber immer öfter gelingt. Auch Männer wenden sich in zunehmendem Maße diesen Möglichkeiten zu. Wir leben in einer spannenden Zeit, die uns ermöglicht, unsere eigenen charakterlichen Fähigkeiten ganz anders als bisher auszuschöpfen, die uns aber auch auffordert, die Systeme, in denen wir leben, anders als bisher zu gestalten. Gerade wir Frauen haben hier einen großen Nachholbedarf und sind sicher prädestiniert, unsere Kreativität in neuer Weise einzusetzen und damit einen Beitrag nicht nur für unser eigenes Leben, sondern auch für die Menschen um uns und somit auch für die Gesellschaft zu leisten.

11.3.5 Zusammenhang zwischen Individuum und Gesellschaft

Viele Menschen glauben, dass wir von gesellschaftlichen Strömungen beeinflusst werden, aber selbst keine Möglichkeiten haben, die Gesellschaft zu beeinflussen. Das ist für die meisten von uns unvorstellbar, wir schreiben dies vielleicht noch den Politikern zu. Doch im folgenden Diagramm sehen wir die Mechanismen, die einerseits von der Gesellschaft zum Individuum laufen, andererseits in den Stegfunktionen aber umgekehrt laufen, in denen das Individuum die Gesellschaft beeinflusst.

Im Kern von Abbildung 15 steht das **Individuum,** das zu seiner Entwicklung bestimmte Voraussetzungen benötigt wie Geborgenheit, Sicherheit, Wertschätzung und Zuwendung. All dies hat der Einzelne bisher von der Familie bekommen, jener Gruppe, die u.a. für die Sozialisation der Kinder verantwortlich war. Vor allem in der Großfamilie, die es ja einige tausend Jahre gab, war die **Familie** jener Bereich, wo sich das Wachsen, Reifen und Lernen des Menschen abspielte. Daher ist der zweite Kreis im Diagramm die Familie. Wir nennen die Familie immer wieder die Wiege der Gesellschaft, die für uns alle unverzichtbar ist. Alle Parteien sind sich ihrer Wichtigkeit einig, doch es wird wenig getan, um die neuesten Entwicklungen nicht aus dem Ruder laufen zu lassen. Die besondere Nähe in der Familie, die alleinige Reduktion auf Beziehung, Gefühl und Geborgenheit, führt zu einer Unausgewogenheit, die uns alle sehr belastet. Wir haben nicht gelernt, in einem System nur auf das Gefühl zu sehen. Früher war die Familie auch eine Arbeitseinheit, hier stand nicht das Gefühl im Hintergrund, was sicherlich nicht unseren Bedürfnissen entsprochen hat. Doch auch die heutige Situation überfordert uns. Wir erleben eine soziale Revolution besonderen Ausmaßes. Sie ist vergleichbar mit der Veränderung der Familienstruktur durch die Industrialisierung, wo Großfamilien zerfallen sind und sich Kernfamilien mit stereotypen Rollenmustern gebildet haben. Dies war letztlich der Grund für die sich nun vollziehende Revolution. Hervorgerufen wurde sie durch die Emanzipation der Frau. Familie ist heute oft kein Ort der Geborgenheit mehr, sie ist zu einem Ort des Konsums und der Vereinsamung geworden. Wir können derzeit nicht abschätzen, wie sich diese Entwicklung soziologisch auswirken wird.

Der nächste Kreis sind Gruppen, sowohl private als auch berufliche Gruppen von **Kollegen und Kolleginnen,** mit denen wir zusammenarbeiten. Privat sind es **Vereine und Institutionen,** alle Zusammenschlüsse von

Abb. Nr. 15: Individuum und Gesellschaft (aus Soziale Nachhaltigkeit/Föhrenbergkreis)

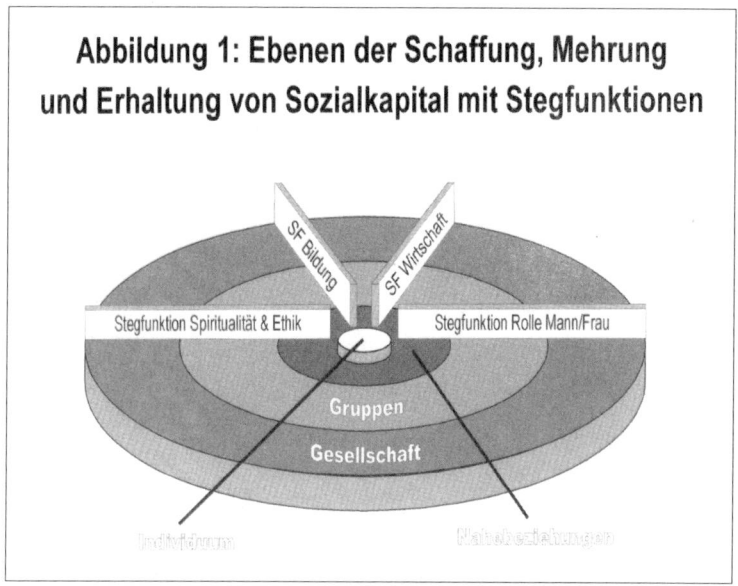

Abbildung 1: Ebenen der Schaffung, Mehrung und Erhaltung von Sozialkapital mit Stegfunktionen

Menschen, die ihm Möglichkeiten der sinnvollen Betätigung und auch Akzeptanz und Geborgenheit ermöglichen. Sie sind noch menschbezogen und oft beziehungsintensiv.

Der nächste Kreis steht für die **Gesellschaft**, dies sind alle Organisationen, die das Zusammenleben von vielen Menschen regeln. Sie sind natürlich von bestimmten Wertepräferenzen geprägt, wie man aus der Europastatistik der einzelnen Länder erkennen kann. Jedes Land hat seine eigenen Werte, seine eigenen Präferenzen, seine eigenen Vorschriften, Gesetze, Regeln und Traditionen. Wir können dabei sowohl ein Nord-Süd Gefälle als auch ein Ost-West Gefälle erkennen. Im Norden ist die Gleichstellung von Männern und Frauen weiter fortgeschritten als in den südlichen Ländern Europas. Auch die Werte des Funktionalen und Personalen werden bereits harmonischer als im Süden gelebt, wo noch eher die alten Rollenvorstellungen und Strukturen – auch in den Familien – vorherrschen. Doch auch hier sind Wandel und Umbruch zu verspüren. Europa und Amerika haben eine Vorreiterrolle, die sich in den anderen Kontinenten langsam auswirkt, wobei jede Kultur andere Bedingungen und Voraussetzungen für diesen Umbruchsprozess mitbringt. Es gibt sicherlich im Fernen Osten viel Widerstand gegen diese Veränderungen, da die Männer den Verlust ihrer Jahrtausende alten Macht befürchten. Wenn es uns gelingt, durch positives Zusammenleben von Männern und Frauen, durch Entwicklung unserer oft ganz gegenläufigen charakterlichen Anteile, durch Ausbalancierung unserer Möglichkeiten eine effiziente und zugleich harmonische Gesellschaft zu schaffen, wird es auch diesen Ländern eher gelingen, den Weg der Ausbalancierung des Einzelnen und der Gesellschaft zu gehen und die Blockaden langsam aufzugeben. Wir haben als Einzelne, als Teile der Gesellschaft und als Weltbürger die Aufgabe, unsere eigenen Möglichkeiten zu entwickeln und zu erweitern und unsere Gesellschaft zu humanisieren.

Wir merken, dass Menschen – oft unabhängig von den Strömungen – ganz Neues leben und die Zukunft teilweise schon vorwegnehmen. Wir sehen dies etwa bei den „Neuen Berufen und Unternehmen", die von den alten Formen völlig abweichen. Hier sind Menschen am Werk, denen die bisherigen Bedingungen nicht mehr entsprochen haben und die im großen Stil – unbemerkt von Politik und Gesellschaft – reagiert haben. Sie sind dabei, sich Strukturen zu schaffen, die es ihnen ermöglichen, Beruf und Familie wieder zu vereinen und eine sinnvolle Tätigkeit auszuüben. Auch die Emanzipationsbewegung ist nicht gesellschaftlich ausgelöst worden, sondern von Frauen, die ein Unbehagen hatten und nicht in dem Zustand der Ausweglosigkeit verharren wollten. Sie haben ihrerseits die Gesellschaft tiefgehend beeinflusst. Denken wir aber auch an die Friedensbewegung, die von einzelnen Frauen in Irland ausging, denen das Morden und Schlachten ihrer Söhne und Partner nicht mehr erträglich war, und auf das sie reagierten. Auch die Tendenz vieler Frauen – so wie die Männer es schon seit Jahrtausenden machen – Netzwerke zu bilden, sich gegenseitig zu helfen und zu fördern, ist eine Bewegung, die vom Einzelnen ausgeht und die Gesellschaft nachhaltig beeinflusst. Wir sehen also, dass die „Stegfunktionen" jene sind, wo nicht nur der Staatsbürger von den Vorschriften und gesetzlichen Rahmenbedingungen geprägt wird, sondern wo auch das Individuum auf die Gesellschaft einwirken kann, wenn es sich zu handeln entschließt.

SCHLUSSBEMERKUNG

Der Einstieg in die vorliegende Arbeit war die Charakterstruktur des Menschen. Ich kam durch die praktische Schulungstätigkeit in Betrieben dazu, die von Medizinern, Psychologen und Psychotherapeuten gewählten pathologischen Begriffe der menschlichen Charakterstruktur umzudeuten. Ich merkte, dass ich dieses Grundmuster auch auf andere Systeme als den Menschen anwenden konnte. Es war sowohl für die Analyse als auch die Gesundung von Systemen brauchbar. Schließlich wurde ich gegenüber diesen spezifischen Gegenpolen sehr sensibel. Im Männlichen und Weiblichen bemerkte ich die mir bekannten einseitigen Ausprägungen, die man in den von Männern und Frauen geschaffenen Systemen wiederfindet. Mir fiel auch auf, dass Einseitigkeiten, die sich aus einer unipolaren Konstellation ergeben, nur dann mit Überlebensfähigkeit gekoppelt sind, wenn der andere Pol in irgendeiner Weise – bewusst oder unbewusst – wirksam wird und somit wieder eine Balance hergestellt ist, wie ich es oben für Beruf und Familie geschildert habe. Auf diese Weise wurde ich auf Balancen aufmerksam. Ich fand sowohl im Körper als auch in der Natur selbst ungeheuer sensible und raffinierte, flexible Balancen, die das Überleben einzelner Arten, aber auch des gesamten hochkomplexen Zusammenspiels einzelner Teilaspekte garantieren.

Wenn wir von der Natur lernen, wenn wir beobachten, welche Arten überlebt haben und warum sie überleben konnten, wenn uns klar wird, wie Anpassung funktioniert, dann werden wir sorgsamer mit unseren Balancen umgehen. Wir werden Einseitigkeiten im Charakter und in den Systemen, die wir schaffen, nicht mehr blind und sorglos zulassen. Wir haben Jahrtausende lang nach einer Strategie des „entweder – oder" gelebt und es wird Zeit, dass wir die universelle Strategie des „sowohl als auch" verwirklichen, da wir sonst als Einzelmensch und als Gesellschaft keine Überlebenschancen haben. Durch die Veränderung der Rollen von Mann und Frau sind bestimmte Grundvoraussetzungen für die menschliche Entwicklung nicht mehr gegeben: zerbrechende Familien, Übertechnisierung, Globalisierung ohne Menschlichkeit und Brutalität gegenüber den natürlichen Ressourcen und den Menschen können langfristig nicht ungestraft existieren.

Viele Philosophen und Denker meinen, dass wir in ein Jahrtausend der Spiritualität gingen. Sowohl Rudolf Steiner, ein österreichischer Philosoph des 20. Jahrhunderts, meint, dass im 21. Jahrhundert viele Menschen persönliche Christusbegegnungen in einem bisher unvorstellbaren Masse haben werden. Dies bedeutet eine direkte Verbindung mit spirituellen Dimensionen. Ken Wilber, der amerikanische „Einstein der Psychologie", macht darauf aufmerksam, dass wir erst jetzt in ein Zeitalter der Spiritualität gehen können und dass es dafür schon jetzt Anzeichen und Voraussetzungen gibt. Olga Kharitidi, eine russische Ärztin, beschreibt in einem Buch, das 2005 in Österreich erschienen ist, ihre Begegnung mit den sibirischen Schamanen. Sie tat sich als naturwissenschaftlich ausgebildete Psychiaterin anfangs schwer, die Aussagen und Praktiken dieser alten Kultur zu akzeptieren. Doch auch sie kommt zur Erkenntnis, dass die spirituellen Traditionen alter Kulturen sich mit unseren westlich rationalen Einstellungen mischen werden und so dem Menschen ganz neue Heilungs- und Entwicklungschancen bieten.

Wenn ich meine Meditationsgruppen betrachte, die ich schon seit mehr als zehn Jahren begleite, muss ich diesen Visionären recht geben. Es gibt seit einigen Jahren viele Menschen, die einen spirituellen Weg einschlagen. Noch vor 15 bis 20 Jahren wäre es in dieser Form gar nicht möglich gewesen. Auf die Charakterstruktur wirkt sich dies so aus, dass sie nichts mehr in sich unterdrücken, sondern alle vorhandenen Möglichkeiten zu leben versuchen. Dies ist aber nur dann möglich, wenn sie aufhören zu werten. Wenn sie den Pol des Sachlichen genauso akzeptierten wie des Personalen. Im Nichtwerten liegt das Geheimnis der Ausgewogenheit, das in allen Religionen und spirituellen Schulen gepredigt wird.

Die Mehrpoligkeit ist auch ein wichtiges Kriterium bei einer gelungenen Psychotherapie. Ich selbst habe in meiner Ausbildung vor allem den Pol der Empathie, der Akzeptanz und der Zuwendung (das Personale) hervorgehoben bekommen. Erst nach einigen Jahren, als ich merkte, dass meine

Patienten zu wenige Fortschritte machten und ich das Glück hatte, mit einem Kollegen zusammenzuarbeiten, der eine systemische Ausbildung hatte, änderte sich meine Einstellung. Ich lernte von ihm, dass Konfrontation und Abgrenzung (das Sachorientierte) ebenso wichtig und heilsam für den Patienten sind, wie die Wärme und Geborgenheit, die wir in der Therapie zu geben versuchen. Wird nur ein Pol angeboten, gibt es kaum Entwicklung des Patienten. Sind wir nur empathisch, fühlt sich der Klient zwar wohl, meidet aber weiterhin Selbsterkenntnis und damit auch Fortschritt. Wird nur konfrontiert, zu sachlich nüchtern gearbeitet, geht der Klient oft nicht mit, weil ihm die ganze Angelegenheit zu kalt ist. Natürlich müssen wir diese Pole in uns selbst verwirklichen und leben, sonst können wir sie nicht flexibel und abgestimmt auf die Situation des Patienten anwenden.

Lassen Sie sich, liebe Leser, dazu verführen, alle vier Pole, die ich hier beschrieben habe, zu lieben, Wert zu schätzen und nichts auszuklammern, dann wird es ihnen möglich sein, sie in sich zu fördern.

Im Zentrum allen Handelns steht die Liebe. Liebe beide Pole und Du wirst die Balance mit Bravour und Freude halten können, ganz gleich um welche Balance es sich handelt. Verzichte auf Einseitigkeiten und Sturheiten, vor allem dann, wenn Du älter wirst. Alte, einseitige Menschen, die nur mehr stur ihre bisherigen Regeln verfolgen, sind für die Umwelt eine enorme Belastung, sie gehen uns allen auf die Nerven. Wir selbst sollten nicht so werden. Fangen Sie heute schon damit an, den Gegenpol, den sie in ihrem Wesen vielleicht bisher verachtet haben, zu fördern, zu pflegen und schließlich zu lieben. Für dieses Abenteuer wünsche ich ihnen viel Freude und Gelingen.

DANK

Mein ganz besonderer Dank gilt meinem langjährigen Freund Dr. Alfred Moser, der als Wirtschaftsmanager eine ganz andere „Weltsicht" hat und sich die Mühe machte, den gesamten Text zu lektorieren und mir mit seiner sachlichen Einstellung wertvolle Hinweise gegeben hat.

* * *

Wenn Sie an Charakterschulungen interessiert sind, kontaktieren Sie uns oder besuchen Sie unsere Homepage unter www.appteam.at

Arbeitsgemeinschaft für Präventivpsychologie
Stadiongasse 6–8
1010 Wien
Tel.: 0043/1/405 52 04
Fax: 0043/1/406 44 86 18
email: office@appteam.at

LITERATUR

BERKEL, K. (1997), „Konflikttraining", Heidelberg, Sauer-Verlag

BÖSENKOPF, Brigitte (2004), Unterlagen des Stresscenter Döbling, Wien, APP Eigenverlag

CSIKSZENTMIHALYI, Mihaly (2004), „Flow". Das Geheimnis des Glücks, Stuttgart, Klett- Cotta

DUDEN (1982), Fremdwörterbuch, Mannheim, Dudenverlag

ENTWICKLUNGSPSYCHOLOGIE (1972), Mitschrift der Vorlesung Bayer-Klimpfinger, Wien

FÖHRENBERGKREIS (2003), „Auf der Spurensuche nach einem neuen Bildungsideal", Arbeitskreis Bildung, Wien, APP-Eigenverlag

FÖHRENBERGKREIS (2004), „Arbeitskreis Soziale Nachhaltigkeit", Druck: Industriellenvereinigung, Wien

FÖHRENBERGKREIS (2005), Arbeitsgruppe „Zwischen Individualisierung und Kollektivismus", Leitung Prof. Dr. Ernst Gehmacher, unveröffentlichter Bericht, Wien

FUCHS, Anneliese (1981), „Männersprache – Frauensprache", Skriptum, Wien, APP-Eigenverlag

FUCHS Anneliese (1988), „Stressbewältigung". Wiederherstellen von Balancen, Skriptum, Wien, APP-Eigenverlag

FUCHS Anneliese (2001), „Wie bin ich?" Die vier Lebensgrundaspekte – Basis für neue Balancen, Erweiterte Auflage, Wien, Skriptum, APP-Eigenverlag

FUCHS Anneliese (2001), „Die Tiefe des Brunnens". Heilende Meditation, Graz, Wien, Köln, Verlag Styria

FUCHS Anneliese (2003), „Verschlüsselte Botschaften". Lebensmuster im Märchen, Alte Weisheit und neue Erkenntnisse, Wien, Empirie Verlag

FUCHS, A./GASPARI, Ch./MILLENDORFER, J. (1978), „Hauptfaktoren der Gesundheitsentwicklung in Europa", Wien, Wissenschaftsbericht der STUDIA, Studiengruppe für Internationale Analysen

FUCHS, Barbara (2002), „Kommunikationsmuster nach Virginia Satir",
Wien, Skriptum, APP-Eigenverlag

GIBRAN, Khalil (2001), „Der Prophet", Olten, Walterverlag

HARDING, Esther (1938), „Der Weg der Frau", Zürich, Rhein Verlag

HENDRIX, Harville (1992), „Soviel Liebe, wie du brauchst". Das Therapie-
buch für eine erfüllte Beziehung, Düsseldorf/Wien, ECON TB Verlag

HIRIGOYEN, Marie-France (1999), „Die Masken der Niedertracht". Seelische
Gewalt im Alltag und wie man sich dagegen wehren kann, München,
C.H. Beck

JUNG, Emma (1967), „Animus und Anima", Zürich und Stuttgart, Rascher
Verlag

JUNG, Carl Gustav (1984), „Das Geheimnis der Goldenen Blüte". Ein chine-
sisches Lebensbuch, Olten/Freiburg

KHARITIDI, Olga (2005), „Das weisse Land der Seele", Berlin, List Verlag

LACKNER, Regina (1998), „Konflikte – Chancen der Veränderung". Konfliktformen und -ebenen sowie Konfliktlösungen, Skriptum, Wien, APP-Eigenverlag

MEILIE, R./ROHRACHER, H.(1968), Lehrbuch der experimentellen Psychologie, Bern, Stuttgart, Verlag Hans Huber

MC'CLELLAND, David C. (1966), „Die Leistungsgesellschaft". Psychologische
Analyse der Voraussetzungen wirtschaftlicher Entwicklung, Stuttgart,
Kohlhammer

PALMER, Helen (2000), „Das Enneagramm". Sich selbst und andere verstehen lernen, München, Droemersche Verlagsanstalt Th. Knaur Nachfolger

PARRY, Danaan (1992), „Krieger des Herzens". Eine Schulung für friedliche
Konfliktlösung, Freiburg i. Br., Verlag Alf Lüchow

RICHTER, Horst Eberhard (1979), „Der Gotteskomplex". Die Geburt und die
Krise des Glaubens an die Allmacht des Menschen, Hamburg, Rowohlt

RIEMANN, Fritz (1975), „Grundformen der Angst". Eine tiefenpsycholo-
gische Studie, München, Hans Marseille Verlag

ROHRACHER, Hubert (1969), „Kleine Charakterkunde", 12. Auflage, Inns-
bruck, Wien, Urban und Schwarzenberg

ROHR, Richard/EBERT, Andreas (1993), „Das Enneagramm". Die neun Ge-
sichter der Seele, 20. Auflage, München, Claudius Verlag

SATIR, Virginia (1994), „Kommunikation, Selbstwert, Kongruenz". Konzepte
und Perspektiven familientherapeutischer Praxis, Paderborn, Jungfer-
mann Verlag

SELYE, Hans (1988), „Stress-Bewältigung und Lebensgewinn", München,
Piper TB 631

SULLEROT, Evelyne (1972), „Die emanzipierte Sklavin", Graz, Böhlau

TOLLE, Eckhart (2005), „Lebendige Beziehungen JETZT" (Aus Jetzt, die Kraft
der Gegenwart), Bielefeld, J. Kamphausen Verlag & Distribution GmbH

WILBER, Ken/ECKER, Bruce/ANTHONY, Dick (1995), „Meister, Gurus, Menschenfänger". Über die Integrität spiritueller Wege, Frankfurt/Main,
Krüger Verlag

WILBER, Ken (1996), „Halbzeit der Evolution". Der Mensch auf dem Weg
vom animalischen zum kosmischen Bewusstsein, Frankfurt/Main, Fischer TB Verlag

WILBER, Ken (1996), „Eros, Kosmos, Logos". Eine Vision an der Schwelle zum
nächsten Jahrtausend, Frankfurt/Main, W. Krüger Verlag

WILBER, Ken (1997), „Eine kurze Geschichte des Kosmos", Frankfurt/Main,
Fischer TB Verlag

WILBER, Ken (2002), „Das Wahre, Schöne, Gute". Geist und Kultur im 3.
Jahrtausend, Frankfurt/Main, W. Krüger Verlag

ZOCHE, H.-J. (1992), „Konfliktsouveränität", Bayreuth, Josef Schmidt Verlag

Peter P. Baumgartner
Rainer Hornbostel

Manager müssen Mut machen

MYTHOS
SHACKLETON

Führungskunst – Unternehmensphilosophie – Neuausrichtung

Böhlau

Peter P. Baumgartner,
Rainer Hornbostel
Manager müssen
Mut machen
Mythos Shackleton
2007. 135 x 210mm.
251 S. 32 s/w-Abb., Gb.
978-3-205-77642-0

Eine Expedition bricht ins Eismeer auf. Im Sommer 1914 entschwindet sie beinahe aus der Welt, um fast hundert Jahre später in der Managementliteratur wieder aufzutauchen. Ihr Expeditionsleiter: der legendäre Antarktis-Forscher Sir Ernest Shackleton, Gentleman, Charmeur und Abenteurer – sein Charisma ist schon zu Lebzeiten berühmt. Sein Name wird oft mit dem Attribut „mythisch" bedacht. „Wenn die europäische Industrie Shackletons Leadership als Vorbild predigen würde, wäre sie auch in 10 Jahren weltweit führend." Reinhold Messner (2007) „Der Mensch, seine Männer waren ihm letztendlich wichtiger als Erfolg, Ruhm und Ehre. Ernest Shackleton teilte mit ihnen buchstäblich den letzten Bissen und auch sie hätten alles für ihren Boss gegeben." Josef Hoflehner (2007) „Ein Mensch muss sich sofort ein neues Ziel setzen, wenn sich das alte als unerreichbar erweist." Sir Ernest Shackleton (1915)

Peter P. Baumgartner, Dipl.-Pädagoge und Wirtschaftsingenieur. Internationale Bildungsprojekte, Beratungs- und Vortragstätigkeit.
Rainer Hornbostel, Studium der Wirtschaftswissenschaften, internationale Beratungs- und Vortragstätigkeit, Geschäftsführer der Firma von Bergh Ladenbau GmbH.

Wiesingerstrasse 1, 1010 Wien, Telefon (01)330 24 27-0, Fax 330 24 27 320

Frederick Mayer
Güte als Lebensweise

Teilweise Übersetzung aus dem
Amerikanischen v. Robert Boyd
2006. 135 x 210 mm.
112 S. Br.
Euro 19.90
ISBN 3-205-77441-8

Frederick Mayer, international anerkannter Kreativitätsexperte, fragt nach den Formen von Güte als Ausdruck moralischer Kreativität im menschlichen Zusammenleben. Warum mangelt es innerhalb von Familie und Beziehungen so oft an Güte? Warum verbreitet sich emotionale Kälte wie eine Seuche? Warum wird Egoismus zum Lebensinhalt? Der Autor plädiert für ein Umdenken und eine Änderung unserer Wertvorstellungen, die bereits bei der Erziehung beginnen müssen. Güte verlangt Anwendung – nicht in der fernen Zukunft, sondern heute.

Aus dem Inhalt:

Teil I: Formen der Liebe – Liebe von Geburt an – Glückliche Kinder – glückliche Erwachsene – Moral und Unmoral – Normal und abnormal – Die graue Sachlage – Zwischen Wunsch und Wirklichkeit – Ichsucht oder Zuwendung – Variationen des Alleinseins – Ruhelosigkeit bekämpfen – Menschen ohne echte Ziele – Mehr fühlen – tiefer erleben – Leben als schöpferisches Abenteuer? – Grundlagen des Wohlbefindens – Anders bewerten – Das Alter als Erlebnis – Der gütige Mensch
Teil II: Unsystematische Beobachtungen
Teil III: 1. Die menschliche Konstellation – Verständnis als Basis für Weiterentwicklung – Reflektionen und Eindrücke – Literaturauswahl

WIESINGERSTRASSE 1, A-1010 WIEN, TELEFON (+43 1) 3302427, FAX 3302432

WIEN KÖLN WEIMAR

Böhlau

7715605041 1